# AL LETTORE

Dianetics (dal greco *dia*, "attraverso" e *nous* "anima") illustra i princìpi fondamentali della mente e dello spirito. Attraverso l'applicazione di queste scoperte, risultò evidente che Dianetics aveva a che fare con uno stato di essere che sfidava il tempo - lo spirito umano - denominato originariamente l'"io" e successivamente il "thetan". Da lì L. Ron Hubbard continuò la sua ricerca, tracciando alla fine il percorso che conduce alla piena libertà spirituale per l'individuo.

Dianetics è il precursore ed è parte integrante della religione di Scientology, la quale, nella pratica della Chiesa, s'indirizza unicamente al "thetan" (spirito) - che è superiore al corpo - come pure alla relazione e agli effetti del thetan nei confronti del corpo.

Questo libro viene presentato nella sua forma originale e fa parte della letteratura e delle opere di natura religiosa scritte da L. Ron Hubbard e non costituisce un'esposizione di pretese avanzate dall'autore, né dall'editore, né da una qualsiasi Chiesa di Scientology. Rappresenta una documentazione delle osservazioni e delle ricerche compiute da L. Ron Hubbard sulla vita e sulla natura dell'uomo.

Né Dianetics né Scientology vengono offerte come metodo di guarigione fisica, né hanno la pretesa di esserlo e nessuna asserzione viene espressa in tal senso. Per questo motivo, la Chiesa non accoglie chi cerca il trattamento di malattie fisiche o mentali. Per quanto riguarda gli aspetti medici ci si deve sempre rivolgere al proprio medico di fiducia.

L'Elettrometro Hubbard®, o E-Meter, è un manufatto religioso usato nella Chiesa. L'E-Meter di per sé non produce alcun effetto e viene usato unicamente dai ministri e dai ministri in addestramento, autorizzati nel suo impiego, allo scopo di aiutare i parrocchiani ad individuare la fonte di travaglio spirituale.

Il conseguimento dei benefici e delle mete di Dianetics e di Scientology richiede la partecipazione assidua dell'individuo, poiché solo tramite i suoi stessi sforzi potrà raggiungere tali benefici e tali mete. Di conseguenza la persona stessa assume la piena responsabilità per l'uso della tecnologia di miglioramento spirituale descritta in questo libro.

Ci auguriamo che la lettura del presente libro non sia che un passo di un viaggio personale alla scoperta di questa nuova e importante religione mondiale.

QUESTO LIBRO APPARTIENE A:

# SELF-ANALISI

Un Semplice Volume di Test e Procedimenti
per l'Auto-Aiuto, Basati sulle Scoperte
Contenute in Dianetics

# SELF-ANALISI

Un Semplice Volume di Test e Procedimenti per l'Auto-Aiuto, Basati sulle Scoperte Contenute in Dianetics

## L. RON HUBBARD

**new·era**
Publications International ApS

Una
Pubblicazione
Hubbard®

NEW ERA® PUBLICATIONS
INTERNATIONAL ApS
Smedeland 20
2600 Glostrup, Danimarca

ISBN 978-87-7688-589-2

© 1976, 1982, 1984, 1986, 1988, 2007 L. Ron Hubbard Library.
Grafica: © 2007 L. Ron Hubbard Library.
Tutti i diritti riservati.

Qualsiasi forma di copiatura, traduzione, duplicazione, importazione
o distribuzione non autorizzata, effettuata in modo integrale o parziale
con qualsiasi metodo, ivi compresi mezzi elettronici di copiatura,
preservazione d'informazioni o trasmissione, costituisce
una violazione delle leggi pertinenti.

*Dianetics, Scientology, il Simbolo di Dianetics, E-Meter, LRH,
L. Ron Hubbard, Saint Hill, Dianetica* e *Hubbard* sono marchi d'impresa
e di servizio di proprietà del Religious Technology Center e
vengono usati con il suo permesso.

*Scientologist* è un marchio di appartenenza collettivo che indica
membri delle chiese e missioni di Scientology affiliate.

*Bridge Publications, Inc.* è un marchio d'impresa e di servizio in
California, di proprietà di Bridge Publications, Inc.

*New Era* è un marchio d'impresa e di servizio di proprietà
di New Era Publications International ApS ed è registrato
in Danimarca e in altri paesi.

ITALIAN – SELF ANALYSIS WORK BOOK

# Nota Importante

Mentre leggi questo libro assicurati di non oltrepassare mai una parola che non capisci perfettamente. L'unico motivo per cui una persona abbandona lo studio, diventa confusa o incapace di assimilare i dati è che ha oltrepassato una parola che non ha perfettamente capito.

Confusione e incapacità di apprendere o di imparare si manifestano DOPO una parola che la persona non ha compreso o non ha definito. Può darsi che non siano solo le parole nuove ed insolite quelle che dovrai cercare in un dizionario. Spesso si può avere una definizione errata di parole di uso comune e ciò può creare confusione.

Questo dato, relativo al non oltrepassare mai una parola non definita, è il fattore più importante nell'intero soggetto dello studio. Qualsiasi materia della quale tu abbia intrapreso lo studio e che poi hai abbandonato conteneva parole che hai mancato di definire.

Perciò, mentre studi questo libro sii assolutamente certo di non oltrepassare mai una parola che non capisci perfettamente. Se i materiali diventassero confusi o se avessi l'impressione di non afferrarli, appena prima di quel punto ci sarà una parola che non hai compreso. Non continuare a leggere: torna indietro ad un punto del testo PRECEDENTE a quello che ti ha messo in difficoltà, trova la parola mal compresa e definiscila.

## GLOSSARIO

Per agevolare la comprensione ai lettori, L. Ron Hubbard stabilì che i redattori mettessero a disposizione un glossario. Tale glossario è incluso nell'Appendice come *Glossario Redazionale di Termini ed Espressioni*. Una parola talvolta ha parecchi significati. Le definizioni date nel *Glossario Redazionale* contengono solo le definizioni del significato che la parola in esame assume nel contesto del libro. Le altre definizioni sono contenute nei regolari dizionari della tua lingua o nei dizionari di Dianetics e Scientology.

Se incontri qualsiasi altra parola che non conosci, chiariscila con un buon dizionario.

# SELF-ANALISI

# INDICE

| | |
|---|---:|
| **Introduzione** | 5 |
| **CAPITOLO PRIMO** <br> Come Giungere a Conoscere Se Stessi | 13 |
| **CAPITOLO SECONDO** <br> Le Leggi della Sopravvivenza e dell'Abbondanza | 19 |
| **CAPITOLO TERZO** <br> La Morte della Coscienza | 25 |
| **CAPITOLO QUARTO** <br> I Nostri Sforzi verso l'Immortalità | 33 |
| **CAPITOLO QUINTO** <br> Come Elevare il Nostro Livello di Coscienza | 45 |
| **CAPITOLO SESTO** <br> Come Elevare il Livello di Vita e di Comportamento | 53 |
| **CAPITOLO SETTIMO** <br> Il Quadro Hubbard della Valutazione Umana | 65 |
| **CAPITOLO OTTAVO** <br> I Test sulla Scala del Tono | 79 |
| **CAPITOLO NONO** <br> Come Usare il Disco | 89 |

# Capitolo Decimo
## Sezione del Processing — 95

- Lista 1: Episodi Generali — 107
- Lista 2: Orientamento Temporale — 113
- Lista 3: Orientamento Sensoriale — 121
- Lista 4: Tu e l'Universo Fisico — 189
- Lista 5: Assistenza alla Facoltà di Ricordare — 199
- Lista 6: Sezione sul Dimenticare — 205
- Lista 7: Fattori di Sopravvivenza — 215
- Lista 8: Immaginazione — 275
- Lista 9: Valenze — 279
- Lista 10: Interruzioni — 285
- Lista 11: Sezione dell'Invalidazione — 291
- Lista 12: Gli Elementi — 297
- Liste per Sedute Speciali:
  - Se Rievocare una Determinata Cosa Ti Ha Fatto Sentire a Disagio — 301
  - Lista di Fine Seduta — 307

# Appendice

- Per Approfondire lo Studio — 311
- Guida ai Materiali — 318
- Indirizzi — 320
- Glossario Redazionale di Termini ed Espressioni — 325
- Indice Analitico — 345

*Alle centinaia di migliaia di appassionati sostenitori di Dianetics che hanno portato lo stendardo della sanità mentale contro le roccaforti decadenti della Superstizione e che sono riusciti a riunire sotto il loro vessillo le speranze dell'Uomo.*

Non prestare troppa attenzione a chi vorrebbe convincerti che questo sistema non funziona. Costui non si sentirebbe al sicuro se le persone attorno a lui diventassero troppo forti. Il saggio valuta prima di parlare. Il critico non fa che seguire i capricci di un'epoca cinica e apatica. Hai il diritto di avere una tua opinione. Decidi se questo sistema funziona o meno in base a quanto sperimenti tu. Nessun'autorità del mondo cristiano potrà mai modificare la legge naturale.

# Introduzione

*Self-Analisi* non può resuscitare i morti.

*Self-Analisi* non porrà fine alla guerra né svuoterà i manicomi. Questi sono compiti che spettano all'auditor di Dianetics e allo specialista di Dianetics di Gruppo.

Ma *Self-Analisi* ti guiderà nell'avventura più interessante della tua vita: *te stesso*.

Quanto sei efficiente? Quali sono le tue doti potenziali? Quanto puoi migliorare? Beh, fondamentalmente le tue intenzioni nei confronti di te stesso e dei tuoi simili sono *buone*. Fondamentalmente, anche se a volte vengono offuscate dalle cupe ombre di brutte esperienze, le tue doti potenziali sono di gran lunga superiori a quanto ti sia mai stato permesso di credere.

Prendi per esempio la memoria, una piccola parte dei tuoi beni. È perfetta? Puoi rievocare a piacimento ogni cosa che hai imparato o ascoltato, ogni numero di telefono, ogni nome? Se non riesci a farlo, pare che ci sia qualcosa che si può migliorare. Qualcuno, dando una sbirciatina al titolo del libro, potrebbe supporre che *Self-Analisi* migliori unicamente la memoria. Questo sarebbe come dire che tutto ciò che un treno può fare è rispettare gli orari. Fa molto di più.

Ma la memoria è un punto di partenza. Se la tua memoria fosse precisa come quella di un computer e perfino più veloce, saresti più efficiente e più a tuo agio e certamente non ti dovresti prendere la briga di scrivere gli appunti che sei costretto a tenere. Già, probabilmente non è possibile avere una memoria *troppo* buona per le cose che hai studiato o di cui hai bisogno.

Ma ci sono molte cose importanti quanto la memoria. C'è il tempo di reazione. La maggior parte delle persone, in caso di emergenza, reagisce troppo lentamente. Diciamo che ti ci voglia mezzo secondo per togliere la mano da una stufa rovente. Decisamente troppo.

Oppure, diciamo che impieghi un terzo di secondo per accorgerti che la macchina davanti a te si è fermata e iniziare a frenare. Troppo. Molti incidenti si verificano a causa di un tempo di reazione troppo lungo.

Nel caso di un atleta, il tempo di reazione è un indice diretto dell'abilità che è in grado di raggiungere nello sport. Quindi, la prontezza di riflessi aiuta la persona in molti modi.

*Self-Analisi* accelera il tempo di reazione. Ecco un trucco. Prendi una banconota senza piegarla. Falla tenere da qualcuno sopra la tua mano in posizione verticale. Apri il pollice e l'indice proprio sotto il bordo inferiore della banconota. Ora, di' al tuo amico di lasciarla andare. Cerca di afferrarla chiudendo pollice e indice sulla banconota. Hai chiuso le dita dopo che era caduta e te la sei lasciata sfuggire? Questa è una reazione molto lenta. L'hai afferrata per il bordo superiore quando era quasi caduta? Troppo lento. L'hai afferrata nel mezzo? Così va bene. Oppure l'hai afferrata sul bordo inferiore, prima ancora che fosse realmente partita? È così che dovrebbe essere. Più prontezza in generale e meno incidenti. Beh, a meno che tu non abbia effettivamente dei danni fisici alle mani o alle braccia, *Self-Analisi* l'accelererà.

Soffri d'insonnia o fai fatica ad alzarti? Ti succede spesso di sentirti un po' stanco? Beh, a questo si può porre rimedio.

Per quanto riguarda le cosiddette malattie psicosomatiche: sinusiti, allergie, alcuni disturbi cardiaci, dolori e acciacchi "strani", vista

## Introduzione

debole, artriti, ecc., ecc., ecc., e così via fino al 70 percento delle malattie dell'Uomo, *Self-Analisi* potrebbe essere in grado di procurarti notevoli miglioramenti.

Poi c'è la questione del tuo aspetto più o meno giovanile. *Self-Analisi* può causare un bel cambiamento in questo.

E c'è la questione della pura e semplice capacità di essere felice nella vita e apprezzare le cose. È in questo che *Self-Analisi* si distingue maggiormente, dato che è in grado, di solito, di innalzare il tuo tono abbastanza velocemente da far ammettere persino a te che le cose possono andare bene.

L'eroe della mia infanzia, il pittore Charles Russell, descrisse una volta una certa pozione dicendo: "Questa indurrebbe una lepre a sputare in un occhio a un lupo". Beh, forse *Self-Analisi* non ha sempre quest'effetto, ma ciò avviene con frequenza sufficiente da essere considerato normale. Quel che è certo è che coloro che la praticano attraversano spesso una fase di questo tipo, con gran preoccupazione degli amici. *Self-Analisi* ha lo stesso effetto di quella canzone:

"*Quel ragazzaccio posso pestare, quella ragazza posso baciare,*

*Quel purosangue io so cavalcare e so farlo persin volteggiare...*"

La morale e l'avvertenza è: "Non andarti a trovare un lupo troppo grande". Per lo meno non fino a quando non l'avrai usata per un certo periodo e non avrai ripreso a vedere le cose nelle giuste proporzioni.

In breve, questa è un'avventura. Quanto puoi migliorare?

Molto dipende dal tuo valore potenziale ma sta pur certo che è molto di più di quanto tu abbia mai pensato. E puoi scommettere che è di più di quanto ti abbiano mai detto i tuoi amici.

Non scoraggiarti se scoprirai di trovarti piuttosto in basso nel quadro di auto-valutazione che troverai in seguito. Non tutto è perduto. La Sezione del Processing può farti salire abbastanza in fretta se ti applichi con impegno.

E non meravigliarti se all'improvviso inizierai a sentirti a disagio mentre lavori sulla Sezione del Processing. Puoi aspettarti che di tanto in tanto succeda. Non devi far altro che continuare. Se va troppo male, non hai che da passare all'ultima sezione e rispondere alcune volte a quelle domande e presto inizierai a sentirti meglio.

Tutto quello che sto cercando di dirti è questo: le avventure sono scialbe senza un pizzico di eccitamento. E di eccitamento puoi aspettartene... a volte anche troppo.

Una volta giunto alla fine saprai molte cose su di te.

Sta tutto nella tua responsabilità. Una cosa potente quanto questi procedimenti può di tanto in tanto esplodere. Se sei abbastanza stabile mentalmente non corri alcun rischio. Ma non voglio farti cadere in inganno. Un uomo potrebbe impazzire semplicemente leggendo questo libro. Se vedi lavorare su *Self-Analisi* qualcuno che non è stabile quanto pensa di essere, distoglilo. Se, mentalmente, riesce appena appena a mandar giù un brodino, non deve mettersi a mangiare carne cruda. Indirizzalo ad un auditor di Dianetics. E perfino se deraglia completamente, un auditor di Dianetics può rimetterlo a posto. Chiama semplicemente un auditor.

Quindi, non dimenticarti del fatto che *Self-Analisi* può gettare una persona instabile nella confusione mentale.

Qui, abbiamo a che fare con l'origine della follia umana. Se non è spiegato nel testo, si potrà trovare in un testo standard di Dianetics. Anche così, è dubbio che *Self-Analisi* possa creare in un anno tanta pazzia quanta quella che può venir creata da un modulo 740 fornito dalle nostre accuratissime, seppur un tantino ottuse, autorità.

Passiamo ora ai particolari. Troverai i test nel Capitolo Ottavo. Puoi fare il primo. Ti darà un punteggio che indica la tua posizione sul quadro. Non prendertela con me se è un punteggio basso. Prenditela con i tuoi genitori o con chi a scuola si occupava delle assenze ingiustificate.

Poi, vorrai probabilmente leggere il testo. È possibile che ti faccia vedere le cose da un punto di vista diverso. Mi dispiace se per gli

## INTRODUZIONE

eruditi è troppo semplice, troppo complesso o troppo qualcosa. È un semplice tentativo di scrivere nella mia lingua alcuni concetti sulla mente basati su una gran quantità di materiale tecnico di Dianetics, ma reso più digeribile. Se leggi il testo, andrai meglio nel processing.

La Sezione del Processing, Capitolo Decimo, è divisa in molte parti. Puoi semplicemente farle di seguito, oppure soffermarti su ognuna diverse volte, fino a che non ritieni di aver esplorato a sufficienza quell'aspetto della tua vita. In ogni caso ripasserai ogni sezione molte volte.

Per aiutarti, alla fine del libro c'è un disco a due facciate.

Quindi, sei pronto ad esplorare la tua vita. È un'avventura interessante per chiunque. Ho fatto quello che ho potuto per rendertela più agevole, ma non prendertela con me se ti dovessi arenare in qualche fiume sperduto e dovessi venir divorato dai cannibali o dagli engram. L'ultima sezione ti aiuterà a tirartene fuori, o almeno a tirar fuori quello che sarà rimasto di te.

Non cedere e non perderti d'animo, anche se troverai il cammino faticoso. Rinunciare è facile ma, se lo facessi, non sapresti mai ciò che sei realmente, in essenza.

Vuoi fare tutto il viaggio? Complimenti, sei una persona coraggiosa.

Ti auguro di non essere mai più lo stesso.

L. RON HUBBARD

CAPITOLO PRIMO

# Come Giungere a Conoscere Se Stessi

CAPITOLO PRIMO

# Come Giungere a Conoscere Se Stessi

Sei amico di te stesso?

Probabilmente l'amico più trascurato che hai sei tu. E tuttavia chiunque, prima di poter essere un vero amico del mondo, deve innanzi tutto diventare amico di se stesso.

In questa società, in cui, nelle città affollate e nei centri commerciali trionfa l'aberrazione, sono pochi gli uomini che non sono stati sottoposti da ogni angolazione a una campagna che li convincesse di essere assai inferiori a quel che credono.

Tu ti opporresti a chiunque dicesse dei tuoi amici ciò che viene dato ad intendere a proposito di te. È giunto il momento di lottare per difendere il miglior amico che tu possa mai avere: te stesso.

La prima mossa per stringere quest'amicizia consiste nel fare la conoscenza di quello che sei e di quello che potresti diventare. "Conosci te stesso!", dicevano gli antichi Greci. Fino a qualche tempo fa non era possibile fare una conoscenza molto approfondita. Si sapeva ben poco del comportamento umano da un punto di vista scientifico. Ma la fisica atomica, rivelando all'Uomo nuove conoscenze, ha rivelato anche le caratteristiche generali dell'energia della vita e, grazie a ciò, si può ora arrivare a conoscere una gran quantità di cose che prima neppure si sospettava esistessero.

Non occorre conoscere la fisica atomica per conoscere te stesso, ma occorre sapere qualcosa della meta apparente della vita in generale, e delle tue mete personali in particolare.

In uno dei capitoli successivi troverai delle domande, rispondendo alle quali potrai farti un'idea più precisa delle tue capacità attuali e potenziali; non lasciarti ingannare, perché esse possono diventare molto più grandi di quanto tu abbia mai sospettato prima.

Parliamo per ora della meta generale dell'intera vita. Da dove proveniamo e dove siamo diretti? Conoscendo ciò, possiamo scoprire qualcosa per quanto riguarda le leggi che forniscono una motivazione ai tuoi impulsi e al tuo comportamento.

Tutti i problemi sono fondamentalmente semplici, una volta che si conosce la risposta fondamentale. E la vita non fa eccezione. Gli uomini sono andati avanti per millenni a sforzarsi di scoprire quali fossero le spinte che stanno alla base dell'esistenza. E in un'epoca illuminata, quando l'esplorazione degli universi aveva già svelato abbastanza segreti da darci le bombe atomiche, è diventato possibile effettuare esplorazioni alla ricerca della legge fondamentale della vita e trovarla. Che cosa faresti tu, se possedessi questa legge fondamentale? Con quanta facilità, a quel punto, potresti capire tutti i rompicapi, gli enigmi e le complicazioni della personalità e del comportamento? Potresti capire i prestigiatori e i presidenti di banca, i colonnelli e gli operai, i re, i gatti e i carbonai. E, cosa ancor più importante, potresti prevedere con facilità che cosa essi farebbero in ogni data circostanza, e sapresti che cosa aspettarti da chiunque, senza tirare a indovinare, anzi, con una certezza diabolica, tanto sarebbe accurata.

"All'inizio era il Verbo", ma qual era il Verbo? Quale principio fondamentale delineava? Quale capacità di comprensione si possederebbe, se lo si conoscesse?

Un tempo, un antico re di Persia s'impegnò a fondo per conoscere questo Verbo e tentò di scoprirlo facendo condensare dai propri saggi tutto il sapere della Terra.

Dietro suo ordine, tutti i libri di cui fu possibile entrare in possesso furono riuniti in una biblioteca enorme. Carovane su carovane di libri

# Capitolo Primo
## Come Giungere a Conoscere Se Stessi

vennero portati in quell'antica città, e i saggi dell'epoca lavorarono per anni al fine di condensare in un unico volume ogni elemento del sapere.

Ma il re voleva un'enunciazione più precisa di quel Verbo fondamentale. Fece ridurre dai suoi saggi quel volume a una sola pagina. E ancora fece ridurre quella pagina a una frase. Infine, dopo molti altri anni di studio, i suoi filosofi ottennero quell'unico Verbo, la formula che avrebbe risolto ogni rompicapo.

Ma la città perì in guerra e il Verbo andò perduto.

Ma qual era il Verbo? Di certo il suo valore, visto che rendeva possibile comprendere l'Uomo, superava quello delle ricchezze della Persia. Duemila anni dopo, grazie agli studi dei fenomeni atomici e molecolari, possiamo di nuovo postulare quale fosse il Verbo. E usarlo. Usarlo per conoscere noi stessi. E per prevedere le azioni degli altri.

CAPITOLO SECONDO

# LE LEGGI DELLA SOPRAVVIVENZA E DELL'ABBONDANZA

CAPITOLO SECONDO

# LE LEGGI DELLA SOPRAVVIVENZA E DELL'ABBONDANZA

Il Principio Dinamico dell'Esistenza è: SOPRAVVIVENZA!

A prima vista potrebbe sembrare fin troppo elementare. Potrebbe sembrare troppo semplice. Ma quando esaminiamo questa parola, scopriamo che legati ad essa vi sono alcuni elementi che ci permettono di produrre degli artifici e di venire a conoscenza di alcune cose delle quali non s'era mai venuti a conoscenza, in precedenza.

La conoscenza si può rappresentare come una piramide. In cima c'è una verità semplice, una verità che però abbraccia l'universo in modo tanto ampio da far sì che da essa si possano conoscere molte altre verità. Possiamo immaginarci di scendere da quel punto verso una quantità sempre maggiore di verità, rappresentata dall'allargarsi della piramide.

Qualsiasi punto esaminassimo di questa piramide, scopriremmo che, via via che si scende, si trovano verità con significati più ampi e meno correlati. Salendo, si troverebbe invece una sempre crescente semplicità. La scienza consiste nel processo di partire dal basso della piramide, in maniera molto simile a quella del re di Persia, e salire, nel tentativo di scoprire verità più elementari che spieghino le verità successive. Si può dire che la filosofia consista nell'operazione di prendere verità molto elementari e di portarle poi a spiegare quantità sempre maggiori di verità.

In cima alla nostra piramide abbiamo SOPRAVVIVENZA!

È come se, in un passato molto, molto remoto, l'Essere Supremo avesse dato un ordine a tutti gli esseri viventi: "Sopravvivi!". L'ordine non diceva in che modo sopravvivere, né per quanto tempo. Tutto quel che diceva, era: "Sopravvivi!". Il contrario di "Sopravvivere!" è "Soccombere". Ciò costituisce la penalità per il mancato impegno in attività di sopravvivenza.

Ma che dire di cose quali la morale, gli ideali, l'amore? Non sono forse al di sopra della "sopravvivenza pura e semplice"? Sfortunatamente, o fortunatamente, no.

Quando si pensa alla sopravvivenza, si ha la tendenza a commettere l'errore di concepirla in termini di "minimo indispensabile". Questa non è sopravvivenza, poiché non c'è nessun margine per eventuali perdite.

Nel costruire un ponte, gli ingegneri utilizzano ciò che viene chiamato "coefficiente di sicurezza". Se un ponte deve reggere dieci tonnellate, essi lo costruiscono in modo tale che possa reggerne cinquanta. Fanno un ponte cinque volte più resistente. Essi hanno quindi un margine che tiene conto del deterioramento dei materiali, del sovraccarico, di sollecitazioni ambientali improvvise ed impreviste e degli eventuali incidenti che potessero capitare.

Nella vita, l'unica vera garanzia di sopravvivenza è l'*abbondanza*.

Un contadino che calcola di aver bisogno di dodici quintali di grano per assicurarsi il cibo di un anno e che fa una semina da dodici quintali, ha ridotto notevolmente le proprie probabilità di sopravvivenza. Invero non sopravviverà, a meno che qualche suo vicino non sia stato più previdente. Le cavallette infatti si porteranno via parte del grano. Parte se la prenderà la siccità. Parte la grandine. Parte l'esattore delle tasse. E se intende utilizzare tutto il raccolto come cibo, che cosa userà come semente?

No, il contadino che sa di aver bisogno di dodici quintali di grano per poter mangiare nell'anno a venire, dovrebbe fare una semina da cento quintali. A quel punto le cavallette e gli agenti del fisco

## Capitolo Secondo
## Le Leggi della Sopravvivenza e dell'Abbondanza

potrebbero portargli via grano a volontà, ma il contadino sarebbe sempre in grado di avere un raccolto sufficiente a dargli da mangiare, tranne naturalmente in un regime socialista, dove nessuno sopravvive, o per lo meno non molto a lungo!

Una persona sopravvive o soccombe in ragione della sua capacità di acquisire e mantenere i mezzi di sostentamento necessari alla sopravvivenza. La sicurezza derivante da un buon impiego, ad esempio, significa una certa garanzia di sopravvivenza, a patto che le altre minacce all'esistenza non diventino troppo sopraffacenti. L'uomo che guadagna bene si può permettere dei vestiti migliori per ripararsi dalle intemperie, una casa più solida e confortevole, assistenza medica per sé e per la propria famiglia, comodi mezzi di trasporto e, ciò che conta, il rispetto dei suoi simili. Tutte queste cose rappresentano sopravvivenza.

Naturalmente, l'uomo che guadagna bene potrebbe avere tali preoccupazioni sul lavoro, potrebbe suscitare nei suoi simili una tale invidia ed essere talmente tormentato da perdere qualcosa della sua capacità di sopravvivenza. Ma persino un sovversivo sarebbe disposto a cambiare bandiera se gli si offrisse abbastanza denaro.

Prendiamo per esempio una persona che si guadagna appena a sufficienza da tirare avanti. Indossa vestiti che la riparano in modo scadente, quindi è facile che s'ammali. Vive in una casa che a malapena la difende dalle intemperie. È logorata dalle preoccupazioni, poiché il suo livello di sopravvivenza è talmente basso da non fornire alcun margine o alcuna abbondanza. Non può metter da parte nulla per il giorno in cui si ammalerà. Non può pagare un dottore. Non può prendersi delle vacanze. Persino in uno stato collettivistico il suo destino sarebbe tale, e la sua irreggimentazione sarebbe così completa, che potrebbe fare ben poco per proteggere la propria sopravvivenza.

I giovani abbondano in sopravvivenza rispetto agli anziani, poiché possiedono ancora capacità di resistenza. E i sogni dei giovani - roba buona per la sopravvivenza, i sogni - non sono ancora stati infranti dai fallimenti. Inoltre, sono molti gli anni di vita che aspettano i giovani. Questo è importante, poiché la sopravvivenza include anche quanto tempo si ha da vivere.

Per quanto riguarda gli ideali, l'onestà e l'amore per il prossimo, non vi può essere buona sopravvivenza, per uno o per molti, ove queste cose siano assenti. Il criminale non sopravvive bene. Il criminale medio passa la maggior parte della sua età adulta in gabbia, come una bestia feroce, sorvegliato dai fucili di tiratori scelti che gli impediscono la fuga. La persona nota per la sua onestà riceve in premio sopravvivenza: buoni impieghi, buoni amici. E l'uomo che ha degli ideali, poco importa con quanta insistenza i servi del diavolo lo allettino per indurlo ad abbandonarli, sopravvive bene solo nella misura in cui resta fedele a quegli ideali. Hai mai sentito di un medico che, per sete di guadagno, comincia a prestare le sue cure di nascosto ai criminali o a spacciare roba? Quel medico non sopravviverà a lungo dopo aver messo da parte i propri ideali.

In breve, anche i concetti più esoterici rientrano in questa descrizione di SOPRAVVIVENZA! Una persona sopravvive finché è fedele a se stessa, alla propria famiglia, ai propri amici, alle leggi dell'universo. Quando fallisce in uno qualsiasi di questi aspetti, la sua sopravvivenza viene ridotta.

Il limite della sopravvivenza, tuttavia, non è nettamente definito. La sopravvivenza non consiste nell'essere vivi adesso e morti un attimo dopo. La sopravvivenza, in realtà, è una scala graduata.

CAPITOLO TERZO

# La Morte della Coscienza

CAPITOLO TERZO

# La Morte della Coscienza

Quand'è che si cessa di Sopravvivere e s'inizia a Soccombere? La linea di demarcazione non è la morte come noi la conosciamo, ma coincide con ciò che si potrebbe chiamare la morte della coscienza dell'individuo.

La ragione dell'Uomo è la sua arma più potente. Privo di zanne, di corazza o di artigli, cose che tante altre forme di vita avevano, l'Uomo ha fatto assegnamento sulla sua capacità di ragionare al fine di aumentare la propria sopravvivenza.

La scelta della capacità di pensare quale arma principale è una scelta fortunata. Ha procurato all'Uomo il dominio della Terra. La ragione è un'arma eccellente. Gli animali, con le loro zanne, la loro corazza e i loro lunghi artigli, sono legati ad armi che non possono alterare. Essi non possono adattarsi a un ambiente che cambia. E per sopravvivere è tremendamente importante cambiare quando l'ambiente cambia. Tutte le specie estinte sono scomparse perché non hanno saputo cambiare al fine di controllare un ambiente nuovo. La ragione pone rimedio in modo significativo a questa incapacità, perché l'Uomo può inventare nuovi attrezzi, nuove armi e un ambiente completamente nuovo. La ragione gli permette di cambiare per adattarsi alle nuove situazioni, gli fa mantenere una posizione di controllo nei nuovi contesti.

Qualsiasi animale che semplicemente si adegua per uniformarsi a quel che lo circonda è destinato all'estinzione. Gli ambienti cambiano rapidamente. Gli animali che invece controllano e trasformano l'ambiente sono quelli che hanno le maggiori probabilità di sopravvivenza.

Il solo modo in cui si possa organizzare uno stato collettivista è di convincere gli uomini che devono adattarsi e adeguarsi, come gli animali, a un ambiente costante. Devono essere privati del loro diritto di controllare, come individui, il proprio ambiente. A quel punto possono essere irreggimentati e aggregati in gruppi. Diventano possesso anziché possessori. Devono essere privati della ragione e del diritto alla ragione, perché il punto focale di quest'ultima consiste nel diritto di decidere da sé in materia del proprio ambiente.

Gli elementi combattono l'Uomo e l'uomo combatte l'uomo. Il bersaglio principale dei nemici dell'Uomo o di un uomo è il suo diritto e la sua capacità di ragionare. Le forze brute e cieche degli elementi, le tempeste, il freddo e la notte opprimono, sfidano e possono finire per schiacciare tanto la ragione quanto il corpo.

Tuttavia, proprio come l'incoscienza precede sempre la morte, sia pure di pochi istanti, così la morte della ragione precede quella dell'organismo. Perché questo accada, ci può volere molto tempo, persino metà di una vita, o anche più.

Hai mai osservato con quanta prontezza un giovane prende di petto le forze che si oppongono alla vita? E hai mai visto una persona in età avanzata? Scoprirai che ciò che ha subìto danni è la capacità di ragionare. Ci si è conquistata a duro prezzo un po' di esperienza e in base a tale esperienza si cerca, dalla mezza età in poi, di condurre la propria vita. È una verità lapalissiana che i giovani pensano in fretta in base a poca esperienza e che i vecchi pensano lentamente in base a molta. Le scelte razionali dei giovani sono ben lungi dall'essere sempre nel giusto, poiché essi tentano di ragionare senza dati adeguati.

Supponiamo che una persona abbia conservato tutta la sua capacità di ragionare e che tuttavia disponga di grande esperienza. Supponiamo

## Capitolo Terzo
## La Morte della Coscienza

che i nostri anziani possano pensare con tutto l'entusiasmo e la vitalità dei giovani e che tuttavia dispongano anche della loro esperienza al completo. I vecchi dicono ai giovani: "Non avete esperienza!", e i giovani rispondono ai vecchi: "Siete privi d'immaginazione, non sapete accettare e nemmeno prendere in considerazione le nuove idee!". Ovviamente, l'ideale sarebbe di possedere l'esperienza della vecchiaia e la vitalità e creatività della gioventù.

Forse ti è capitato di dire a te stesso: "Con tutta l'esperienza che ho adesso, cosa non darei per un po' dell'entusiasmo che avevo una volta!". O forse hai trovato una giustificazione dicendo di aver "perso tutte le illusioni", ma non sei tanto sicuro che fossero illusioni. L'essere creativi, la capacità di entusiasmarsi, il desiderio e la volontà di vivere, la fede nel destino sono forse illusioni? O non sono piuttosto sintomi dell'autentica sostanza di cui è fatta la vita stessa? E il loro declinare non è forse un sintomo di morte?

La conoscenza non distrugge la volontà di vivere. Sono il dolore e la perdita di auto-determinazione a farlo. La vita può essere dolorosa. L'acquisizione di esperienza spesso lo è. Conservare questa esperienza è essenziale, ma non resterebbe ugualmente esperienza anche senza il dolore che l'accompagna?

Supponiamo di poter spazzar via dalla nostra vita ogni forma di dolore, fisico e d'altro genere, che abbiamo accumulato. Sarebbe davvero così terribile doversi separare da un cuore infranto o da una malattia psicosomatica, da ansie, paure e terrori?

Supponiamo che un uomo abbia la possibilità, sapendo tutto ciò che sa, di guardare ancora una volta la vita e l'universo negli occhi e di dire che possono essere conquistati.

Ricordi un giorno, quando eri più giovane, in cui ti sei svegliato e hai trovato la rugiada scintillante che splendeva sull'erba e sulle foglie, e il sole dorato che brillava su un mondo felice? Ricordi com'era tutto splendido e sereno, una volta? E il primo tenero bacio? Il calore della vera amicizia? L'intimità di una passeggiata al chiaro di luna?

Che cosa ha trasformato quel mondo radioso in qualcosa di diverso?

La coscienza del mondo che ci circonda non è una cosa assoluta. In un dato momento della nostra esistenza possiamo essere più coscienti dei colori, della luminosità e della gioia che non in un altro momento. In gioventù si può meglio comprendere la luminosa realtà delle cose, di quanto non si riesca a fare in età avanzata. E tutto ciò non è forse simile a un declino della coscienza, della consapevolezza?

Che cos'è che ci rende meno consapevoli dello splendore del mondo che ci circonda? È il mondo che cambia? No, poiché ogni nuova generazione vede lo splendore e la gloria, la vitalità della vita, di quella stessa vita che i vecchi considerano, nel migliore dei casi, monotona. È l'individuo che cambia. E che cosa lo fa cambiare? Si tratta di un indebolimento delle sue ghiandole e dei suoi nervi? Improbabile, dato che tutte le cure escogitate per ghiandole e nervi - la struttura del corpo - hanno potuto restituire ben poco dello splendore della vita.

"Ah, la gioventù" sospira chi è adulto. "Se solo avessi ancora il suo entusiasmo!" Che cosa ha ridotto quell'entusiasmo?

Via via che diminuisce la coscienza dello splendore della vita, declina anche la coscienza di sé. Coscienza e consapevolezza diminuiscono di pari passo. La capacità di percepire il mondo che ci circonda e la capacità di trarre conclusioni accurate in merito ad esso sono esattamente la stessa cosa.

Gli occhiali sono un sintomo del declino della coscienza. Perché il mondo appaia più brillante si ha bisogno di rinforzare la propria vista. La perdita della capacità di muoversi in fretta come si correva da bambini è un declino della coscienza e della capacità.

L'incoscienza completa equivale alla morte. Una mezza incoscienza equivale a una mezza morte. Un quarto d'incoscienza equivale a un quarto di morte. Via via che invece di accumulare i piaceri della vita, si accumula il dolore connesso ad essa, si perde gradualmente la corsa con la signora con la falce. E il risultato finale è l'incapacità fisica di vedere, pensare ed essere, nota col nome di morte.

## Capitolo Terzo
## La Morte della Coscienza

Come si accumula questo dolore?

Se si riuscisse a sbarazzarsene, ritornerebbe la coscienza completa ed un concetto completo e brillante della vita?

Esiste un modo per liberarsene?

CAPITOLO QUARTO

# I Nostri Sforzi verso l'Immortalità

CAPITOLO QUARTO

# I NOSTRI SFORZI VERSO L'IMMORTALITÀ

L'universo fisico è composto di quattro elementi: *materia, energia, spazio e tempo.*

Secondo la fisica nucleare la materia è composta di energia, come gli elettroni ed i protoni, ed energia e materia esistono nello spazio e nel tempo. Tutto questo è in effetti molto semplice. Anche così non c'è alcun bisogno di approfondire molto la cosa per capire che l'universo nel quale viviamo è composto di cose semplici sistemate e risistemate in modo tale da dar vita a molte forme e manifestazioni.

Il marciapiede di cemento, l'aria, i gelati, le buste paga, i gatti, i re e i carbonai sono sostanzialmente composti di materia, energia, spazio e tempo. Quando sono vivi, contengono un altro ingrediente: la *vita*.

La vita è un'energia di tipo molto particolare, che obbedisce a certe leggi diverse da quelle che regolano ciò che normalmente consideriamo energia (come l'elettricità). Ma la vita è un'energia ed ha alcune proprietà peculiari.

La vita è in grado di radunare ed organizzare la materia e l'energia nello spazio e nel tempo e di animarle. La vita prende della materia e dell'energia e crea un organismo come una monocellula, un albero, un orso polare o un uomo.

Poi questo organismo, ancora animato dall'energia chiamata vita, agisce a sua volta sulla materia e sull'energia nello spazio e nel tempo ed organizza e anima ulteriormente la materia e l'energia, trasformandole in nuovi oggetti e forme.

Si potrebbe dire che la vita sia impegnata in una conquista dell'universo fisico. Si è detto che l'impulso primario della vita è la SOPRAVVIVENZA! Allo scopo di garantirsi la sopravvivenza, la vita deve continuare a vincere nella sua conquista dell'universo fisico.

Quando la vita, o una forma di vita, cessa di portare avanti questa conquista, cessa di sopravvivere e soccombe.

Qui c'è uno scontro titanico. L'energia della vita contro materia, energia, spazio e tempo. La vita contro l'universo fisico.

Si scatena una lotta gigantesca. L'universo fisico caotico, disorganizzato, capace di produrre solo forza, resiste alla conquista della vita, organizzatrice e persistente, in grado di ragionare.

La vita apprende le leggi dell'universo fisico - materia, energia, spazio e tempo - e quindi rivolge contro l'universo fisico queste stesse leggi per proseguire nella sua conquista.

L'Uomo ha tentato a lungo di imparare qualcosa dell'universo fisico, come nel caso delle scienze della fisica e della chimica e, cosa ancora più importante, ha cercato di capire la battaglia quotidiana della vita contro l'universo. Non pensare che una monocellula non manifesti una conoscenza delle regole del funzionamento della vita, perché lo fa. Quanta destrezza ci vuole per organizzare alcuni elementi chimici e della luce solare in modo da formare un'unità vivente! Il biologo rimane sbigottito di fronte all'esperienza organizzativa delle più piccole cellule viventi. Scruta queste entità complesse e accurate, queste unità microscopiche di forme di vita e lui stesso non riesce a credere che tutto ciò sia un puro caso.

C'è dunque la vita, un'energia vitale, non esattamente uguale all'energia dell'universo fisico. E poi ci sono le forme di vita.

La forma di vita o l'organismo, come un corpo umano *vivente*, consiste di vita *più* la materia, l'energia, lo spazio e il tempo dell'universo

## Capitolo Quarto
## I Nostri Sforzi verso l'Immortalità

fisico. Un corpo *morto* consiste di materia, energia, spazio e tempo dell'universo fisico *meno* l'energia della vita. La vita è stata lì, ha organizzato e quindi si è ritirata dall'organismo, un'operazione che noi conosciamo come ciclo del concepimento, nascita, crescita, decadimento e morte.

Sebbene si possa rispondere a domande come "dove va la vita quando si ritira e che cosa fa a quel punto?", non è necessario esaminare qui la questione. La cosa importante per un organismo vivente è il fatto che esso stia cercando di sopravvivere, obbedendo allo sforzo complessivo dell'intera vita e che, per farlo, esso debba aver successo nella sua conquista dell'universo fisico.

In parole povere, per creare un organismo (come il corpo umano) la vita deve prima accumulare abbastanza materia ed energia e quindi deve affiancare a questo organismo altri organismi che collaborino e siano solidali con esso (come altre persone) e deve continuare a procurare dell'altra materia ed energia che le serva da cibo, vestiario e riparo al fine di sostentarsi. Oltre a procurarsi alleati, cibo, vestiario e riparo, la vita, per sopravvivere, deve fare altre due cose ben precise, che sono di importanza fondamentale.

La vita deve procurarsi piacere.

La vita deve evitare il dolore.

La vita ha una spinta attiva a staccarsi dal dolore, che è un elemento di non-sopravvivenza, è distruttivo e rappresenta la morte stessa. Il dolore è un segnale d'allarme di non-sopravvivenza o di morte potenziale.

La vita ha una spinta attiva verso il piacere. Il piacere si può definire come l'azione tesa a garantirsi o ad ottenere la sopravvivenza. Il piacere ultimo consiste nella sopravvivenza infinita o immortalità, meta irraggiungibile per l'organismo fisico stesso (ma non per la sua vita), verso la quale però l'organismo tende.

Si potrebbe allora definire la felicità come il superamento di ostacoli verso una meta desiderabile. Qualsiasi meta desiderabile, se la si analizza da vicino, si dimostrerà una meta di sopravvivenza.

Troppo dolore ostacola l'organismo verso la sopravvivenza.

Troppi ostacoli tra l'organismo e la sopravvivenza significano non-sopravvivenza.

Si vedrà quindi che la mente è impegnata nel calcolare od immaginare svariati modi per evitare il dolore e per raggiungere il piacere e nell'attuare le soluzioni. Questo è tutto ciò che la mente fa:

*Percepisce, pone e risolve problemi che riguardano la sopravvivenza dell'organismo, delle generazioni future, del gruppo, della vita e dell'universo fisico, e mette in atto le soluzioni.*

Se risolve la maggior parte dei problemi che si presentano, l'organismo raggiunge un alto livello di sopravvivenza. Se la mente dell'organismo non riesce a risolvere la maggior parte dei problemi, allora l'organismo fallisce.

La mente, quindi, ha un rapporto ben preciso con la sopravvivenza. E qui si intende la mente nel suo insieme, non solo il cervello. Il cervello è una struttura. La mente può essere considerata tutto l'essere, mortale e immortale, la personalità definita dell'organismo e tutti i suoi attributi.

Per cui, se la mente di una persona funziona bene, se risolve i problemi che dovrebbe risolvere e se mette correttamente in atto quelle soluzioni, la sopravvivenza di quell'organismo è ben assicurata. Se la mente non funziona bene, la sopravvivenza dell'organismo è messa in dubbio e in discussione.

È necessario quindi che la mente di una persona sia in condizioni eccellenti perché possa garantire al meglio la propria sopravvivenza, quella della sua famiglia, delle generazioni future, del suo gruppo e della vita.

La mente cerca di garantire e dirigere azioni di sopravvivenza. Cerca la sopravvivenza non solo per l'organismo (se stessi), ma anche per la famiglia, i bambini, le generazioni future e l'intera vita. Essa può quindi essere indebolita in modo selettivo. Una mente può essere indebolita per quanto riguarda la sopravvivenza di se

## Capitolo Quarto
## I Nostri Sforzi verso l'Immortalità

stessi, rimanendo tuttavia attiva nei confronti della sopravvivenza delle generazioni future. Può essere indebolita riguardo ai gruppi e, nonostante ciò, rimanere estremamente attiva nei confronti della propria responsabilità verso l'organismo (se stessi). Per funzionare bene, la mente non deve essere indebolita in alcuna direzione.

Per funzionare bene, la mente deve considerarsi capace di controllare l'universo fisico fatto di materia, energia, spazio e tempo nell'ambito delle esigenze dell'organismo, della famiglia, delle generazioni future e dei gruppi, come pure della vita.

La mente deve essere in grado di evitare il dolore e di scoprire il piacere per quanto riguarda se stessi, le generazioni future, la famiglia, il gruppo e la vita in quanto tale.

Se la mente non riesce ad evitare il dolore ed a scoprire il piacere, non possono riuscirvi nemmeno l'organismo, la famiglia, le generazioni future, il gruppo e la vita.

Il fatto che un singolo organismo, facente parte di un gruppo, non risolva adeguatamente i problemi della sopravvivenza è un fallimento parziale per tutto il gruppo. Quindi: "Non chiedere per chi suona la campana, suona per te!".

La vita è uno sforzo interdipendente e cooperativo. Ogni singolo organismo vivente ha un proprio ruolo da giocare nella sopravvivenza di altri organismi.

Nel caso di una mente pensante, come quella dell'Uomo, l'organismo deve essere in grado di agire indipendentemente per la propria sopravvivenza e per quella degli altri. Al fine di perseguire queste sopravvivenze, tuttavia, una mente deve essere in grado di attuare delle soluzioni che siano ottimali non solo per se stessa, ma anche per ogni altra cosa connessa alla sua sopravvivenza.

La mente di un singolo organismo si deve così accordare con quella di altri organismi, perché tutti possano sopravvivere al massimo livello possibile.

Quando diventa ottusa e indebolita, la mente comincia ad elaborare le proprie soluzioni in modo carente, inizia a diventare confusa sulle sue stesse mete. Non è certa di quello che vuole fare. Coinvolgerà ed ostacolerà la sopravvivenza di altri organismi. Ad esempio, può iniziare a ritenere di dover sopravvivere come se stessa e che solo essa è importante, trascurando così la sopravvivenza degli altri. Questa è un'attività di non-sopravvivenza ed è molto aberrata.

Una mente che inizi a "sopravvivere" solo per sé e che inizi a ridurre e controllare con la forza gli altri organismi che le stanno attorno, ha già superato da un bel po' la metà del cammino verso la sua morte. È una mente che è viva per meno della metà, possiede meno della metà del suo effettivo potenziale. La sua percezione dell'universo fisico è scarsa, non si accorge che la sua sopravvivenza dipende dalla cooperazione con gli altri. Ha perso la sua missione di sopravvivenza, è avviata ormai verso la morte, ha superato il suo apice ed in effetti intraprenderà delle azioni personali che la condurranno alla morte.

La vita, presa nel suo insieme, trae utilità dalla morte dell'organismo: quando un organismo non è più in grado di proseguire in modo positivo, il piano della vita è di ucciderlo e di fare un nuovo investimento in un nuovo organismo.

La morte non è che l'operazione mediante la quale la vita si libererà di un organismo superato e indesiderato, affinché nuovi organismi possano nascere e svilupparsi.

La vita in sé non muore. Solo l'organismo fisico muore. Nemmeno la personalità muore, a quanto sembra. Perciò, in verità, la morte è un concetto che si limita alla morte della parte fisica dell'organismo. La vita e la personalità, a quanto pare, continuano. La parte fisica dell'organismo cessa di funzionare. E questa è la morte.

Quando l'organismo raggiunge un punto in cui è cosciente solo per metà, quando le sue percezioni sono appena la metà di quel che dovrebbero essere, ed esso funziona solo per metà rispetto a quanto

## Capitolo Quarto
## I Nostri Sforzi verso l'Immortalità

dovrebbe, comincia la morte. Da lì in poi, l'organismo intraprenderà azioni che affrettano la sua morte. Lo fa "inconsciamente", ma, in tale stato aberrato, una mente del genere porterà la morte anche ad altri organismi. Un organismo semicosciente costituisce quindi una minaccia per gli altri. Ecco la persona incline ad avere incidenti, il fascista, colui che cerca di dominare, la persona egoista che fa solo il proprio interesse. Ecco un organismo in viaggio verso la morte.

Quando l'organismo raggiunge un punto in cui è vivo solo per un terzo, è cosciente solo per un terzo, percepisce solo la terza parte di quello che potrebbe percepire. La vita accelera ancor di più la morte di tale organismo e di quelli che lo circondano. Ecco il suicida, la persona sempre malata, quella che rifiuta il cibo.

A volte, gli organismi in viaggio verso la morte ci mettono anni e anni a morire, perché l'organismo a volte si rinvigorisce per un po' e conserva ancora un certo desiderio di continuare a vivere. E gli altri organismi lo aiutano a vivere. Viene sospinto dalla marea della vita, benché la sua direzione individuale sia verso la morte: morte per gli altri, per se stesso e per l'universo fisico circostante.

La società, il grosso della quale tende alla sopravvivenza, non riconosce o si rifiuta di riconoscere la morte o l'impulso degli organismi verso di essa. La società approva leggi contro l'omicidio ed il suicidio, mette a disposizione ospedali, porta sulle proprie spalle queste persone e non vuol sentir parlare di eutanasia o di "morte indolore".

Gli organismi che hanno superato il punto che si trova a metà strada adottano misure e mezzi straordinari per portare la morte agli altri, alle cose e a se stessi. Ecco dunque gli Hitler, i criminali e i nevrotici distruttivi.

Se si dà una macchina da guidare a una persona che ha oltrepassato tale punto, la macchina rischia di essere coinvolta in un incidente. Se si danno dei soldi a una persona del genere li userà per procurarsi oggetti che portano non-sopravvivenza.

Ma vediamo di non sottolineare troppo l'aspetto drammatico a scapito di ciò che è importante, come fanno i giornali. L'azione e l'impulso che tendono alla morte diventano evidenti solo quando la situazione è molto drammatica; sono però più pericolosi nelle forme meno drammatiche.

Chi ha superato il punto che si trova a metà strada porta continuamente la morte a cose e persone, anche se a piccole dosi. Una casa sporca, appuntamenti non rispettati, abiti dimessi, pettegolezzi malvagi, critiche malevole agli altri "per il loro bene": queste sono tutte turbolenze che portano al fallimento, e troppi fallimenti portano alla morte.

Non si deve tuttavia credere che per "metà strada" s'intenda metà della vita. S'intende metà coscienza, metà vitalità, metà (o meno) percezione e pensiero. Un bambino può essere spinto fino a questo livello dai genitori e dalla scuola e, in effetti, è una cosa abbastanza comune che i bambini cadano al di sotto del punto che si trova a metà strada, tante sono le sconfitte che subiscono nel loro ambiente e nella loro battaglia con la vita. L'età non è un criterio di misura, la salute fisica invece sì.

La manifestazione più certa del fatto che qualcuno abbia superato il punto che si trova a metà strada è la sua condizione fisica. Il malato cronico l'ha superato.

Se dunque si vuole avere una società sicura, allora, se si vuole liberare la società dai suoi fattori di morte, bisogna disporre di mezzi per distruggere la gente che porta la morte - gli Hitler, i pazzi, i criminali - oppure per salvare queste persone riportandole ad uno stato di piena coscienza.

Piena coscienza significa pieno riconoscimento delle proprie responsabilità, dei propri rapporti con gli altri, della propria cura di sé e della società.

Come si può ottenere una cosa simile? Se la si potesse ottenere, si potrebbe portare un sistema sociale ad altezze rimaste sinora irraggiungibili, si potrebbero svuotare prigioni e manicomi, si potrebbe rendere il mondo troppo razionale per la guerra. La gente

## Capitolo Quarto
## I Nostri Sforzi verso l'Immortalità

che prima non ne avesse mai avuto i mezzi, potrebbe star bene, chi non avesse mai saputo che cos'è veramente la felicità potrebbe essere felice. Si potrebbero elevare lo zelo e l'efficienza di tutti gli uomini e di tutti i ceti sociali, se solo si potesse ripristinare la vitalità di queste persone.

Per sapere come ripristinarla, bisogna però sapere come hanno fatto a contrarsi la coscienza, la vitalità e la volontà di vivere.

CAPITOLO QUINTO

# COME ELEVARE IL NOSTRO LIVELLO DI COSCIENZA

CAPITOLO QUINTO

# Come Elevare il Nostro Livello di Coscienza

Gli organismi sono spinti verso la morte dal dolore accumulato.

Il dolore di un grande, travolgente impatto provoca la morte immediata.

Il dolore a piccole dosi, durante l'arco di una vita, spinge gradualmente l'organismo fino alla morte.

Che cos'è il dolore?

Il dolore è il preavviso di una perdita. È un sistema automatico di allarme, innato negli organismi viventi, che informa l'organismo che esso è, in parte o del tutto, sotto sforzo, e che dovrebbe entrare in azione, altrimenti morirà.

Il segnale di dolore indica che l'organismo è in prossimità di una forza o di un oggetto distruttivo. Ignorare il dolore significa morire. Il dolore è la frusta che fa allontanare l'organismo dalle stufe roventi, dalla temperatura sotto zero. Il dolore è la minaccia di non-sopravvivenza, la punizione per gli errori compiuti nei tentativi di sopravvivere.

Il dolore equivale sempre a una perdita. Un dito scottato significa che il corpo ha perso le cellule che si trovavano sulla superficie di quel dito. Esse sono morte. Un colpo in testa significa la morte del cuoio capelluto e di altre cellule di quella parte del corpo. L'intero organismo viene così messo in guardia contro la vicinanza di una fonte di morte e, quindi, tenta di allontanarsene.

Anche la perdita di una persona cara è una perdita di sopravvivenza. La perdita di qualcosa che possediamo è una perdita di potenziale sopravvivenza. Perciò una persona confonde il dolore fisico con la perdita di organismi od oggetti di sopravvivenza. Esiste quindi una cosa denominata "dolore mentale".

La vita nel suo insieme, nella sua competizione con l'universo fisico, non sopporta i fallimenti. Un organismo tanto sconsiderato da farsi colpire troppo forte e perdere conoscenza, rimane nei pressi dell'oggetto che procura dolore. Si considera che un fallimento tanto clamoroso nel sopravvivere sia contro-sopravvivenza.

L'incoscienza che si sperimenta dopo aver ricevuto un colpo o per una malattia dà un'immagine immediata di ciò che accade nell'arco di una vita.

C'è qualche differenza tra queste due cose, a parte la durata?

Un colpo produce incoscienza, che a sua volta produce morte.

Piccoli colpi accumulati nel corso di una vita provocano un graduale indebolimento della coscienza, che a sua volta, infine, provoca la morte.

Un processo è più lento dell'altro.

Una delle scoperte fondamentali di Dianetics è stata che l'incoscienza e ogni forma di dolore a essa collegata vengono immagazzinate in una parte della mente e che questo dolore e questa incoscienza si accumulano finché l'organismo non inizia a morire.

Un'altra scoperta di Dianetics è stata che questo dolore poteva essere reso nullo o cancellato, con un ritorno alla piena coscienza e una riabilitazione verso la sopravvivenza.

## Capitolo Quinto
## Come Elevare il Nostro Livello di Coscienza

In altri termini, con Dianetics è divenuto possibile annullare l'incoscienza e il dolore accumulatisi nel corso degli anni e ripristinare la salute e la vitalità di un organismo.

Il dolore fisico e le perdite accumulatisi portano a una riduzione di coscienza, una riduzione della salute fisica e una riduzione della volontà di vivere fino a un punto in cui l'organismo cerca in modo attivo, anche se spesso velato, la morte.

Cancellate o rendete nullo il dolore fisico e le perdite avvenute nell'arco di un'esistenza, e la vitalità ritorna.

La vitalità presente nel vivere, nel cercare livelli di sopravvivenza più elevati, equivale alla vita stessa.

Si è scoperto che il corpo umano è estremamente efficiente nel ripararsi da sé, quando vengono annullati dalla mente i ricordi di dolore immagazzinati. Si è scoperto inoltre che, fintantoché il dolore immagazzinato rimane presente, le cure mediche non potevano produrre alcun risultato permanente in casi di cosiddette malattie psicosomatiche, quali l'artrite, i reumatismi, la dermatite e migliaia di altri malanni. La psicoterapia, ignorando l'esistenza del dolore immagazzinato e dei suoi effetti, ha scoperto ormai da tempo che, in un paziente, si può eliminare una malattia solo per vederne saltar fuori un'altra. È quindi diventata una disciplina disfattista, poiché non riusciva a produrre nulla di duraturo per gli aberrati o per i malati, anche se era in grado, in qualche modo, di recar loro un po' di sollievo. Perciò, *tutti* gli sforzi per dare vitalità e salute agli uomini sono divenuti sospetti, perché il motivo che rendeva gli individui inefficienti e malati non era stato scoperto né provato.

Con Dianetics è diventato possibile sradicare l'aberrazione e la malattia perché è diventato possibile rendere nullo o sradicare il dolore dai depositi del corpo che lo immagazzinano, senza far ricorso a ulteriore dolore, come avviene nella chirurgia.

La coscienza dipende dunque dall'assenza, dall'eliminazione o dallo sradicamento dei ricordi di dolore fisico, dal momento che l'incoscienza è una parte di questo dolore, ossia uno dei suoi sintomi.

L'artrite al ginocchio, per esempio, è l'accumulo di tutte le lesioni al ginocchio del passato. Il corpo confonde il tempo e l'ambiente attuali con quelli in cui il ginocchio subì effettivamente una lesione, e così vi mantiene il dolore. I fluidi del corpo evitano la zona di dolore. Da qui, un deposito chiamato artrite. Lo dimostra il fatto che quando le lesioni al ginocchio avvenute nel passato, vengono localizzate e scaricate, l'artrite cessa, nessun altro malanno ne prende il posto e quella persona ha definitivamente chiuso con l'artrite al ginocchio. Questo succede in dieci casi su dieci, tranne dove l'età e il deterioramento fisico sono tanto avanzati in direzione della morte che si è oltrepassato il punto di non ritorno.

Prendiamo ad esempio un malato di cuore. Quell'uomo soffre di dolore al cuore. Può prendere medicine o praticare riti vudù, o cambiare dieta, e soffrire ancora di disturbi cardiaci. Trovate e sradicate oppure rendete nulla una lesione fisica al cuore, realmente avvenuta, e il cuore cesserà di dolere e guarirà.

Nulla è più facile che dimostrare la verità di questi princìpi. Un buon auditor di Dianetics può prendere una vedova trentottenne distrutta e stravolta dal dolore ed eliminare i suoi periodi passati di dolore fisico e mentale, ritrovandosi di fronte una donna che dimostra venticinque anni, una venticinquenne allegra e radiosa, per giunta!

Certamente è incredibile, ma lo è anche una bomba atomica, pochi grammi di plutonio che possono far sparire una città dalla faccia della terra.

Una volta che si conoscono i princìpi fondamentali della vita e il modo in cui essa agisce in quanto energia, si può restituire la vita al malato, a chi ha perso vitalità, all'aspirante suicida.

E, cosa ancora più importante della cura dell'individuo gravemente malato, a livello mentale o fisico, si può interrompere la spirale discendente in chi gode ancora di prontezza e di buona salute, cosicché in seguito egli non si ammali così tanto. E si può prendere la persona cosiddetta normale e innalzare la sua condizione di essere a livelli di eccellenza e di successo impossibili fino a quel momento.

# Capitolo Quinto
## Come Elevare il Nostro Livello di Coscienza

Ripristinate la piena coscienza di una persona e avrete ripristinato la sua piena potenzialità vitale.

E ora questo è fattibile.

CAPITOLO SESTO

# COME ELEVARE IL LIVELLO DI VITA E DI COMPORTAMENTO

CAPITOLO SESTO

# COME ELEVARE IL LIVELLO DI VITA E DI COMPORTAMENTO

La *Scala del Tono*, una piccola edizione della quale è riportata nel Capitolo Settimo, traccia la spirale discendente della vita, dalla piena vitalità e coscienza alla morte, passando per uno stato di semivitalità e semicoscienza.

Questa Scala del Tono, ottenuta mediante vari calcoli sull'energia vitale e tramite osservazione e test, consente d'indicare i livelli di comportamento a mano a mano che la vita declina.

Questi vari livelli sono comuni a tutti gli uomini.

Quando un uomo è quasi morto, si può dire che sia in uno stato di *apatia* cronica. E agisca in un modo particolare nei confronti delle cose. Questo equivale a 0,1 sul quadro della Scala del Tono.

Quando una persona è cronicamente afflitta a causa delle perdite subite, si trova in uno stato di *afflizione*. E si comporta in un modo particolare nei confronti di molte cose. Questo equivale a 0,5 sul quadro.

Quando qualcuno non è ancora sceso al punto di essere afflitto, ma si rende conto di possibili perdite imminenti oppure si trova cronicamente ancorato a questo livello da perdite precedenti, si può dire che sia in uno stato di *paura*. Sul quadro questo equivale, all'incirca, a 1,1.

Un individuo che stia lottando contro minacce di perdita è in uno stato di *collera*, e manifesta altri atteggiamenti. Questo equivale a 1,5.

La persona che semplicemente sospetta il verificarsi di una perdita oppure che si è stabilizzata a questo livello, appare risentita e la si può considerare in uno stato di *antagonismo*. Questo equivale a 2,0 sul quadro.

Al di sopra di antagonismo, la situazione non è buona al punto da rendere la persona entusiasta, né cattiva al punto da farla risentire. Ha perso di vista alcune mete e non è in grado di localizzarne immediatamente di nuove. La si può definire in uno stato di *noia*, ossia 2,5 sul quadro della Scala del Tono.

A 3,0 sul quadro la persona mostra un atteggiamento di *conservatorismo* e di prudenza nei confronti della vita, ma sta raggiungendo le sue mete.

A 4,0 l'individuo è *entusiasta*, felice e vitale.

Pochissime persone sono posizionate a 4,0 di natura. Una media, calcolata in modo indulgente, è probabilmente intorno a 2,8.

Puoi esaminare il quadro e, attraversandolo da un lato all'altro, troverai nei riquadri le varie caratteristiche della gente a questi livelli. Per quanto possa sembrare orribile, si è scoperto che queste caratteristiche sono costanti. Se la tua posizione è a 3,0, allora sarai nella colonna 3,0 da un lato all'altro del quadro.

Hai visto questo quadro all'opera prima d'ora. Hai mai osservato un bambino che cerca di ottenere, ad esempio, una monetina? Sulle prime, è felice. Vuole semplicemente la monetina. Se gli venisse rifiutata, spiegherebbe perché la vuole. Se non riuscisse a ottenerla, e non la volesse a tutti i costi, si annoierebbe e se ne andrebbe. Ma, se la volesse a tutti i costi, entrerebbe in uno stato di antagonismo. Poi andrebbe in collera. Se ancora non la spuntasse, potrebbe mentire sul motivo per cui la vuole. Se ciò non sortisse effetto, si affliggerebbe. Se si scontrasse ancora con un rifiuto, infine, sprofonderebbe nell'apatia e direbbe di non volerla più. Questa è negazione.

E hai anche visto il quadro funzionare al rovescio. Un bambino minacciato dal pericolo scende allo stesso modo lungo la scala.

## Capitolo Sesto
## Come Elevare il Livello di Vita e di Comportamento

All'inizio non si rende conto del pericolo che corre ed è piuttosto allegro. Poi il pericolo, ad esempio un cane, gli si avvicina. Il bambino lo nota, ma ancora non crede di essere in pericolo e prosegue con quello che stava facendo. Ma, per il momento, i suoi giocattoli lo "annoiano", si sente un po' preoccupato e insicuro. A quel punto il cane si avvicina ancora. Il bimbo "se ne risente" o mostra antagonismo. Il cane viene ancora più vicino. Il bambino si incollerisce e tenta di colpirlo. Il cane si fa ancora più vicino e minaccioso. Il bambino si spaventa e, siccome la paura non sortisce alcun effetto, il bambino piange. Se il cane lo minacciasse ancora, il bambino potrebbe cadere in uno stato di apatia e semplicemente attendere di essere morso.

Quando oggetti, animali o persone che favoriscono la sopravvivenza diventano inaccessibili, l'individuo scende lungo la Scala del Tono.

Quando oggetti, animali o persone che minacciano la sopravvivenza si avvicinano, l'individuo scende lungo la Scala del Tono.

Questa scala indica il livello cronico come pure quello acuto. Si può essere sospinti verso un livello basso della Scala del Tono per dieci minuti e poi risalire, oppure scendere per dieci anni senza risalire.

Chiunque abbia subito troppe perdite e troppo dolore, tende a fissarsi al livello inferiore della scala e rimanervi con appena qualche leggera fluttuazione. Il suo comportamento generale e normale sarà dunque a quel livello della Scala del Tono.

Così come un momento di afflizione a 0,5 può far sì che un bambino agisca per un po' di tempo nella fascia dell'afflizione, così una fissazione a 0,5 può indurre la persona a comportarsi da 0,5 nei confronti della maggior parte delle cose nella sua vita.

Esiste il comportamento momentaneo o il comportamento stabile.

Come si può localizzare una persona su questa Scala del Tono?

Come è possibile localizzare se stessi?

Se si riesce a localizzare due o tre caratteristiche ad un certo livello di questa scala, si può guardare nella colonna dei numeri di fianco a queste caratteristiche e trovare il livello. Potrebbe essere 2,5, potrebbe essere 1,5. Dovunque sia, guarda semplicemente *tutte* le colonne in corrispondenza al numero che hai trovato e vedrai le restanti caratteristiche.

L'unico errore che potresti fare, nel valutare qualcun altro su questa Scala del Tono, è quello di supporre che se ne allontani in qualche punto e che possa essere più in alto in una sezione rispetto ad un'altra. La caratteristica su cui hai da obiettare potrebbe essere nascosta, ma è lì.

Guarda nella parte superiore della prima colonna e avrai una descrizione generale del comportamento e della fisiologia della persona. Per la condizione fisica guarda la seconda colonna. Nella terza colonna troverai l'emozione che la persona esprime più di frequente. Prosegui attraverso le varie colonne. Da qualche parte scoprirai dei dati, a proposito di qualcuno o di te stesso, dei quali puoi essere sicuro. Poi, semplicemente, esamina tutte le altre caselle all'altezza dei dati di cui sei certo. Quella fascia, che sia a 1,5 o a 3,0, ti spiegherà la storia di un essere umano.

Naturalmente, le notizie buone e quelle cattive, i giorni felici e quelli tristi influenzano la persona, e quindi si verificano salite e discese temporanee su questa Scala del Tono. Tuttavia, per ogni individuo, c'è un livello cronico, un comportamento medio.

Via via che l'individuo scende sempre più in basso su questo quadro, anche la sua prontezza e la sua consapevolezza scendono sempre più in basso.

L'umore o l'atteggiamento cronico dell'individuo nei confronti dell'esistenza declinano in misura direttamente proporzionale al modo in cui egli tiene in considerazione l'universo fisico e gli organismi che gli stanno attorno.

Esistono molti altri aspetti meccanici di questo quadro che hanno a che vedere con le manifestazioni dell'energia e con l'osservazione del comportamento, ma per ora non ce ne occuperemo.

# Capitolo Sesto
## Come Elevare il Livello di Vita e di Comportamento

Sarebbe un'affermazione incompleta dire, semplicemente, che una persona diventi fissa nel suo modo di tenere in considerazione l'universo fisico e gli organismi che le stanno attorno, poiché esistono fattori ben precisi, oltre alla consapevolezza, che permettono il verificarsi di questa cosa. In ogni caso, il declino della consapevolezza nei confronti dell'ambiente fisico ne costituisce una manifestazione. Quel declino della consapevolezza è la causa parziale della discesa graduale lungo questo quadro, ma è abbastanza illustrativo agli scopi di questo volume.

Alla sommità di questo quadro, l'individuo è pienamente consapevole di sé, del suo ambiente, degli altri e dell'universo in generale. Accetta le proprie responsabilità all'interno di esso. Sta di fronte alla realtà. Risolve i problemi entro i limiti della sua istruzione e della sua esperienza.

Poi succede qualcosa, la sua percezione dell'universo materiale si appanna. Come accade?

Il declino sul quadro comincia principalmente attraverso il dolore fisico che l'universo fisico procura alla persona. Acquisire esperienza è una cosa, ricevere dolore fisico è tutt'altra cosa. Ogni esperienza avvolta da un dolore fisico vero e proprio è *nascosta* da quel dolore. Per sopravvivere, l'organismo dovrebbe evitare il dolore. Evita anche i ricordi di dolore, se si trova al di sopra del livello 2,0 sul quadro. Al di sotto del livello 2,0 "gradisce" i ricordi dolorosi, poiché questi conducono alla morte. Ora, non appena comincia a evitare, in blocco, il dolore registrato nella mente, la sua consapevolezza comincia a indebolirsi in modo marcato. La percezione dell'universo fisico inizia a ridursi e la qualità delle attività individuali comincia a scendere.

Si potrebbe dire che c'è un mondo interiore e un mondo esteriore. Il mondo interiore è quello di ieri. I dati in esso contenuti vengono utilizzati per giudicare il mondo esterno di oggi e di domani.

Fintantoché si dispone di tutti i dati, si possono eseguire calcoli eccellenti. Quando i fatti appresi cominciano a essere sepolti, le conclusioni tratte tenderanno, in quella misura, ad essere sbagliate.

Via via che si perde la fiducia nell'universo fisico, si perde anche la capacità di controllarlo. I sogni e le speranze cominciano a sembrare irraggiungibili e si smette di lottare. In realtà, tuttavia, è raro che tale capacità diminuisca davvero, solo *all'apparenza* diminuisce.

Quando il mondo interiore è indice di troppo dolore fisico, l'organismo entra in uno stato di confusione. Come il bambino che alla fine dice di non volere la monetina, l'organismo dice di non volerne sapere dell'universo fisico, e così perisce, o vive per qualche tempo in un crepuscolo e poi perisce comunque.

La meta è vincere. Quando si ha perso troppo e troppo spesso, le possibilità di vincere *appaiono* troppo remote per tentare, e così si perde. Ci si abitua così tanto a perdere che ci si comincia a concentrare sulla sconfitta piuttosto che sul progresso. E lo si fa in modo alquanto irrazionale. Il fatto che si siano perse due automobili non vuol dire che se ne potrebbero perdere tre. Tuttavia chi ne ha perse due sarà di fatto talmente pronto a perdere la terza che intraprenderà davvero, anche se inconsapevolmente, delle azioni per perderla. E lo stesso vale per le persone, con ogni tipo di oggetti.

A mano a mano che si scende la Scala del Tono, si comincia, come prima cosa, a perdere la fiducia nella possibilità di raggiungere i confini più lontani del proprio ambiente, le frontiere più esterne dei propri sogni, e si diventa conservatori. Non c'è niente di male nella prudenza, ma c'è sicuramente qualcosa di male nel conservatorismo cronico, perché a volte, per conquistare la vita, bisogna affrontarla con impeto.

Con l'accumularsi del dolore fisico nei depositi di registrazione della mente, l'individuo confonde ancor di più il passato con il presente e riduce ulteriormente la propria fiducia. Comincia a essere un po' spaventato e mostra di essere annoiato. Dice che, in realtà, non aveva intenzione di protendersi così tanto. Non ne vale la pena. Si prende gioco delle cose che in realtà desidera, si prende gioco dei sogni degli altri e si comporta, in generale, come un giornalista del *New Yorker*. Ha paura di affrontare qualcosa di promettente, per non parlare di un oggetto veramente desiderabile.

## Capitolo Sesto
## Come Elevare il Livello di Vita e di Comportamento

Con un ulteriore accumulo di dolore continua a scendere lungo la scala, finché non si trova letteralmente sul cammino per abbandonare la vita.

Il succo della questione è che più anziana una persona diventa e maggiori esperienze accumula, superiore dovrebbe essere la sua capacità di gestire il suo ambiente. Se potesse rimanere del tutto cosciente e razionale nei confronti di quel che la circonda, ciò sarebbe vero. Ma la meccanica dell'accumulo del dolore è tale che, di fatto, l'individuo diventa sempre meno cosciente quanto più dolore riceve e così non può utilizzare la propria esperienza in alcun modo. Se potesse acquisire esperienza senza dolore fisico, il suo entusiasmo, la sua capacità e il suo slancio rimarrebbero molto intensi. Ma, a quanto sembra, l'Uomo era un organismo inferiore prima di essere uomo. E un organismo inferiore può solo reagire, non pensare. Pensare è qualcosa di nuovo.

Fino all'arrivo di Dianetics, questo sembrava un circolo vizioso senza via di uscita. Si aveva entusiasmo, ma non si aveva esperienza. Perciò si partiva all'assalto dell'ambiente con slanci pieni di entusiasmo e con tutta la follia della giovinezza e si veniva respinti in modo umiliante. Ogni volta in cui si veniva respinti era causa di dolore e, al tempo stesso, di esperienza. Tuttavia non si poteva riflettere sull'esperienza senza trovarsi a fronteggiare il dolore, perciò l'esperienza non era di alcuna utilità. Quando la persona aveva acquisito abbastanza esperienza, non c'erano più sogni, né energia, né entusiasmo per condurre a buon fine i suoi attacchi nei confronti dell'ambiente.

Il processing - come le domande contenute nel Capitolo Decimo di questo libro, o nel co-auditing di Dianetics - ha spezzato questo ciclo. La gioventù poteva finalmente lanciarsi all'assalto dell'ambiente e sperimentare il dolore di esserne respinti, ma il dolore fisico poteva essere scacciato dalla mente tramite Dianetics, lasciandovi l'esperienza, *con* l'entusiasmo.

Al momento della stesura di questo scritto, decine di migliaia di persone hanno ormai vissuto l'esperienza di Dianetics. Sono pochi, qua e là, coloro che non sono stati in grado di ottenere i pieni benefici, perché prima d'ora era necessaria una notevole conoscenza tecnica per dare processing a qualcuno. Questo libro e la Self-Analisi sono stati sviluppati per far sì che una persona possa ottenere almeno i principali benefici del processing, senza bisogno di alcuna conoscenza tecnica e senza impegnare il tempo di un'altra persona.

Dovunque ci si possa trovare sulla Scala del Tono (a meno di non essere molto in basso e di non rientrare nella fascia dei malati di mente, visto che questa è anche una scala della sanità mentale) si può risalire, ripristinando la propria capacità di riflettere sul proprio ambiente e di conoscerlo. Ora che si conoscono le regole, tutto ciò viene realizzato abbastanza facilmente e ci si stupisce che non sia stato possibile farlo prima.

Hai osservato il quadro per quanto riguarda te stesso? Beh, non andare in cerca di un'ascia o di un burrone se ti trovi al di sotto di 2,0. La Self-Analisi può farti risalire lungo questo quadro, in modo che anche tu ti renda conto di essere risalito.

Subito dopo il quadro ci sono alcuni test e dei grafici. Dovresti rispondere ad essi. Ti aiuteranno a localizzarti. Allora scoprirai molto più facilmente perché sei, o non sei, un buon amico di te stesso. Potresti scoprire che non t'interessa di avere un amico del genere. Beh, se è ridotto così male, ha davvero bisogno del tuo aiuto. Quindi dagli una mano. Tutta l'ultima parte del libro è composta di esercizi che faranno di te un amico migliore per te stesso, se semplicemente applicherai questi esercizi per una mezz'ora al giorno.

Non so quanto in alto tu possa arrivare su questo quadro. Puoi salire veramente in alto e il co-auditing di Dianetics può fare il resto, se lo desideri. Oppure potresti percorrere tutta la strada e stabilizzarti là.

Ora come ora, se tu non sei amico di te stesso, io lo sono. So per esperienza che puoi risalire il quadro.

L'Uomo è fondamentalmente buono. Il dolore e le aberrazioni sociali lo allontanano da un alto livello etico, dall'efficienza e dalla

## Capitolo Sesto
### Come Elevare il Livello di Vita e di Comportamento

felicità. Sbarazzati del dolore e raggiungerai un punto elevato del quadro.

Ora passa alle domande che ti aiuteranno a localizzare te stesso.

MA NON USARE QUESTO QUADRO PER CERCARE DI ASSOGGETTARE QUALCUNO. NON DIRE ALLE PERSONE DOVE SI TROVANO SU DI ESSO. CIÒ POTREBBE ROVINARLE. LASCIA CHE ESAMININO LA COSA LORO STESSE.

## CAPITOLO SETTIMO

# IL QUADRO HUBBARD DELLA VALUTAZIONE UMANA

CAPITOLO SETTIMO

# IL QUADRO HUBBARD DELLA VALUTAZIONE UMANA

Questo quadro è una versione specializzata del Quadro Hubbard della Valutazione Umana e del Processing di Dianetics.

Una descrizione completa di ogni colonna di questo quadro (ad eccezione delle ultime sei, che sono presenti solo in *Self-Analisi*) si può trovare in *Scienza della Sopravvivenza*.

Il nome tecnico del procedimento composto da domande usato in questo libro è *Dianetics Filo Diretto*, con l'enfasi sul *Processing di Validazione del MEST*. In realtà questo non è "self-auditing". È auditing che l'autore fa al lettore. In realtà, il lettore viene audito da L. Ron Hubbard. Il Processing del Filo Diretto è relativamente sicuro su ogni caso ed è il procedimento più elementare in Dianetics.

La posizione di un individuo nella Scala del Tono varia durante il giorno e nel corso degli anni, ma è abbastanza stabile per determinati periodi. La posizione di una persona nel quadro s'innalzerà quando riceve buone notizie e si abbasserà a causa di cattive notizie. Sono le gioie e i dolori della vita. Ognuno, tuttavia, ha una posizione *cronica* sul quadro, che non può essere cambiata, se non con il processing.

Il livello di necessità (cioè farcela con le proprie forze, ad esempio nelle emergenze) può innalzare di molto la posizione di una persona in questa scala per brevi periodi.

Per quanto riguarda l'istruzione, come quella che viene impartita forzatamente, l'istruzione stessa ha una posizione sulla Scala del Tono. Ci potrebbe essere una persona che, in realtà, non è molto aberrata, ma che, a causa dell'istruzione, si trova ad un livello inferiore sul quadro rispetto a quello che dovrebbe occupare. Si può verificare anche il caso opposto. Una persona, allora, può essere portata dall'istruzione ad un livello superiore o inferiore sul quadro rispetto a quello richiesto dalle sue aberrazioni.

L'ambiente influenza enormemente la posizione di una persona sul quadro. Ogni ambiente ha un proprio livello di tono. In un ambiente di tipo 1,1, un uomo che sia in realtà al livello 3,0 può cominciare ad agire come un individuo di livello 1,1. Tuttavia, una persona di livello 1,1 di solito non si innalza oltre 1,5 in un ambiente di tono alto. Se una persona vive in un ambiente di tono basso può aspettarsi di diventare alla fine un individuo di tono basso. Questo vale anche per il matrimonio, dove si ha la tendenza a conformare il proprio livello di tono a quello del coniuge.

La Scala del Tono vale anche per i gruppi. Un'impresa o una nazione può essere valutata in base alle sue reazioni consuete e queste possono essere posizionate. Si potrà quindi valutare il potenziale di sopravvivenza di un'impresa o di una nazione.

Questa scala può essere usata anche nell'assunzione di personale o nella scelta di un partner. Costituisce un preciso indice su ciò che ci si deve aspettare e offre la possibilità di prevedere il comportamento di una persona, anche prima di avere avuto molto a che fare con lei. Inoltre, fornisce un qualche indizio su ciò che può accadere frequentando un certo ambiente o certe persone, poiché si può essere trascinati verso il basso o sospinti verso l'alto.

# Il Quadro Hubbard della Valutazione Umana*

*Troverai una versione pieghevole del quadro alla fine di questo libro.*

---

* Nel libro *Scienza della Sopravvivenza* potrai trovare una versione più dettagliata di questo quadro e una completa descrizione delle relative colonne.

|  | 1 COMPORTAMENTO E FISIOLOGIA | 2 FASCIA MEDICA | 3 EMOZIONE |
|---|---|---|---|
| SCALA DEL TONO  4,0 | Eccellente nella realizzazione di progetti, adempimento. Tempo di reazione breve (in relazione all'età). | Praticamente a prova di incidenti. Nessuna malattia psicosomatica. Praticamente immune dai batteri. | Ilarità. ——————— Ardente entusiasmo. |
| 3,5 | Bravo nella realizzazione di progetti, adempimento, sport. | Molto resistente alle infezioni comuni; non ha raffreddori. | Forte interesse. ——————— |
| 3,0 | Capace di una discreta quantità di attività, sport. | Resistente alle infezioni e alle malattie. Poche malattie psicosomatiche. | Leggero interesse. ——————— Soddisfatto. |
| 2,5 | Relativamente inattivo ma capace di agire. | Occasionalmente malato. Suscettibile di malattie comuni. | Indifferenza. ——————— Noia. |
| 2,0 | Capace di azioni distruttive e di azioni costruttive di minore entità. | Si ammala sporadicamente in modo grave. | Risentimento espresso. |
| 1,5 | Capace di azioni distruttive. | Malattie caratterizzate da depositi (artrite). (Intercambiabilità nella fascia da 1,0 a 2,0.) | Collera. |
| 1,1 | Capace di adempimento di minore entità. | Malattie di natura endocrina e neurologica. | Risentimento inespresso. ——————— Paura. |
| 0,5 | Capace di azioni relativamente incontrollate. | Disfunzione cronica degli organi. (Incline ad avere incidenti.) | Afflizione. ——————— Apatia. |
| 0,1 | Vivo come organismo. | Cronicamente malato. (Rifiuta sostentamento.) | Apatia profondissima. ——————— Nessuna. |

| 4 Comportamento Sessuale / Atteggiamento nei Confronti dei Bambini | 5 Dominio sull'Ambiente | 6 Valore Reale per la Società in Rapporto al Valore Apparente | | Scala del Tono |
|---|---|---|---|---|
| Alto interesse sessuale, ma spesso sublimato in pensiero creativo. <br><br> Intenso interesse per i bambini. | Grande padronanza di sé. Aggressivo verso l'ambiente. Non ama controllare la gente. Ragionamento elevato. Emozioni variabili. | Alto valore. Il valore apparente si realizzerà. Creativo e costruttivo. | 4,0 | |
| Alto interesse per il sesso opposto. Costanza. <br><br> Amore per i bambini. | Ragiona bene. Buon controllo. Accetta l'idea di proprietà. Emozioni libere. Liberale. | Buon valore per la società. Adatta l'ambiente a proprio vantaggio e a vantaggio degli altri. | 3,5 | |
| Interesse per la procreazione. <br><br> Interesse per i bambini. | Controlla le funzioni corporali. Ragiona bene. Emozioni libere ancora inibite. Concede diritti agli altri. Democratico. | Qualunque valore apparente corrisponde a un valore reale. Discreto valore. | 3,0 | |
| Disinteresse per la procreazione. <br><br> Vaga tolleranza per i bambini. | Controlla le funzioni e alcune facoltà di ragionamento. Non desidera possedere molto. | Capace di azioni costruttive, raramente in quantità rilevante. Valore scarso. "Ben inserito." | 2,5 | |
| Disgusto per il sesso; repulsione. <br><br> Critiche, nervosismo nei confronti dei bambini. | Antagonista e distruttivo per sé, per gli altri e per l'ambiente. Desidera una posizione di comando per arrecare danno. | Pericoloso. Qualsiasi valore apparente viene spazzato via dalla nocività potenziale nei confronti degli altri. | 2,0 | |
| Stupro, sesso come punizione. <br><br> Trattamento brutale dei bambini. | Schiaccia o distrugge gli altri o l'ambiente. Non riuscendovi, può distruggere se stesso. Fascista. | Insincero. Rappresenta un grosso rischio. Potenziale assassino. Persino quando professa buone intenzioni, causerà distruzione. | 1,5 | |
| Dissolutezza, perversione, sadismo, pratiche irregolari. <br><br> Uso dei bambini per scopi sadici. | Nessun controllo sulla ragione o sulle emozioni, ma apparente controllo organico. Usa mezzi subdoli, specie l'ipnosi, per controllare gli altri. Comunista. | Costituisce un rischio attivo. Inturbola gli altri. Gli intenti maligni nascosti prevalgono sul valore apparente. | 1,1 | |
| Impotenza, ansia, possibile presenza di sforzi di procreare. <br><br> Ansia per i bambini. | Soltanto un minimo controllo funzionale di se stesso. Nessun controllo della ragione o delle emozioni. | Rischio per la società. Potenziale suicida. Completamente incurante degli altri. | 0,5 | |
| Nessun tentativo di procreare. | Nessun dominio di sé, dell'ambiente, di altre persone. Suicida. | Grande rischio, poiché necessita di cure e sforzi da parte degli altri, senza fornire alcuna contribuzione. | 0,1 | |

|  |  | 7 Livello Etico | 8 Modo di Trattare la Verità | 9 Livello di Coraggio |
|---|---|---|---|---|
| Scala del Tono | 4,0 | Basa l'etica sulla ragione. Altissimo livello etico. | Alto concetto della verità. | Alto livello di coraggio. |
|  | 3,5 | Osserva l'etica del gruppo ma la perfeziona ulteriormente secondo le esigenze della ragione. | Sincero. | Manifestazioni di coraggio a fronte di rischi moderati. |
|  | 3,0 | Segue l'etica in cui è stato istruito, il più onestamente possibile. Morale. | Cauto nell'asserire verità. Menzogne sociali. | Prudente manifestazione di coraggio in casi in cui il rischio sia limitato. |
|  | 2,5 | Tratta l'etica in modo insincero, ma non è particolarmente onesto né particolarmente disonesto. | Insincero. Noncurante dei fatti. | Né coraggio né codardia. Noncuranza nei confronti del pericolo. |
|  | 2,0 | Cronicamente e spudoratamente disonesto, quando se ne presenta l'occasione. A questo livello e al disotto: autoritarismo, criminali. | Distorce la verità per adattarla all'antagonismo. | Assalti contro il pericolo condotti in modo reattivo e irragionevole. |
|  | 1,5 | Immorale. Attivamente disonesto. Distrugge qualsiasi forma di etica. | Menzogne sfacciate e distruttive. | Spavalderia irragionevole, di solito dannosa all'individuo stesso. |
|  | 1,1 | Criminale sessuale. Etica negativa. Tortuosamente disonesto. Distorce l'onestà senza ragione. | Distorsioni ingegnose e maligne della verità. Nasconde abilmente le menzogne. | Occasionalmente, furtive manifestazioni di azione, per il resto codardia. |
|  | 0,5 | Inesistente. Non pensa. Obbedisce a chiunque. | Descrive dettagliatamente i fatti senza alcun concetto della loro realtà. | Codardia completa. |
|  | 0,1 | Nessuna. | Nessuna reazione. | Nessuna reazione. |

| 10 Modo di Parlare / Modo di Ascoltare | 11 Modo in cui il Soggetto Tratta la Comunicazione Scritta o Verbale Quando Funge da Punto di Trasmissione | 12 Realtà (Accordo) | | Scala del Tono |
|---|---|---|---|---|
| Scambio di convinzioni e di idee intenso, competente, rapido e completo. | Trasmette comunicazioni theta aggiungendovi il proprio contributo. Taglia le linee entheta. | Ricerca di punti di vista diversi per allargare la propria realtà. Cambia realtà. | 4,0 | |
| Parla di convinzioni e idee profondamente radicate. <br><br> Accetta idee e convinzioni radicate; le prende in considerazione. | Trasmette comunicazioni theta. Si risente delle linee entheta e le contrattacca. | Capacità di comprendere e valutare la realtà degli altri e di cambiare punto di vista. Tendente all'accordo. | 3,5 | |
| Espressione abbozzata di un numero limitato di idee personali. <br><br> Accoglie idee e convinzioni se espresse con cautela. | Trasmette la comunicazione. Conservatore. Incline a moderata costruttività e creazione. | Consapevolezza della possibile validità di una realtà diversa. Accordo conservatore. | 3,0 | |
| Conversazione superficiale e futile. <br><br> Ascolta solo cose banali. | Elimina qualunque comunicazione di tono più basso o più alto; sminuisce il valore delle situazioni urgenti. | Rifiuto di conciliare due realtà. Indifferenza ai conflitti di realtà. Troppo incurante per essere in accordo o in disaccordo. | 2,5 | |
| Parla minacciando. Invalida le altre persone. <br><br> Ascolta le minacce. Si prende apertamente gioco dei discorsi theta. | Si occupa di comunicazioni ostili o minacciose. Lascia passare solo una piccola quantità di theta. | Dubbio verbale; difesa della propria realtà. Tentativi di sminuire gli altri. È in disaccordo. | 2,0 | |
| Parla solo di morte e distruzione. Odio. <br><br> Ascolta solo discorsi di morte e distruzione. Fa a pezzi le linee theta. | Distorce la comunicazione alterandola in entheta indipendentemente dal contenuto originale. <br><br> Ferma la comunicazione theta. Trasmette l'entheta e lo distorce. | Annientamento di realtà contrarie. "Hai torto!" In disaccordo con la realtà degli altri. | 1,5 | |
| All'apparenza parla in termini di theta, ma l'intento è maligno. Mente. <br><br> Ascolta poco: soprattutto intrighi, pettegolezzi. Mente. | Trasmette solo comunicazioni maligne. <br><br> Taglia le linee di comunicazione. Non intende trasmettere comunicazioni. | Dubbio sulla propria realtà. Insicurezza. Dubbio sulle realtà opposte. | 1,1 | |
| Parla solamente in toni apatici. Pochissimo. <br><br> Ascolta poco, soprattutto discorsi apatici o pietosi. | Presta poca attenzione alle comunicazioni. Non le inoltra. | Vergogna, ansia; forti dubbi sulla propria realtà, si lascia facilmente imporre le realtà degli altri. | 0,5 | |
| Non parla. <br><br> Non ascolta. | Non trasmette comunicazioni. Ne è inconsapevole. | Si ritira completamente davanti a realtà in conflitto; nessuna realtà. | 0,1 | |

|   | 13 Capacità di Far Fronte alla Responsabilità | 14 Perseveranza in una Determinata Direzione | 15 Interpretazione Letterale di Affermazioni |
|---|---|---|---|
| Scala del Tono 4,0 | Innato senso della responsabilità su tutte le dinamiche. | Elevata perseveranza creativa. | Alto grado di differenziazione. Buona comprensione di tutte le comunicazioni, modificata in base all'istruzione del Clear. |
| 3,5 | In grado di assumersi le responsabilità e farvi fronte. | Buona perseveranza e buona direzione verso mete costruttive. | Buona comprensione delle affermazioni. Buon senso dell'umorismo. |
| 3,0 | Tratta la responsabilità con sciatteria. | Discreta perseveranza se gli ostacoli non sono troppo grandi. | Buona differenziazione del significato delle affermazioni. |
| 2,5 | Assai noncurante, non è degno di fiducia. | Indolente, scarsa concentrazione. | Accetta molto poco, sia come interpretazione letterale sia in altro modo. Tende a prendere l'umorismo alla lettera. |
| 2,0 | Usa la responsabilità per promuovere i propri fini. | Perseveranza verso la distruzione di nemici. Nessuna perseveranza costruttiva al di sotto di questo punto. | Prende osservazioni di tono 2,0 alla lettera. |
| 1,5 | Assume la responsabilità allo scopo di distruggere. | Perseveranza distruttiva, inizia con forza, si indebolisce rapidamente. | Accetta osservazioni allarmanti in modo letterale. Brutale senso dell'umorismo. |
| 1,1 | Incapace, capriccioso, irresponsabile. | Vacillante su qualsiasi direzione intrapresa. Concentrazione scarsissima. Volubile. | Mancanza di accettazione di qualsiasi osservazione. Tendenza ad accettare tutto alla lettera, evitata per mezzo di un umorismo forzato. |
| 0,5 | Nessuna. | Perseveranza sporadica verso l'autodistruzione. | Accettazione letterale di qualsiasi osservazione corrispondente al suo tono. |
| 0,1 | Nessuna. | Nessuna. | Completa accettazione letterale. |

| 16 Metodo Usato dalla Persona nei Suoi Rapporti con gli Altri | 17 Livello Ipnotico | 18 Capacità di Provare Piacere nel Presente | Scala del Tono |
|---|---|---|---|
| Si guadagna l'appoggio degli altri grazie a entusiasmo creativo e vitalità sostenuti dalla ragione. | Impossibile da ipnotizzare senza uso di droghe e senza il suo consenso. | Trova l'esistenza piena di cose piacevoli. | 4,0 |
| Si guadagna l'appoggio degli altri con il suo ragionamento creativo e la sua vitalità. | Difficile da mandare in trance, a meno che non possieda un engram di trance. | Trova la vita quasi sempre piacevole. | 3,5 |
| Usa il ragionamento pratico e le cortesie sociali per indurre gli altri a dargli il loro appoggio. | Potrebbe essere ipnotizzato, ma, da sveglio, è vigile. | Prova piacere di tanto in tanto. | 3,0 |
| Incurante dell'appoggio degli altri. | Può essere un soggetto che si presta ad essere ipnotizzato, ma perlopiù è vigile. | A volte prova un momento di piacere. Bassa intensità. | 2,5 |
| Rimprovera e muove critiche in modo reciso per ottenere obbedienza ai suoi desideri. | In qualche modo oppone resistenza, ma può essere ipnotizzato. | Prova sporadicamente un po' di piacere in momenti straordinari. | 2,0 |
| Usa minacce, punizioni e menzogne allarmanti per dominare gli altri. | Oppone forte resistenza ai commenti, ma li assorbe. | Prova raramente del piacere. | 1,5 |
| Nullifica gli altri per portarli al livello in cui possano essere usati. Usa mezzi tortuosi e maligni. Ipnosi, pettegolezzi. Cerca di controllare in modo nascosto. | In una permanente trance leggera, ma oppone resistenza. | La maggior parte della gioia è forzata. Il piacere vero è fuori della sua portata. | 1,1 |
| Inturbola gli altri per controllarli. Implora pietà. Mente spudoratamente per ottenere compassione. | Molto ipnotico. Qualsiasi affermazione potrebbe essere una "suggestione positiva". | Nessuna. | 0,5 |
| Simula la morte in modo che gli altri non lo credano pericoloso e se ne vadano. | Da "sveglio" è equivalente ad un soggetto ipnotizzato. | Nessuna. | 0,1 |

|  | 19 Il Tuo Valore come Amico | 20 Quanto Piaci agli Altri | 21 Stato delle Tue Proprietà |
|---|---|---|---|
| Scala del Tono  4,0 | Ottimo. | Amato da molti. | In ottime condizioni. |
| 3,5 | Molto buono. | Molto benvoluto. | In buone condizioni. |
| 3,0 | Buono. | Rispettato dai più. | Abbastanza buono. |
| 2,5 | Discreto. | Simpatico ad alcuni. | Mostra una certa trascuratezza. |
| 2,0 | Scadente. | Raramente simpatico. | Molto trascurate. |
| 1,5 | Decisamente un rischio. | Apertamente antipatico alla maggior parte della gente. | Spesso rotte. Cattive riparazioni. |
| 1,1 | Un rischio pericoloso. | Generalmente disprezzato. | Scadente. In condizioni scadenti. |
| 0,5 | Un rischio molto grave. | Non simpatico. Solo compatito da alcuni. | Generalmente in pessime condizioni. |
| 0,1 | Un rischio totale. | Non preso in considerazione. | Nessuna consapevolezza della proprietà. |

## 22 Come Sei Capito    23 Successo Potenziale    24 Sopravvivenza Potenziale

| | | | | |
|---|---|---|---|---|
| Molto bene. | Ottimo. | Ottima. Longevità notevole. | **4,0** | Scala del Tono |
| Bene. | Molto buono. | Molto buona. | **3,5** | |
| Abitualmente. | Buono. | Buona. | **3,0** | |
| A volte frainteso. | Discreto. | Discreta. | **2,5** | |
| Spesso frainteso. | Scadente. | Scadente. | **2,0** | |
| Continuamente frainteso. | Di solito un fallimento. | Morte prematura. | **1,5** | |
| Nessuna vera comprensione. | Quasi sempre fallimentare. | Breve. | **1,1** | |
| Non compreso per niente. | Completo fallimento. | Morte prossima. | **0,5** | |
| Ignorato. | Nessuno sforzo. Fallimento totale. | Quasi morto. | **0,1** | |

CAPITOLO OTTAVO

# I Test sulla Scala del Tono

CAPITOLO OTTAVO

# I Test sulla Scala del Tono

## Test Numero Uno

Prima di iniziare la Sezione del Processing di *Self-Analisi* fai questo test.

Cerca di essere il più leale ed onesto possibile nelle tue conclusioni.

Come base utilizza il modo in cui ti sei sentito durante l'ultimo anno. Non tenere conto delle condizioni precedenti nella tua vita.

Apri il quadro* alla colonna 1, Comportamento e Fisiologia. Chiediti quanto sei attivo fisicamente. Localizza sulla colonna la posizione che ti sembra si adatti di più a te.

Guarda poi sulla Scala del Tono il numero corrispondente al riquadro che hai trovato: è 3,0? È 2,5?

Prendi questo numero e vai al grafico che si trova qui di seguito.

Sotto la colonna 1, contraddistinta da tale numero in cima al grafico, localizza il tuo numero (3,0, 2,5 o qualsiasi altro numero) e segna una X nella casella corrispondente. Otterrai così sul grafico la stessa posizione che hai trovato sul quadro.

Ora vai alla colonna 2 sul quadro, Fascia Medica.

Trova il riquadro che meglio descrive la tua salute. Annota il numero che, nella colonna della Scala del Tono, viene indicato in corrispondenza della casella prescelta (3,5, 2,0 o qualsiasi altro numero).

---

* Troverai una versione pieghevole del quadro alla fine di questo libro.

Ora ritorna al grafico del Test Numero Uno. Nella colonna 2 del grafico segna una *X* in corrispondenza del numero della Scala del Tono che hai ottenuto dal quadro.

Ripeti questo procedimento con tutte le colonne, finché non hai una *X* in ogni colonna del grafico. Lascia da parte le ultime sei.

Prendi una squadra o un righello e spostalo sul grafico, tenendolo orizzontalmente, fino a raggiungere la zona del grafico che contiene il maggior numero di *X*. Traccia una linea attraverso queste *X* da una parte all'altra del quadro, fino al bordo. Questa linea ti darà la tua posizione nelle ultime sei colonne.

La linea orizzontale che hai appena tracciato ti fornisce la tua posizione sulla Scala del Tono. Questo livello del quadro è il tuo.

Lascia questo grafico nel libro. Conservalo in modo da poterlo confrontare fra poche settimane quando farai il Test Numero Due.

Nota che, nelle colonne 4 e 10, le caselle sono divise allo stesso modo delle caselle sul quadro. Per quanto riguarda queste colonne fai due valutazioni di te stesso e metti una *X* in una mezza casella, usando per ogni colonna due mezze caselle, anche se una *X* cade su 3,0 e l'altra su 1,1.

# Capitolo Ottavo
## I Test sulla Scala del Tono

| SCALA DEL TONO | 1 | 2 | 3 | 4 | 5 | 6 | 7 | 8 | 9 | 10 | 11 | 12 | 13 | 14 | 15 | 16 | 17 | 18 | 19 | 20 | 21 | 22 | 23 | 24 | SCALA DEL TONO |
|---|---|---|---|---|---|---|---|---|---|---|---|---|---|---|---|---|---|---|---|---|---|---|---|---|---|
| 4,0 | | | | | | | | | | | | | | | | | | | | | | | | | 4,0 |
| 3,5 | | | | | | | | | | | | | | | | | | | | | | | | | 3,5 |
| 3,0 | | | | | | | | | | | | | | | | | | | | | | | | | 3,0 |
| 2,5 | | | | | | | | | | | | | | | | | | | | | | | | | 2,5 |
| 2,0 | | | | | | | | | | | | | | | | | | | | | | | | | 2,0 |
| 1,5 | | | | | | | | | | | | | | | | | | | | | | | | | 1,5 |
| 1,1 | | | | | | | | | | | | | | | | | | | | | | | | | 1,1 |
| 0,5 | | | | | | | | | | | | | | | | | | | | | | | | | 0,5 |
| 0,1 | | | | | | | | | | | | | | | | | | | | | | | | | 0,1 |

## Test Numero Due

Fai questo test dopo che ti sei audito per un paio di settimane o per quindici ore circa.

Usa come dati di riferimento il modo in cui ti sei sentito nei confronti delle cose da quando hai fatto il Test Numero Uno.

## Capitolo Ottavo
## I Test sulla Scala del Tono

| SCALA L TONO | 1 | 2 | 3 | 4 | 5 | 6 | 7 | 8 | 9 | 10 | 11 | 12 | 13 | 14 | 15 | 16 | 17 | 18 | 19 | 20 | 21 | 22 | 23 | 24 | SCALA DEL TONO |
|---|---|---|---|---|---|---|---|---|---|---|---|---|---|---|---|---|---|---|---|---|---|---|---|---|---|
| 4,0 | | | | | | | | | | | | | | | | | | | | | | | | | 4,0 |
| 3,5 | | | | | | | | | | | | | | | | | | | | | | | | | 3,5 |
| 3,0 | | | | | | | | | | | | | | | | | | | | | | | | | 3,0 |
| 2,5 | | | | | | | | | | | | | | | | | | | | | | | | | 2,5 |
| 2,0 | | | | | | | | | | | | | | | | | | | | | | | | | 2,0 |
| 1,5 | | | | | | | | | | | | | | | | | | | | | | | | | 1,5 |
| 1,1 | | | | | | | | | | | | | | | | | | | | | | | | | 1,1 |
| 0,5 | | | | | | | | | | | | | | | | | | | | | | | | | 0,5 |
| 0,1 | | | | | | | | | | | | | | | | | | | | | | | | | 0,1 |

## Test Numero Tre

Fai questo test dopo che ti sei audito per due mesi.

Come dato di riferimento usa il modo in cui ti sei sentito nei confronti delle cose da quando hai fatto il secondo test.

Utilizza le stesse istruzioni che ti sono state fornite per il Test Numero Uno.

# Capitolo Ottavo
## I Test sulla Scala del Tono

| SCALA TONO | 1 | 2 | 3 | 4 | 5 | 6 | 7 | 8 | 9 | 10 | 11 | 12 | 13 | 14 | 15 | 16 | 17 | 18 | 19 | 20 | 21 | 22 | 23 | 24 | SCALA DEL TONO |
|---|---|---|---|---|---|---|---|---|---|---|---|---|---|---|---|---|---|---|---|---|---|---|---|---|---|
| 4,0 | | | | | | | | | | | | | | | | | | | | | | | | | 4,0 |
| 3,5 | | | | | | | | | | | | | | | | | | | | | | | | | 3,5 |
| 3,0 | | | | | | | | | | | | | | | | | | | | | | | | | 3,0 |
| 2,5 | | | | | | | | | | | | | | | | | | | | | | | | | 2,5 |
| 2,0 | | | | | | | | | | | | | | | | | | | | | | | | | 2,0 |
| 1,5 | | | | | | | | | | | | | | | | | | | | | | | | | 1,5 |
| 1,1 | | | | | | | | | | | | | | | | | | | | | | | | | 1,1 |
| 0,5 | | | | | | | | | | | | | | | | | | | | | | | | | 0,5 |
| 0,1 | | | | | | | | | | | | | | | | | | | | | | | | | 0,1 |

CAPITOLO NONO

# COME
# USARE IL DISCO

CAPITOLO NONO

# Come Usare il Disco
## IMPORTANTE

È fornito, ad uso del lettore, un disco con delle aperture. Tale disco deve essere usato, altrimenti i benefici del processing vengono ridotti dell'ottanta per cento e più.

Si colloca il disco sopra la domanda N. 1 di una lista, in modo che si possa leggere la domanda attraverso l'apertura. Si rievoca l'episodio desiderato.

Poi si guarda la parola stampata sul disco esattamente sopra l'apertura stessa. Questa è, poniamo, "Vista".

Si cerca allora di "vedere", nella rievocazione, l'episodio desiderato.

Si tenta poi di rievocare un altro episodio senza muovere il disco e si tenta quindi di "vedere" questo episodio rievocandolo.

Quindi si tenta di rievocare il più remoto episodio di questo tipo e si cerca di "vederlo".

A questo punto si scende con il disco sulla domanda successiva, facendolo al tempo stesso ruotare, in modo che appaia un altro "senso" al disopra della fessura. Nel rievocare l'episodio si utilizza in particolare questo "senso".

Ogni volta che cambi pagina gira il disco, in modo da far apparire una nuova serie di percezioni.

Non importa con quale "senso" inizi a rievocare. Non importa quale lato del disco cominci ad usare per primo.

Col tempo dovresti essere in grado di ottenere sempre più percezioni su ogni singolo episodio, finché, alla fine, potrai recuperarle tutte senza sforzo.

Nel caso perdessi il disco, l'intera lista delle percezioni scritte su di esso è riportata sul margine di ogni pagina. Prendi una matita e spuntale una alla volta proprio come se apparissero sul disco.

Vengono forniti un disco verde e un disco bianco. Usa quello che ti piace di più.

SE OTTIENI SOLO UNA VAGA IDEA DI QUALE DOVREBBE ESSERE STATO IL SENSO, NEL CASO IN CUI ALL'INIZIO TU NON OTTENGA UNA VERA E PROPRIA RIEVOCAZIONE TRAMITE IL SENSO STESSO, ASSICURATI DI OTTENERNE ALMENO UN'IDEA.

## Capitolo Nono
## Come Usare il Disco

# Processing di Dianetics

Il Processing di Dianetics può essere suddiviso in due classi.

La prima è quella del *Processing Leggero*. Questa classe include la rievocazione analitica di momenti consci. Serve ad innalzare il tono e a incrementare la percezione e la memoria. Spesso elimina somatici cronici (malattie psicosomatiche).

La seconda classe è quella del *Processing Profondo*. Esso si indirizza alle cause fondamentali, localizza e scarica momenti di dolore fisico e di dispiacere. Viene dato da un *auditor* (una persona che ascolta e calcola) senza l'impiego di droghe o ipnosi. Gli auditor hanno imparato Dianetics tramite uno studio approfondito del testo fondamentale *Scienza della Sopravvivenza* o tramite la frequenza di corsi professionali presso la Hubbard Dianetic Foundation.[*]

Questo libro contiene Processing Leggero. Questo libro non è "self-auditing". Il "self-auditing" è pressoché impossibile. In questo libro in realtà è l'autore, L. Ron Hubbard, che dà Processing Leggero al lettore.

---

[*] Vedi la sezione *Indirizzi* alla fine di questo libro.

CAPITOLO DECIMO

# Sezione del Processing

CAPITOLO DECIMO

# Sezione del Processing

Cominciano qui le liste di domande tramite le quali ogni individuo può esplorare il proprio passato e migliorare le proprie reazioni nei confronti della vita. Nel gergo di Dianetics, questa sezione di self-processing si potrebbe definire *Filo Diretto*. Non si tratta di "auto-processing", perché in realtà il lettore riceve il processing dall'autore.

Nell'uso completo di Dianetics, queste domande potrebbero essere concepite come preparatorie al co-auditing. Queste liste aiutano l'auditor, in quanto aprono un caso mettendolo in condizione di percorrere engram e secondari e innalzano il preclear sulla Scala del Tono. Queste serie di domande, per quanto ne sappiamo al momento, non percorreranno completamente engram e secondari in quanto tali, ma li desensibilizzeranno notevolmente, con conseguente miglioramento nella condizione mentale e fisica della persona.

Un auditor - come viene chiamato il professionista di Dianetics, poiché si occupa sia di ascoltare che di calcolare - può usare queste domande in una seduta con un preclear. Inoltre, due persone possono lavorare con queste sezioni: una fa le domande mentre l'altra risponde, oppure entrambe leggono le domande tentando di ottenere la rievocazione di un episodio come quello richiesto.

*Queste liste vengono usate in modo ripetitivo. Ciò significa che la persona deve prenderle in esame più e più volte.* Non esiste un periodo prestabilito per il lavoro. Il motivo per cui è importante la rievocazione di queste domande sta nel fatto che esse rivelano e scaricano dei *lock* formatisi sugli *engram* (momenti di dolore fisico e incoscienza) di base e sui *secondari* (momenti di perdita acuta, come la morte di una persona amata). Scaricare questi lock rende engram e secondari relativamente inefficaci. Ripulire completamente con Dianetics gli engram e i secondari della persona permette di ottenere il massimo risultato, ma queste domande forniscono self-processing che prepara il caso a tale azione, oltre ad essere altamente benefiche di per sé.

Mentre il preclear usa queste domande può darsi che riscopra dentro di sé molte manifestazioni. Può sperimentare un notevole sollievo emotivo. Può darsi che si arrabbi, ricordando alcune delle cose che gli sono successe; è persino possibile che provi la voglia di piangere, pensando ad alcune delle perdite subite e magari potrebbe piangere per davvero. Tuttavia, queste domande non hanno lo scopo di focalizzare l'attenzione della persona sulle cose brutte che gli sono successe, bensì sulle cose belle capitategli nell'arco della sua vita. Concentrarsi su questi avvenimenti più felici tende a scaricare gli avvenimenti tristi ed a renderli molto meno potenti.

Queste domande si basano sulle scoperte di Dianetics e sui suoi assiomi e postulati che tanto hanno contribuito ad ampliare la comprensione delle persone sulla natura dell'esistenza e sul loro ruolo in essa.

Si può considerare che la vita abbia come scopo principale la sopravvivenza nell'universo materiale. Esaminando da vicino la sopravvivenza, si scopre che il concetto abbraccia tutte le attività di una persona, di un gruppo, di uno stato, della vita stessa o dell'universo materiale.

L'universo materiale si compone di materia, energia, spazio e tempo.

Si può quindi considerare che la vita sia impegnata nella conquista di materia, energia, spazio e tempo, ivi incluse altre forme di vita,

# Capitolo Decimo
## Sezione del Processing

organismi e persone. Se un organismo o un gruppo è riuscito a occuparsi con successo di altri organismi e gruppi dell'universo materiale, il suo potenziale di sopravvivenza è molto elevato. Se l'organismo non ha avuto successo, il suo potenziale di sopravvivenza è inferiore. I suoi momenti di successo, come quelli di dolore, sono molto carichi.

Attraverso alcuni procedimenti è possibile rimuovere la carica dagli episodi dolorosi. Uno dei modi per farlo è quello di porre l'enfasi e far concentrare l'organismo sui momenti in cui ha avuto successo nella sopravvivenza.

Con l'invenzione del linguaggio, l'Uomo si è attirato una fonte insospettabile di aberrazione. Benché il linguaggio sia ben lungi dall'essere l'unico motivo per cui un organismo ha meno successo di quanto potrebbe averne, il nostro ordine sociale vigente pone un eccessivo accento sul linguaggio. Le parole non sono altro che simboli che rappresentano delle azioni. I bambini imparano molto presto queste azioni ed i simboli che le rappresentano. In seguito cominciano a confondere l'azione con il simbolo e a credere che le parole stesse abbiano una forza e un potere che in realtà non possiedono. Se credi che le parole stesse abbiano forza e potere, tieni la mano davanti alla bocca e pronuncia qualche parola. Vedrai quanto è trascurabile la forza della tua emissione vocale, indipendentemente dalle parole che usi.

Sotto l'erronea enfasi posta sulla forza delle parole, si celano le reali azioni fisiche, di cui le parole sono i simboli. Il punto principale, allora, è che le parole non hanno potere, ma le azioni sì. Ad esempio, quando si dice ad una persona di stare ferma, obbedisce semplicemente perché ha già sperimentato, nella sua vita, l'azione di essere costretto a star fermo per mezzo della forza fisica.

Aumentare la propria mobilità è importante per l'organismo per molte ragioni. Scoprire tutte le volte in cui è stato detto all'organismo di star fermo ed esso ha obbedito, ha un certo valore terapeutico, ma scoprire episodi in cui l'organismo è stato effettivamente costretto con la forza fisica a rimanere immobile è molto più importante, se si vuole ridare mobilità all'organismo.

Queste liste, dunque, tendono a svalutare l'importanza del linguaggio. Questa è solo una delle loro funzioni, ma è una funzione importante. Pertanto, la lettura di queste liste dovrebbe dirigere la persona verso momenti in cui l'azione si verificò effettivamente, non verso momenti in cui qualcuno disse che si verificava. Come in un tribunale la testimonianza per sentito dire non ha valore, così, allo stesso modo, le parole e le frasi dette alla persona da altri non sono ammissibili nel self-processing.

Ad esempio, quando si richiede una volta in cui qualcuno se ne andò, non si dovrebbe cercare di rievocare la volta in cui qualcuno disse che qualcun altro se n'era andato, o l'affermazione che qualcuno se ne stava andando, bensì la reale partenza fisica, indipendentemente da che cosa venne detto.

Scoprirai che le parole vengono comunicate ad altri organismi tramite l'universo fisico. Ad esempio, i suoni prodotti all'interno dell'organismo si traducono in onde sonore e raggiungono sotto questa forma le altre persone. La parola scritta è fatta di simboli d'inchiostro che poi vengono visti (grazie ad un altro fattore fisico, la luce) da un altro organismo. Può darsi benissimo che le cosiddette percezioni extrasensoriali esistano, tuttavia esse non sarebbero aberranti.

Esistono molte percezioni - cioè canali - attraverso cui si può entrare in contatto con l'universo fisico. Tu sei consapevole dell'universo fisico grazie alla vista, al suono, alla bocca e ad altri sistemi per ricevere messaggi. Perciò, ogni volta che ti viene chiesto di rievocare un episodio di un certo tipo - dopo che l'hai rievocato - ti verrà chiesto di prestare attenzione ad un determinato canale sensoriale che era presente nel momento in cui si verificò l'episodio.

Questo è lo scopo per cui viene fornito il disco. Noterai che il disco ha due lati. Le percezioni o messaggi sensoriali elencati su un lato sono diversi da quelli sull'altro lato. Via via che leggi le domande, una dopo l'altra, dovresti leggerle attraverso la fessura predisposta nel

## Capitolo Decimo
## Sezione del Processing

disco. Passando alla domanda successiva, dovresti ruotare la fessura di una posizione in senso antiorario ad ogni nuova domanda, in modo da avere una nuova percezione.

Ad esempio, la domanda può riferirsi ad un'occasione in cui qualcuno ti ha lasciato. Rievocherai un'occasione in cui ciò è successo, scegliendo il momento dell'effettiva partenza fisica. Senza dubbio otterrai qualche percezione della scena e magari potresti anche ottenerne una percezione molto completa. Molte persone sono in grado di vedere, udire, avvertire e percepire in altri modi i ricordi, quando li rievocano. Alcune persone sono troppo occluse. Queste liste spazzano via l'occlusione. Quando rievochi la persona che se ne andò da te, quindi, non devi semplicemente rievocare il concetto secondo cui qualcuno se n'era andato, ma il momento in cui ciò è realmente avvenuto ed ottenere più percezioni possibili mentre lo fai. Il disco posato sopra questa domanda mostrerà, sul lato superiore, una particolare percezione a caso. Quella percezione può essere "Suono". Allora dovresti tentare di recuperare qualunque suono fosse presente nel momento in cui questa persona se ne andava, come percezione sulla quale porre particolarmente l'accento. *Se non riesci a recuperare i suoni in quanto tali, risentendoli, recupera almeno il concetto di quali potessero essere.*

Esaminando il disco, vedrai che elenca sei percezioni con le quali sei entrato in contatto con l'universo fisico. In realtà ce ne sono molte di più di queste sei.

Quando la parola "Emozione" compare sopra la domanda, dopo che hai rievocato l'episodio suggerito, tenta di rievocare nei particolari e, se possibile, di provare ancora, l'emozione che hai provato in quell'occasione.

Passando alla domanda successiva, si ruota il disco di una posizione in senso antiorario. Vedrai che ora sopra la domanda si legge "Volume dei Suoni". Dovresti rievocare un episodio suggerito dalla domanda e, una volta percepitolo, dovresti rivolgere in particolare la tua attenzione al volume dei vari suoni presenti nell'episodio.

Passando alla domanda seguente, dovresti ruotare ancora una volta il disco in senso antiorario. Troverai che ora "Posizione del Corpo" si trova in alto. Dovresti quindi leggere la domanda e rievocare qualche episodio che essa ti suggerisce, percepirlo nel modo migliore possibile e quindi prestare particolare attenzione alla posizione in cui stava il tuo corpo nell'occasione in cui si verificò l'episodio.

Passando alla domanda successiva, e ruotando ancora una volta il disco, troverai che adesso sopra la domanda c'è "Suono". Dovresti rievocare l'episodio richiesto dalla domanda e quindi prestare particolare attenzione ai suoni in quell'episodio.

Passando alla domanda successiva, e ruotando ancora una volta il disco, troverai in alto la parola "Peso". Nell'episodio che rievochi dovresti allora prestare attenzione alla pesantezza delle cose, compresa la forza di gravità su te stesso ed il peso di qualunque cosa ti capitasse di portare a quel tempo, come i vestiti, una palla o qualsiasi altra cosa stessi realmente tenendo in mano nel momento in cui si verificò l'episodio.

Ruotando una volta di più il disco alla domanda successiva della lista, vedrai che viene a trovarsi sopra "Movimento Personale". Quando hai risposto alla domanda, dovresti prestare attenzione ai movimenti che tu stesso stavi facendo al tempo in cui l'episodio si è verificato.

Ogni volta che passi ad una nuova pagina, dovresti rovesciare il disco. Vi troverai una nuova serie di percetti.

Questi ultimi, naturalmente, sono sistemati in modo tale che quando ritornerai sulla lista una seconda volta, probabilmente non avrai le stesse percezioni, poiché capitano a caso. Così potresti aver risposto ad una domanda a proposito di qualcuno che veniva verso di te la prima volta, con il disco che ti richiedeva di centrare l'attenzione sul "Suono", ma la volta successiva che capiti su quella domanda (nel ripetere la lista) puoi trovare al suo posto "Emozione". Allora, la seconda volta, dovresti contattare ogni emozione senza eccezioni, mentre la prima volta avevi contattato i suoni.

## Capitolo Decimo
## Sezione del Processing

Sul retro del disco troverai le percezioni di "Vista", "Olfatto", "Tatto", "Colore", "Tono" e "Movimento Esterno".

"Vista" significa ciò che hai effettivamente visto in quell'occasione. Una persona le cui percezioni sono in buono stato rivedrà ciò che ha visto quando si è verificato effettivamente l'episodio. Quindi "Vista" richiede ciò che si è visto mentre l'episodio da rievocare si verificava.

"Olfatto" richiede di rievocare tutti quanti gli odori presenti durante il verificarsi della scena che si sta rievocando.

"Tatto" richiede di rievocare qualsiasi cosa la persona stesse effettivamente toccando in quell'occasione con la sensazione del tatto, pressione compresa. Siamo sempre in contatto con il mondo materiale in termini di tatto, anche se limitato al contatto dei piedi con il terreno o alla sensazione dei vestiti che indossiamo.

La percezione del "Colore", quando si trova sopra la domanda, dovrebbe spingere l'individuo a cercare di percepire ancora il colore contenuto nella scena che viene richiesta.

Quando si chiede il "Tono", si dovrebbe cercare di entrare in contatto con la qualità del suono presente al verificarsi della scena.

Quando sopra compare "Movimento Esterno" si dovrebbe tentare, rievocando l'episodio richiesto dalla domanda, di percepire il movimento contenuto in esso: il movimento delle altre persone, degli oggetti o dell'energia.

Nel rispondere a queste domande con il disco si esplora dunque la propria vita, e durante questa esplorazione si tenta di portare in superficie, con il massimo grado di realtà possibile, le cose che si sono percepite. Il risultato immediato è un innalzamento della percezione del proprio mondo attuale. Un altro risultato è un rafforzamento della memoria; un altro ancora è il riordino e la rivalutazione delle cose successe. Un altro risultato, più meccanico e fondamentale, è la deintensificazione delle esperienze spiacevoli, che avviene portandole alla luce. Per un po' si può credere che sia meglio dimenticare le cose spiacevoli, ma esse, dimenticate, hanno più forza e potere distruttivo di quando vengono esaminate.

Usando ripetutamente una lista, la persona scoprirà che riesce ad ottenere episodi sempre più remoti. Non è impossibile che ricordi direttamente le fasi iniziali della propria vita, per non parlare della sua infanzia.

Per ribadire, e non verrà mai sottolineato a sufficienza, queste domande richiedono vere e proprie azioni fisiche, non affermazioni a proposito di azioni fisiche. È perfettamente lecito rievocare scene viste al cinema o lette nei libri, ma nel rievocare scene di questo tipo bisognerebbe essere pienamente consapevoli, nel caso del cinema, dello schermo, della poltrona e di quando e dove l'episodio sta avendo luogo. Nel caso dei libri, non si dovrebbe trovare la scena che l'autore desiderava mostrare al lettore, ma la scena vera e propria della lettura; e si dovrebbe reperire la rievocazione in termini di caratteri di stampa e di posizione assunta sulla sedia, non in termini di immaginazione.

Dietro a queste domande si nasconde parecchia tecnologia, ma tutto quello che si deve sapere è che questa operazione, continuata con costanza, facendo una lista dopo l'altra e rievocando le cose richieste, aumenta in modo notevole la capacità di pensare e di agire, il benessere fisico ed eleva considerevolmente il rapporto con l'ambiente in cui si vive.

L'ultima lista di questo libro si chiama "Lista di Fine Seduta". Questo vuol dire che, dopo che hai completato una lista, o dopo che hai lavorato finché lo desideri, prima di chiudere qualunque seduta di self-processing dovresti passare alla "Lista di Fine Seduta" e rispondere a quelle domande, come azione di routine.

Vedrai anche che c'è una lista che si intitola "Se Rievocare una Determinata Cosa Ti Ha Fatto Sentire a Disagio", che è la penultima lista del libro. Se durante una seduta di self-processing ti capita di sentirti notevolmente a disagio o infelice, dovresti passare a questa lista. Usandola, dovresti recuperare velocemente il tuo buon umore.

Se trovi estremamente difficile richiamare alla memoria una domanda qualsiasi di queste liste, semplicemente tralasciala e

# Capitolo Decimo
## Sezione del Processing

passa alla domanda successiva. Se ti trovi in difficoltà a rispondere a qualunque lista, faresti meglio a fartele leggere da qualche amico.

Se il sottoporti al self-processing ti rende estremamente infelice, è probabile che il tuo caso meriti l'attenzione di un auditor di Dianetics finché non sarai in grado di trattare questa materia per conto tuo.

Puoi ripetere una lista molte volte, prima di passare alla successiva, oppure puoi andare avanti facendo tutte le liste senza ripeterne neanche una. Probabilmente scoprirai che ripetere ogni lista molte volte prima di passare alla successiva funziona meglio che fare tutto il libro di seguito.

Noterai che, dopo aver preso in esame diverse volte lo stesso ricordo, anche se era spiacevole, esso cesserà di avere qualunque effetto su di te. Ciò significa che la sua intensità sta diminuendo e che l'energia che esso conteneva, e che influenzava la tua vita attuale, si sta dissipando. Se puoi ricordare parecchi episodi dello stesso tipo, fallo. Se ti procurano fastidio, basta che esamini ancora una volta le cose che hai già ricordato, una dopo l'altra, e poi ancora un'altra volta. Questo, nel gergo di Dianetics, si chiama *Filo Diretto Ripetitivo*. Esso deintensifica i ricordi spiacevoli. Queste liste, comunque, puntano alla rievocazione di episodi piacevoli. Gli episodi piacevoli non si deintensificano, come fanno quelli spiacevoli, ma, al di sotto del livello dell'attenzione, gli episodi spiacevoli si deintensificano quando si rievocano quelli piacevoli.

Tutto quello che devi realmente sapere per lavorare con queste liste, è che sono richieste delle azioni, non delle parole, e che devi utilizzare il disco per sapere che tipo particolare di rievocazione dovresti avere, a proposito del ricordo richiesto. Se perdi il disco, sul lato di ogni pagina c'è una lista delle percezioni a cui fare riferimento. Usando la lista che si trova sul margine della pagina, non devi far altro che prendere le rievocazioni, le percezioni, consecutivamente l'una dopo l'altra, usandole nello stesso modo in cui le usavi con il disco.

*Non rispondere alle domande semplicemente con un "Sì" o un "No". Scegli un momento reale della tua vita richiesto dalla domanda. Cerca di sperimentare di nuovo quel momento con la percezione richiesta nel disco.*

*Se rispondere alle domande ti rende infelice, continua semplicemente con la lista su cui stai lavorando, ripetendola molte volte. Dopo che gli episodi tristi sono stati rievocati molte volte, l'infelicità si dovrebbe "esaurire". Quella sensazione si trasformerà in senso di sollievo.*

*Alcune persone si spaventano all'idea di perseverare con queste domande. Senz'altro tu hai più coraggio. La peggior cosa che possono fare è ucciderti.*

*Non ti stupire se, dopo aver risposto a qualcuna di queste domande, ti senti assonnato. La sonnolenza è solo un sintomo del fatto che ti stai rilassando. Il minimo che questo libro può fare per te è sostituire i tuoi sedativi!*

*Se, rispondendo a queste domande, cominci a sbadigliare, è buon segno. Lo sbadigliare è una liberazione di precedenti periodi di incoscienza. Puoi sbadigliare fino a farti venire le lacrime agli occhi. È un progresso.*

*Se rispondendo a queste domande ti dovessi sentire molto intontito, si tratta solo di "boil-off", manifestazione prodotta dall'evaporazione di precedenti periodi di incoscienza. Continua semplicemente a rievocare l'episodio, o altri episodi simili, e la sensazione svanirà, lasciandoti più sveglio di prima. Se interrompi questo "boil-off" e interrompi la seduta, può capitarti di sentirti contrariato ed irritabile. L'intontimento in alcuni casi arriva fino ad una quasi totale incoscienza, ma se ne va sempre. Questa incoscienza era ciò che ti impediva di stare in alto sulla Scala del Tono.*

*A volte dei dolori vaghi, o persino delle fitte acute, possono comparire e scomparire mentre stai rispondendo alle domande. Non cercare di scoprire da dove vengono. Se persisti con le domande svaniranno. Semplicemente ignorali. Sono i fantasmi di quelle che si chiamavano malattie psicosomatiche, cioè lesioni precedenti restimolate.*

## Capitolo Decimo
## Sezione del Processing

*Questi depositi di dolore ed incoscienza passati opprimono una persona. La Self-Analisi fa sì che tali momenti passati se ne vadano e si deintensifichino, almeno parzialmente, senza dover scoprire che cosa ci fosse dietro.*

*Una descrizione completa di queste manifestazioni e delle loro cause si trova in* Scienza della Sopravvivenza, *il popolare testo su* Dianetics.

*USA LE LISTE MOLTE VOLTE. Cerca l'episodio più remoto che riesci ad ottenere per ogni domanda.*

LISTA 1

# EPISODI GENERALI

Lo scopo di questa lista è quello di farti esercitare a rievocare le cose. Usa il disco che trovi alla fine del libro e cerca le istruzioni per l'uso di questa lista all'inizio di questa sezione.

*Puoi rievocare una volta in cui:*

1. **Eri felice.**

2. **Avevi appena finito di costruire qualcosa.**

3. **La vita era allegra.**

4. **Qualcuno ti aveva dato qualcosa.**

5. **Hai mangiato qualcosa di buono.**

6. **Avevi un amico.**

7. **Ti sentivi pieno di energia.**

☐ *Vista*
☐ *Olfatto*
☐ *Tatto*
☐ *Colore*
☐ *Tono*
☐ *Movimento Esterno*
☐ *Emozione*
☐ *Volume dei Suoni*
☐ *Posizione del Corpo*
☐ *Suono*
☐ *Peso*
☐ *Movimento Personale*

*Puoi rievocare una volta in cui:*

**8. Qualcuno ti stava aspettando.**

**9. Guidavi velocemente.**

**10. Hai visto qualcosa che ti piaceva.**

**11. Sei entrato in possesso di qualcosa di buono.**

☐ *Vista*
☐ *Olfatto*
☐ *Tatto*
☐ *Colore*
☐ *Tono*
☐ *Movimento Esterno*
☐ *Emozione*
☐ *Volume dei Suoni*
☐ *Posizione del Corpo*
☐ *Suono*
☐ *Peso*
☐ *Movimento Personale*

**12. Hai gettato via qualcosa di cattivo.**

**13. Hai baciato qualcuno che ti piaceva.**

**14. Hai riso per una battuta.**

**15. Hai ricevuto del denaro.**

**16. Ti sentivi giovane.**

**17. Ti piaceva la vita.**

**18. Partecipavi a un gioco.**

**19. Hai avuto la meglio su qualcosa di pericoloso.**

**20. Sei entrato in possesso di un animale.**

**21. Qualcuno pensava che tu fossi importante.**

## Lista 1
### Episodi Generali

*Puoi rievocare una volta in cui:*

**22. Hai inseguito qualcosa di cattivo.**

**23. Eri entusiasta.**

**24. Possedevi qualcosa.**

**25. Ti godevi la vita.**

**26. Andavi di fretta.**

**27. Ti godevi il "dolce far niente".**

**28. Ti sentivi forte.**

**29. Qualcuno che non ti piaceva se ne era andato.**

**30. Qualcuno ti ha aiutato.**

**31. Hai raccolto qualcosa di buono.**

**32. Hai misurato qualcosa.**

**33. Hai fatto un viaggio piacevole.**

**34. Hai acceso una luce.**

**35. Hai ascoltato della buona musica.**

☐ *Vista*
☐ *Olfatto*
☐ *Tatto*
☐ *Colore*
☐ *Tono*
☐ *Movimento Esterno*
☐ *Emozione*
☐ *Volume dei Suoni*
☐ *Posizione del Corpo*
☐ *Suono*
☐ *Peso*
☐ *Movimento Personale*

*Puoi rievocare una volta in cui:*

**36. Hai controllato qualcosa.**

**37. Hai distrutto qualcosa.**

**38. Hai padroneggiato qualcosa.**

**39. Sei stato fortunato.**

☐ *Vista*
☐ *Olfatto*
☐ *Tatto*
☐ *Colore*
☐ *Tono*
☐ *Movimento Esterno*
☐ *Emozione*
☐ *Volume dei Suoni*
☐ *Posizione del Corpo*
☐ *Suono*
☐ *Peso*
☐ *Movimento Personale*

**40. Ti sentivi calmo.**

**41. Hai visto una scena graziosa.**

**42. Hai versato qualcosa di buono.**

**43. Sei entrato in possesso di qualcosa di raro.**

**44. Hai fatto urlare un nemico.**

**45. Avevi un buon posto a sedere.**

**46. Hai maneggiato bene qualcosa (effettivo maneggiamento fisico).**

**47. Hai spostato qualcosa.**

**48. Hai osservato qualcosa di veloce.**

## LISTA 1
## EPISODI GENERALI

*Puoi rievocare una volta in cui:*

49. Stavi assieme ad amici.

50. Occupavi un bello spazio.

51. Qualcuno ti amava.

52. Godevi della presenza di qualcuno.

53. Hai inventato qualcosa.

54. Hai incanalato dell'energia.

55. Hai ucciso un insetto.

56. Hai intascato qualcosa.

57. Hai fatto dei progressi.

58. Passeggiavi.

59. Hai risparmiato qualcosa.

60. Hai fermato una macchina.

61. Hai avviato una macchina.

62. Hai fatto una bella dormita.

☐ *Vista*
☐ *Olfatto*
☐ *Tatto*
☐ *Colore*
☐ *Tono*
☐ *Movimento Esterno*
☐ *Emozione*
☐ *Volume dei Suoni*
☐ *Posizione del Corpo*
☐ *Suono*
☐ *Peso*
☐ *Movimento Personale*

*Puoi rievocare una volta in cui:*

**63. Hai fermato un ladro.**

**64. Stavi sotto qualcosa.**

**65. Hai acceso un fuoco.**

**66. Sei andato al piano di sopra.**

☐ *Vista*
☐ *Olfatto*
☐ *Tatto*
☐ *Colore*
☐ *Tono*
☐ *Movimento Esterno*
☐ *Emozione*
☐ *Volume dei Suoni*
☐ *Posizione del Corpo*
☐ *Suono*
☐ *Peso*
☐ *Movimento Personale*

**67. Provavi caldo.**

**68. Sei andato a cavalcare.**

**69. Sei stato abile.**

**70. Nuotavi.**

**71. Hai mantenuto la tua posizione.**

**72. Vivevi bene.**

**73. Eri rispettato.**

**74. Hai vinto una gara.**

**75. Hai mangiato bene.**

LISTA 2

# ORIENTAMENTO TEMPORALE

L o scopo di questa lista è di migliorare il tuo senso generale del tempo in rapporto ai vari periodi della tua vita. Ogni persona ha una registrazione completa di tutto ciò che le è successo nel corso della sua vita. Può capitare che non si riesca a rievocare immediatamente certi periodi. Questi periodi si definiscono occlusi. Lavorando con queste liste in generale, questi periodi occlusi spariranno man mano che si rievoca la propria vita, con conseguente miglioramento del proprio benessere fisico e mentale e della propria percezione dell'ambiente attuale.

In Dianetics si considera che ogni persona abbia una "traccia del tempo". Qualsiasi cosa abbia percepito nel corso della sua vita è registrata su questa traccia del tempo dall'inizio alla fine. Avere delle occlusioni è pericoloso poiché i dati nell'area occlusa diventano compulsivi e provocano una condotta non proprio ottimale. Lo scopo di questa lista è quello di spianare la traccia in generale. Non ti scoraggiare se non riesci a rievocare l'istante preciso del ricordo. Prima ottieni il ricordo. Se poi sei in grado di rispondere anche alle altre domande, tanto di guadagnato.

*Puoi rievocare un episodio avvenuto:*

1. **Molto tempo fa. (L'anno? Il mese? Il giorno? L'ora?)**

2. **Ieri. (L'ora? La data?)**

3. **Il mese scorso. (La posizione del Sole?)**

☐ *Vista*
☐ *Olfatto*
☐ *Tatto*
☐ *Colore*
☐ *Tono*
☐ *Movimento Esterno*
☐ *Emozione*
☐ *Volume dei Suoni*
☐ *Posizione del Corpo*
☐ *Suono*
☐ *Peso*
☐ *Movimento Personale*

4. **Quando eri molto piccolo. (I vestiti che le persone indossavano? La posizione del Sole?)**

5. **Quando la tua statura era la metà di quella attuale. (Statura degli altri a quel tempo?)**

6. **Quando eri un terzo del tuo peso attuale. (La posizione del Sole?)**

7. **Quando tua madre aveva un aspetto più giovane. (I suoi vestiti? La posizione del Sole?)**

8. **Quando ti sentivi agile. (L'anno? L'ora?)**

9. **Il Natale scorso. (L'ora del giorno?)**

10. **Il giorno del tuo quinto Natale. (I vestiti degli altri?)**

## Lista 2
## Orientamento Temporale

*Puoi rievocare un episodio avvenuto:*

**11. Il giorno del tuo ottavo compleanno. (I mobili della stanza?)**

**12. Ad un compleanno. (Come erano gli altri? L'anno? La posizione del Sole?)**

**13. Questo stesso giorno l'anno scorso. (La casa in cui vivevi? La data? La stagione?)**

**14. Oggi a mezzogiorno.**

**15. Ad un banchetto. (Abiti delle persone presenti?)**

**16. A un matrimonio. (Anno? Stagione?)**

**17. Ad una nascita. (Stagione?)**

**18. Ad un appuntamento con qualcuno. (Pettinatura?)**

**19. A proposito di un orologio. (Posizione del Sole?)**

**20. A proposito di un orologio da polso. (Il movimento della lancetta dei secondi?)**

**21. Con un animale. (Quando era più piccolo?)**

☐ *Vista*
☐ *Olfatto*
☐ *Tatto*
☐ *Colore*
☐ *Tono*
☐ *Movimento Esterno*
☐ *Emozione*
☐ *Volume dei Suoni*
☐ *Posizione del Corpo*
☐ *Suono*
☐ *Peso*
☐ *Movimento Personale*

*Puoi rievocare episodi che mettano a confronto:*

1. **Il vestiario di oggi e il vestiario di quando eri piccolo.**

2. **La pettinatura di oggi e la pettinatura di quando eri adolescente.**

3. **Qualcosa che ora è vecchio, rispetto a quando era nuovo.**

☐ *Vista*
☐ *Olfatto*
☐ *Tatto*
☐ *Colore*
☐ *Tono*
☐ *Movimento Esterno*
☐ *Emozione*
☐ *Volume dei Suoni*
☐ *Posizione del Corpo*
☐ *Suono*
☐ *Peso*
☐ *Movimento Personale*

4. **Qualcosa che era piccolo che ora è grande.**

5. **Qualcosa che ora è vecchio, rispetto a quando era giovane.**

6. **Il modo in cui il Sole risplende al mattino e al pomeriggio.**

7. **L'inverno con l'estate.**

8. **La primavera con l'inverno.**

9. **L'autunno con la primavera.**

10. **L'alba col tramonto.**

11. **Un'ombra mattutina e un'ombra serale.**

# LISTA 2
## ORIENTAMENTO TEMPORALE

*Puoi rievocare episodi che mettano a confronto:*

12. **Dei vestiti ora vecchi, rispetto a quando erano nuovi.**

13. **Una casa che ora sorge laddove non c'era nessuna casa.**

14. **Uno spazio aperto che ora è stato suddiviso in lotti.**

15. **Un periodo lungo e un periodo breve.**

16. **Una sigaretta quando venne accesa e quando venne spenta.**

17. **L'inizio e la fine di una gara.**

18. **L'ora di andare a letto e quella di alzarsi.**

19. **La scuola al mattino e l'uscirne al pomeriggio.**

20. **La tua statura ora rispetto a quando eri piccolo.**

21. **Un giorno nuvoloso e un giorno di sole.**

22. **Un tempo burrascoso ed un tempo piovoso.**

□ *Vista*
□ *Olfatto*
□ *Tatto*
□ *Colore*
□ *Tono*
□ *Movimento Esterno*
□ *Emozione*
□ *Volume dei Suoni*
□ *Posizione del Corpo*
□ *Suono*
□ *Peso*
□ *Movimento Personale*

*Puoi rievocare episodi che mettano a confronto:*

**23. Qualcosa di molto caldo e quando si raffreddò.**

**24. Qualcosa di giovane e qualcosa di vecchio.**

**25. Un battito cardiaco veloce ed uno lento.**

☐ *Vista*
☐ *Olfatto*
☐ *Tatto*
☐ *Colore*
☐ *Tono*
☐ *Movimento Esterno*
☐ *Emozione*
☐ *Volume dei Suoni*
☐ *Posizione del Corpo*
☐ *Suono*
☐ *Peso*
☐ *Movimento Personale*

**26. Quando eri accaldato e quando eri intirizzito.**

**27. Quando avevi molto spazio e quando avevi poco spazio.**

**28. Quando la luce era brillante e quando era fioca.**

**29. Quando un fuoco ardeva vivo e quando si spense.**

**30. Un oggetto costruito a metà e quando venne iniziato.**

**31. La stessa persona quando era grande e quando era piccola.**

**32. Quando ti sentivi piccolo e quando ti sei sentito adulto.**

## LISTA 2
## ORIENTAMENTO TEMPORALE

*Puoi rievocare episodi che mettano a confronto:*

33. **Ieri mattina con questa mattina.**

34. **Un calendario completo e quando i suoi fogli erano stati strappati.**

35. **Un orologio fermo e un orologio in funzione.**

36. **Il movimento del Sole e quello della Luna.**

37. **Quando ti sentivi stanco e quando ti sentivi pieno di energia.**

38. **Automobili di allora con automobili di adesso.**

39. **Quando hai iniziato questa lista e questa domanda.**

□ *Vista*
□ *Olfatto*
□ *Tatto*
□ *Colore*
□ *Tono*
□ *Movimento Esterno*
□ *Emozione*
□ *Volume dei Suoni*
□ *Posizione del Corpo*
□ *Suono*
□ *Peso*
□ *Movimento Personale*

L I S T A 3

# Orientamento Sensoriale

Questa lista è predisposta in modo particolare per richiamare la tua attenzione sull'esistenza di molti dei canali attraverso i quali percepisci te stesso e l'universo fisico che ti circonda.
Benché ognuna delle domande elencate si riferisca ad uno specifico canale sensoriale, come "Vista" o "Suono", si deve tuttavia continuare ad usare il disco, poiché ciò che si richiede sono dei momenti specifici in cui usavi vari sensi ed ogni specifico momento comprende molti altri messaggi sensoriali oltre a quello richiesto. Perciò usa il disco come lo usavi con le altre domande e, dopo che hai rievocato uno specifico episodio richiesto dalla domanda, prova a rievocarlo prestando particolare attenzione al senso che si trova ad essere sul lato superiore del disco.

## Senso del Tempo

Tutti sono dotati di un senso del *tempo*. Questo senso può diventare aberrato. L'esistenza di orologi da ogni parte sembra indicare che abbiamo bisogno di un'assistenza meccanica per sapere che ora è. La prima persona che ebbe un senso del tempo aberrato o scombussolato rese allettante il primo orologio, ma soltanto per lei. Gli orologi e i calendari sono dei simboli artificiali intesi a rappresentare il tempo, che è un "bene" realmente esistente e può essere quindi avvertito direttamente dall'individuo. Questa sezione e quasi tutte le altre sezioni di queste liste riabilitano il senso del tempo. Nella mente della maggioranza delle persone, il tempo si confonde con lo spazio. Le parole che descrivono il tempo sono anche le parole che descrivono lo spazio e ciò dimostra che l'Uomo ha una scarsa attenzione per il suo senso del tempo. L'organismo misura il tempo in molti modi, ma soprattutto in termini di movimento e di crescita o declino. Il cambiamento è il simbolo più evidente del passar del tempo, ma esiste un diretto senso del tempo che ognuno di noi possiede, benché esso possa essere occluso da una società che - usando orologi e calendari - sembra invalidare il fatto che esista. Non dovresti avere la minima confusione a proposito del tempo.

☐ *Vista*
☐ *Olfatto*
☐ *Tatto*
☐ *Colore*
☐ *Tono*
☐ *Movimento Esterno*
☐ *Emozione*
☐ *Volume dei Suoni*
☐ *Posizione del Corpo*
☐ *Suono*
☐ *Peso*
☐ *Movimento Personale*

*Puoi rievocare una volta in cui:*

**1. Era molto tardi.**

**2. Eri in anticipo.**

**3. Hai dovuto aspettare.**

**4. Sei dovuto stare in piedi per un po' di tempo a sostenere un peso.**

**5. Andavi molto veloce.**

## LISTA 3
## ORIENTAMENTO SENSORIALE

*Puoi rievocare una volta in cui:*

6. **Hai percorso una grande quantità di spazio.**

7. **Impiegasti molto tempo (quando lo facesti davvero, non quando qualcuno disse che l'avevi fatto).**

8. **Un oggetto ha smesso di funzionare (non un orologio).**

9. **Una grande estensione di spazio.**

10. **Una breve estensione di spazio.**

11. **Un oggetto in movimento.**

12. **Un animale in movimento.**

13. **Una lancetta dell'orologio in movimento.**

14. **Un oggetto rotondo.**

15. **Un oggetto vicino ad un altro oggetto.**

16. **Un fulmine.**

17. **Hai rotto un orologio da polso. (Si è fermato il tempo?)**

18. **Ti sei divertito.**

19. **Eri in ritardo.**

20. **Qualcuno è vissuto troppo a lungo.**

☐ *Vista*
☐ *Olfatto*
☐ *Tatto*
☐ *Colore*
☐ *Tono*
☐ *Movimento Esterno*
☐ *Emozione*
☐ *Volume dei Suoni*
☐ *Posizione del Corpo*
☐ *Suono*
☐ *Peso*
☐ *Movimento Personale*

(Nella prima parte della Lista 2 si trovano delle altre domande sul tempo.)

## VISTA

Il canale sensoriale detto *vista* si compone di varie parti. Le onde luminose che provengono dal sole, dalla luna, dalle stelle, o da sorgenti artificiali, sono riflesse dagli oggetti, entrano negli occhi e vengono registrate per azione immediata o come ricordo per riferimento futuro. Anche le sorgenti luminose sono registrate. Questa è la percezione sensoriale chiamata "vista", che ha delle suddivisioni.

La prima di queste suddivisioni può essere considerata il *movimento*, dato che la vista, per registrare un'immagine in continuo movimento, dipende da un arco di tempo. Anche se una persona può essere in grado di vedere il movimento nel presente, varie aberrazioni della vista possono far sì che rievochi solo immagini immobili. Ciononostante, ogni movimento viene registrato e può essere rievocato come immagini in movimento. In questo modo, tutti gli altri sensi dipendono dal tempo per produrre il messaggio del movimento, poiché il movimento viene registrato anche dalle altre percezioni.

Più in particolare, la *percezione dei colori* fa parte della vista. Ci sono delle persone daltoniche nei confronti dei colori presenti, cioè vedono i colori, ma sono incapaci di percepire le differenze di tonalità. Ci sono poi delle persone che sono in grado di vedere i colori nel presente, ma, quando tentano di rievocare cosa hanno visto, rievocano solo in bianco e nero. Questa sarebbe una forma di daltonismo nella rievocazione. Il colore viene completamente eliminato. Quando si rievocano cose viste a colori come se fossero immagini in bianco e nero o immagini ferme, si tratta di un'aberrazione facilmente rimediabile.

Un'altra parte della vista è la *percezione della profondità*. La percezione della profondità viene osservata in due modi. Il primo consiste nel vedere la differenza nelle dimensioni degli oggetti e farsi così un'idea del fatto che uno è più indietro dell'altro o che l'oggetto stesso si trova ad una certa distanza. L'altro è un effetto "stereoscopico" causato dal fatto di avere due occhi. Ogni occhio vede una certa zona intorno all'oggetto e così diventa possibile un'effettiva percezione

# LISTA 3
## ORIENTAMENTO SENSORIALE

della profondità. Tuttavia si possono avere due occhi e non avere la percezione della profondità nell'osservazione effettuata nel presente. Inoltre, una persona potrebbe, nel presente, vederci benissimo, con la percezione della profondità e tuttavia, nella rievocazione, vedere le immagini piatte e senza percezione della profondità. Anche a questa mancanza di percezione della profondità si può porre rimedio.

Una persona che nel presente non potesse percepire il movimento e che per di più non percepisse il colore o la profondità, costituirebbe un bel rischio al volante; quasi altrettanto rischioso è chi non è in grado di rievocare che cosa ha visto o, se è in grado di rievocare, non possiede però la percezione della profondità, della varietà dei colori e del movimento. Questa parte della lista si prefigge di darti una maggiore comprensione della vista. In generale, tutti questi percetti vengono esercitati ripetutamente da queste liste. Se sulle prime non riesci a vedere nella rievocazione ciò che hai osservato in qualche altra occasione, tenta semplicemente di farti un'idea di come apparivano le cose in quello specifico momento.

*Puoi rievocare una cosa vista che era:*

**1. Molto brillante.**

**2. Scura.**

**3. Verde.**

**4. Vasta.**

**5. In movimento.**

**6. Piatta.**

**7. Profonda.**

□ *Vista*
□ *Olfatto*
□ *Tatto*
□ *Colore*
□ *Tono*
□ *Movimento Esterno*
□ *Emozione*
□ *Volume dei Suoni*
□ *Posizione del Corpo*
□ *Suono*
□ *Peso*
□ *Movimento Personale*

*Puoi rievocare una cosa vista che era:*

**8. Colorata.**

**9. Rapida.**

**10. Lenta.**

**11. Piacevole.**

☐ *Vista*
☐ *Olfatto*
☐ *Tatto*
☐ *Colore*
☐ *Tono*
☐ *Movimento Esterno*
☐ *Emozione*
☐ *Volume dei Suoni*
☐ *Posizione del Corpo*
☐ *Suono*
☐ *Peso*
☐ *Movimento Personale*

**12. Desiderabile.**

**13. Graziosa.**

**14. Insolita.**

**15. Notevole.**

**16. Confusa.**

**17. Misteriosa.**

**18. Pigra.**

**19. Calda.**

**20. Allegra.**

**21. Quasi invisibile.**

# LISTA 3
## ORIENTAMENTO SENSORIALE

*Puoi rievocare una cosa vista che era:*

**22. Sfocata.**

**23. Chiaramente definita.**

**24. Amabile.**

**25. Appassionata.**

**26. Gioiosa.**

**27. Molto reale. (Qualcosa che puoi davvero rievocare bene con la vista.)**

☐ *Vista*
☐ *Olfatto*
☐ *Tatto*
☐ *Colore*
☐ *Tono*
☐ *Movimento Esterno*
☐ *Emozione*
☐ *Volume dei Suoni*
☐ *Posizione del Corpo*
☐ *Suono*
☐ *Peso*
☐ *Movimento Personale*

## Dimensioni Relative

Il riconoscimento delle proprie dimensioni in rapporto alla scena in cui ci si trova ed agli oggetti ed organismi di quella scena è, di per sé, un messaggio sensoriale. È particolarmente dura per i bambini, e senza dubbio lo era di certo quando eri un bambino tu, trovarsi circondati da oggetti che sono così grandi. Quando si riesce a rievocare veramente bene qualche episodio dell'infanzia, molto spesso si resta stupefatti nel vedere quanto ci apparivano grandi le cose e quanto erano grandi quei giganti, gli adulti, che ci circondavano. La sensazione di essere piccoli in vicinanza di oggetti grandi produce a volte un senso di inadeguatezza. Si dice anche che le persone più piccole della media si sentano meno sicure nel loro ambiente. Evidentemente ciò deriva dal fatto che la loro statura da adulti non ha raggiunto la media e quindi la sensazione di inferiorità ed inadeguatezza provata nell'infanzia è continuamente restimolata. Non dipende dal fatto che la persona, benché più piccola, sia realmente inadeguata. Allo stesso modo, le persone più alte della media diventano coscienti di esserlo soprattutto perché la gente più piccola di loro escogita dei modi e dei sistemi per nullificarle a causa della loro statura. La percezione delle *dimensioni relative* è dunque una percezione importante da riabilitare, ed una persona che è più grande rispetto alla media farebbe bene a modificare il disco di lettura con cui sta lavorando su queste domande, cancellando la parola "Volume dei Suoni" dal disco e sostituendovi "Dimensioni Relative".

*Puoi rievocare una volta in cui:*

**1. Eri più grande di un animale.**

**2. Eri più piccolo di un oggetto.**

**3. Eri più grande di una persona.**

# Lista 3
## Orientamento Sensoriale

*Puoi rievocare una volta in cui:*

**4. Eri più piccolo di una persona.**

**5. Le cose ti sembravano piccole.**

**6. Le cose ti sembravano grandi.**

**7. Eri in un ampio spazio.**

**8. Guardavi le stelle.**

**9. Un oggetto ti faceva apparire piccolo.**

**10. Vedesti un gigante.**

**11. Qualcuno ti ha servito.**

**12. Hai spaventato qualcuno.**

**13. Hai inseguito qualcuno.**

**14. Hai avuto la meglio su un ragazzo più grosso.**

**15. Il mobilio era troppo piccolo per te.**

**16. Un letto era troppo piccolo per te.**

**17. Un letto era troppo grande per te.**

☐ *Vista*
☐ *Olfatto*
☐ *Tatto*
☐ *Colore*
☐ *Tono*
☐ *Movimento Esterno*
☐ *Emozione*
☐ *Volume dei Suoni*
☐ *Posizione del Corpo*
☐ *Suono*
☐ *Peso*
☐ *Movimento Personale*

*Puoi rievocare una volta in cui:*

**18. Un cappello non ti andava bene.**

**19. Hai dovuto comportarti in modo educato.**

**20. Hai fatto il prepotente con qualcuno.**

**21. I tuoi abiti erano troppo grandi.**

☐ *Vista*
☐ *Olfatto*
☐ *Tatto*
☐ *Colore*
☐ *Tono*
☐ *Movimento Esterno*
☐ *Emozione*
☐ *Volume dei Suoni*
☐ *Posizione del Corpo*
☐ *Suono*
☐ *Peso*
☐ *Movimento Personale*

**22. I tuoi abiti erano troppo piccoli.**

**23. Il veicolo era troppo grande.**

**24. Il veicolo era troppo piccolo.**

**25. Uno spazio era troppo grande.**

**26. Un tavolo era troppo grande.**

**27. Il tuo braccio era troppo grande.**

**28. Un cuoco era piccolo.**

**29. Riuscisti a raggiungere qualcosa sopra di te.**

**30. Una palla era troppo piccola.**

**31. Una figlia era più piccola.**

**32. Una scrivania era troppo piccola.**

## LISTA 3
## ORIENTAMENTO SENSORIALE

*Puoi rievocare:*

33. **Un forchettone.**

34. **Un pentolino.**

35. **Una collinetta.**

36. **Un pesciolino.**

37. **Un fiorellino.**

38. **Un dottore piccolo di statura.**

39. **Un cagnolino.**

40. **Un omino.**

41. **Un bambino.**

42. **Un gattino.**

43. **Una casetta.**

44. **Una piccola macchina.**

45. **Delle gambe corte.**

46. **Un visino.**

47. **Un posticino.**

□ *Vista*
□ *Olfatto*
□ *Tatto*
□ *Colore*
□ *Tono*
□ *Movimento Esterno*
□ *Emozione*
□ *Volume dei Suoni*
□ *Posizione del Corpo*
□ *Suono*
□ *Peso*
□ *Movimento Personale*

## Suono

Il *suono* consiste nel percepire onde emanate da oggetti in movimento. Un oggetto si muove velocemente o lentamente e fa vibrare l'aria nelle sue vicinanze, la quale trasmette le vibrazioni. Quando queste vibrazioni colpiscono il timpano, esse mettono in funzione il meccanismo di registrazione dei suoni della persona ed il suono viene registrato. Nel vuoto il suono non esiste e di fatto non è che un'onda di forza. Il suono ad un volume troppo elevato, o troppo discordante, può provocare dolore fisico, proprio come la luce troppo forte può danneggiare gli occhi. In ogni caso, il nervosismo causato dal suono, come dalla luce, è soprattutto un'aberrazione ed è ingiustificato, poiché il suono stesso generalmente non è dannoso e nel corso della vita ci sono pochi episodi in cui il suono ha avuto abbastanza forza per essere dannoso fisicamente. Apprensione e ansia nei confronti dell'universo fisico e di altre persone possono tuttavia far sì che l'individuo sia nervoso a causa del suono, dato che esso è uno dei più sicuri meccanismi di allarme. Tuttavia è sciocco trasalire ad ogni rumore in un ambiente civilizzato, spaventarsi per le voci degli altri, o addirittura per i rumori del traffico, visto che raramente gli uomini vivono un'esistenza così selvaggia da giustificare tali precauzioni. Quando il suono si mescola con il dolore passato, si tende a confondere il momento e le circostanze in cui si sente un rumore nel presente e ad associarlo, come può succedere anche con altri percetti, con il dolore subito in passato. Queste liste permettono di riabilitare la propria capacità di distinguere tra un momento e l'altro o tra una situazione e l'altra.

Il suono si compone di varie parti. La prima è l'*altezza* del suono, cioè il numero di vibrazioni per unità di tempo di qualsiasi oggetto da cui il suono proviene. La seconda è la *qualità* o il *tono*, che non è altro che la differenza tra un'onda sonora irregolare o stridente ed una regolare come una nota musicale. La terza è il *volume*, che significa semplicemente la forza dell'onda sonora, la sua maggiore o minore potenza.

# LISTA 3
## ORIENTAMENTO SENSORIALE

Il *ritmo* fa parte in realtà del senso del tempo, ma è anche la capacità di distinguere gli spazi tra le onde sonore che pulsano in modo regolare, come nel caso di un tamburo.

Molte persone sono dotate di quello che si definisce *udito ipersensibile*, cioè hanno una sensibilità ai suoni troppo elevata. A ciò si accompagna molto spesso un timore generale per l'ambiente o per la gente che vive in esso. C'è poi anche la *sordità*, tramite la quale semplicemente si escludono i suoni. Naturalmente, alcune forme di sordità sono causate da disturbi totalmente fisici nel meccanismo di registrazione, ma la maggior parte dei casi di sordità, soprattutto quelli parziali, sono "psicosomatici", ovvero causati da aberrazioni mentali. All'inizio, quando si rievoca un ricordo, si può essere, o meno, in grado di rievocare che cosa si è udito e registrato in passato. In altre parole, si può non ottenere alcun suono, pur ricordando di aver udito un suono. Si tratta di un'occlusione della registrazione sonora. In Dianetics, rievocare un suono risentendolo è detto "sonico" ed è una facoltà desiderabile che può essere ripristinata nella persona.

È interessante notare che c'è anche una *percezione della profondità* nel suono. Una persona dotata di due orecchie ottiene un effetto "stereofonico" dalle sorgenti sonore, in modo da poter dire quanto esse siano distanti e dove si trovino in rapporto a lei.

*Puoi rievocare una volta in cui hai udito:*

1. **Un vento leggero.**

2. **Una voce tranquilla.**

3. **Un suono piacevole.**

4. **Una voce piacevole.**

☐ *Vista*
☐ *Olfatto*
☐ *Tatto*
☐ *Colore*
☐ *Tono*
☐ *Movimento Esterno*
☐ *Emozione*
☐ *Volume dei Suoni*
☐ *Posizione del Corpo*
☐ *Suono*
☐ *Peso*
☐ *Movimento Personale*

*Puoi rievocare una volta in cui hai udito:*

**5. Una brezza.**

**6. Un cane che guaiva.**

**7. Una campana.**

**8. Una voce allegra.**

☐ *Vista*
☐ *Olfatto*
☐ *Tatto*
☐ *Colore*
☐ *Tono*
☐ *Movimento Esterno*
☐ *Emozione*
☐ *Volume dei Suoni*
☐ *Posizione del Corpo*
☐ *Suono*
☐ *Peso*
☐ *Movimento Personale*

**9. Uno strumento musicale.**

**10. Chiudersi una porta.**

**11. L'acqua scorrere.**

**12. Del liquido che fuoriusciva da una bottiglia.**

**13. Del buon cibo che friggeva.**

**14. Una palla che rotolava.**

**15. Una ruota che cigolava.**

**16. Un'automobile che si metteva in moto.**

**17. Un bambino che rideva.**

## LISTA 3
## ORIENTAMENTO SENSORIALE

*Puoi rievocare una volta in cui hai udito:*

**18. Una palla che rimbalzava.**

**19. Una macchina da cucire in funzione.**

**20. Un gatto che miagolava.**

**21. Una penna che scriveva.**

**22. Un bambino che correva.**

**23. La pagina di un libro che veniva girata.**

**24. Un giornale che veniva aperto.**

**25. Un bacio.**

**26. Un suono stimolante.**

**27. Un suono dolce.**

**28. Un suono ritmico.**

**29. Un suono allegro.**

**30. Un rumore di sfregamento.**

☐ *Vista*
☐ *Olfatto*
☐ *Tatto*
☐ *Colore*
☐ *Tono*
☐ *Movimento Esterno*
☐ *Emozione*
☐ *Volume dei Suoni*
☐ *Posizione del Corpo*
☐ *Suono*
☐ *Peso*
☐ *Movimento Personale*

*Puoi rievocare una volta in cui hai udito:*

**31. Un suono entusiastico.**

**32. Un sospiro.**

**33. Una voce ardente.**

**34. Una baldoria.**

□ *Vista*
□ *Olfatto*
□ *Tatto*
□ *Colore*
□ *Tono*
□ *Movimento Esterno*
□ *Emozione*
□ *Volume dei Suoni*
□ *Posizione del Corpo*
□ *Suono*
□ *Peso*
□ *Movimento Personale*

**35. Una banda.**

**36. Un suono delicato.**

**37. Dell'acqua calma.**

**38. Un suono in un ambiente grande.**

**39. Un suono desiderato.**

**40. Un suono affettuoso.**

**41. Un suono domestico.**

**42. Un suono che esprime un'intensa attività.**

**43. Un rumore piacevole.**

## LISTA 3
## ORIENTAMENTO SENSORIALE

*Puoi rievocare una volta in cui hai udito:*

**44. Un suono lontano.**

**45. Un suono vicino.**

**46. Una quantità di suoni mischiati assieme.**

**47. Un suono che dà sicurezza.**

**48. Un suono che è molto reale per te.**

☐ *Vista*
☐ *Olfatto*
☐ *Tatto*
☐ *Colore*
☐ *Tono*
☐ *Movimento Esterno*
☐ *Emozione*
☐ *Volume dei Suoni*
☐ *Posizione del Corpo*
☐ *Suono*
☐ *Peso*
☐ *Movimento Personale*

## Olfatto

Il senso dell'*olfatto* è evidentemente messo in funzione da piccole particelle che si staccano dall'oggetto, che vengono così percepite viaggiando attraverso lo spazio e raggiungendo i nervi. Quando ci si pensa, a volte ciò può sembrare spiacevole, ma ci sono anche molti odori molto piacevoli.

Il senso dell'olfatto ha quattro suddivisioni, che sono per lo più delle categorie di tipi di odore.

Generalmente si considera il *gusto* come parte del senso dell'olfatto.

***Puoi rievocare una volta in cui sentisti l'odore di queste cose:***

□ *Vista*
□ *Olfatto*
□ *Tatto*
□ *Colore*
□ *Tono*
□ *Movimento Esterno*
□ *Emozione*
□ *Volume dei Suoni*
□ *Posizione del Corpo*
□ *Suono*
□ *Peso*
□ *Movimento Personale*

**1. Qualcosa di dolce.**

**2. Qualcosa di acre.**

**3. Qualcosa di oleoso.**

**4. Qualcosa di pungente.**

**5. Qualcosa di desiderabile.**

**6. Qualcosa di bruciato.**

**7. Qualcosa di stimolante.**

**8. Qualcosa di allegro.**

**9. Una persona buona.**

# LISTA 3
## ORIENTAMENTO SENSORIALE

*Puoi rievocare una volta in cui sentisti l'odore di queste cose:*

**10. Una persona felice.**

**11. Una persona piena di calore.**

**12. Un animale amichevole.**

**13. Una foglia gradevole.**

**14. Erba tagliata.**

**15. Qualcosa di appassionato.**

**16. Qualcosa che desideravi.**

**17. Qualcosa che gettasti via.**

**18. Un uccello.**

**19. Qualcosa di eccitante.**

**20. Qualcosa di desiderabile.**

**21. Un bambino.**

**22. Cipria.**

**23. Profumo.**

☐ *Vista*
☐ *Olfatto*
☐ *Tatto*
☐ *Colore*
☐ *Tono*
☐ *Movimento Esterno*
☐ *Emozione*
☐ *Volume dei Suoni*
☐ *Posizione del Corpo*
☐ *Suono*
☐ *Peso*
☐ *Movimento Personale*

*Puoi rievocare una volta in cui sentisti l'odore di queste cose:*

**24. Rossetto.**

**25. Cuoio.**

**26. Fumo di pipa.**

**27. Sudore.**

☐ *Vista*
☐ *Olfatto*
☐ *Tatto*
☐ *Colore*
☐ *Tono*
☐ *Movimento Esterno*
☐ *Emozione*
☐ *Volume dei Suoni*
☐ *Posizione del Corpo*
☐ *Suono*
☐ *Peso*
☐ *Movimento Personale*

**28. Lana.**

**29. Lenzuola pulite.**

**30. Aria fresca.**

**31. Un mazzo di fiori.**

**32. Denaro.**

**33. Carta.**

**34. Mobilio.**

**35. Un bellissimo mattino.**

**36. Una festa.**

**37. Un odore piacevole che sia davvero reale per te.**

# LISTA 3
## ORIENTAMENTO SENSORIALE

*Puoi rievocare una volta in cui hai assaggiato queste cose:*

**1. Minestra.**

**2. Uova.**

**3. Pane.**

**4. Biscotti.**

**5. Caffè.**

**6. Tè.**

**7. Latte.**

**8. Cereali.**

**9. Gnocchi.**

**10. Pesce.**

**11. Carne di manzo.**

**12. Pollo.**

**13. Una bistecca.**

**14. Anatra.**

☐ *Vista*
☐ *Olfatto*
☐ *Tatto*
☐ *Colore*
☐ *Tono*
☐ *Movimento Esterno*
☐ *Emozione*
☐ *Volume dei Suoni*
☐ *Posizione del Corpo*
☐ *Suono*
☐ *Peso*
☐ *Movimento Personale*

141

*Puoi rievocare una volta in cui hai assaggiato queste cose:*

**15. Ripieno.**

**16. Formaggio.**

**17. Filetto.**

**18. Patate.**

☐ *Vista*
☐ *Olfatto*
☐ *Tatto*
☐ *Colore*
☐ *Tono*
☐ *Movimento Esterno*
☐ *Emozione*
☐ *Volume dei Suoni*
☐ *Posizione del Corpo*
☐ *Suono*
☐ *Peso*
☐ *Movimento Personale*

**19. Anguria.**

**20. Un cocktail.**

**21. Un liquore.**

**22. Un panino caldo.**

**23. Gelatina.**

**24. Gelato.**

**25. Budino.**

**26. Caramelle.**

**27. Sottaceti.**

**28. Punch.**

# Lista 3
## Orientamento Sensoriale

*Puoi rievocare una volta in cui hai assaggiato queste cose:*

**29. Un ortaggio.**

**30. Una mela.**

**31. Un'arancia.**

**32. Un frutto.**

**33. Torta.**

**34. Qualcosa che pensavi fosse davvero ben cucinato.**

**35. Qualcosa che ti piace mangiare crudo.**

**36. Un biscotto.**

**37. Un cracker.**

**38. Carne.**

**39. Qualcosa di freddo.**

**40. Qualcosa di caldo.**

**41. Il tuo piatto preferito.**

☐ *Vista*
☐ *Olfatto*
☐ *Tatto*
☐ *Colore*
☐ *Tono*
☐ *Movimento Esterno*
☐ *Emozione*
☐ *Volume dei Suoni*
☐ *Posizione del Corpo*
☐ *Suono*
☐ *Peso*
☐ *Movimento Personale*

*Puoi rievocare una volta in cui hai assaggiato queste cose:*

**42. Qualcosa in un posto chic.**

**43. Qualcosa ad una festa.**

**44. Qualcosa all'aperto.**

☐ *Vista*
☐ *Olfatto*
☐ *Tatto*
☐ *Colore*
☐ *Tono*
☐ *Movimento Esterno*
☐ *Emozione*
☐ *Volume dei Suoni*
☐ *Posizione del Corpo*
☐ *Suono*
☐ *Peso*
☐ *Movimento Personale*

**45. Qualcosa in vacanza.**

**46. Qualcosa quando avevi molta fame.**

**47. Qualcosa che era raro.**

**48. Qualcosa che ti ha fatto sentir bene.**

**49. Qualcosa per cui sei stato grato.**

**50. Qualcosa per cui avevi atteso molto tempo.**

**51. Qualcosa che non eri stato in grado di ottenere.**

**52. Qualcosa che hai rubato.**

# Lista 3
## Orientamento Sensoriale

## Tatto

Il senso del *tatto* è quel canale di comunicazione che informa il sistema centrale di controllo del corpo ogni volta che una parte del corpo entra in contatto con l'universo materiale, con altri organismi o con il proprio organismo. Il senso del tatto, probabilmente il senso più antico in rapporto al sistema nervoso centrale, è suddiviso in quattro parti. La prima è la *pressione*, la seconda è la *frizione*, la terza è la sensazione di *caldo* o *freddo* e l'ultima è l'*untuosità*.

Allo stesso modo in cui uno può essere duro di orecchi o avere una vista scarsa, il suo senso del tatto può essere ottuso, o addirittura quasi assente. Questa condizione è nota come *insensibilità*. Proprio come nel caso degli altri percetti, la sensazione del tatto può essere piacevole, spiacevole o dolorosa. Quando una persona è stata considerevolmente danneggiata, ad esempio in un incidente, in caso di malattia o ferita, essa tende a troncare la comunicazione con l'universo fisico e gli altri organismi, esattamente come taglia la comunicazione facendosi venire una cattiva vista, diventando dura d'orecchi e così via. Il senso del tatto non solo può essere ottuso in certe persone, ma può essere troppo acuto in altre - nelle quali questo canale sensoriale è aberrato - al punto da cercare di contattare il pericolo più accanitamente di quanto il pericolo stesso non esista. Una delle manifestazioni di un senso del tatto aberrato è una ipersensibilità al contatto sessuale, che lo rende doloroso o angosciante, o un'insensibilità durante questo contatto, al punto che la sensazione può essere quasi assente. Il senso del tatto è molto importante, in quanto esso è in parte responsabile del piacere, come nel caso del sesso, ed è in larga misura responsabile della sensazione che ci è nota come dolore fisico. Il senso del tatto si estende dal sistema nervoso centrale fino alla superficie della pelle e quindi è strettamente connesso e intimamente in contatto con l'universo fisico. I sistemi di vista, udito ed olfatto entrano generalmente in contatto con le cose da lontano, mentre il tatto è sensibile solo a breve distanza o in caso di effettivo contatto. Il tatto è in parte responsabile del piacere che ci procura il cibo e, per questa sua caratteristica, interagisce con il senso del gusto.

Se vuoi una dimostrazione di quanto il senso del tatto sia utilizzato poco e male da molte persone, prova a mettere la mano in modo amichevole sulla spalla di qualcuno. Saranno fin troppe le persone che la scanseranno o che eviteranno il contatto. Un senso del tatto aberrato è parzialmente responsabile della ripugnanza per il cibo, come anche dell'impotenza e dell'avversione per i rapporti sessuali. La riabilitazione del senso del tatto può fare molto per ripristinare la fiducia nel proprio ambiente ed elevare considerevolmente la sopravvivenza, consentendo alle persone di provare piacere quando prima, magari, non potevano provare che disgusto.

*Puoi rievocare un episodio in cui hai sentito (con il tatto):*

☐ *Vista*
☐ *Olfatto*
☐ *Tatto*
☐ *Colore*
☐ *Tono*
☐ *Movimento Esterno*
☐ *Emozione*
☐ *Volume dei Suoni*
☐ *Posizione del Corpo*
☐ *Suono*
☐ *Peso*
☐ *Movimento Personale*

**1. La pressione sui tuoi piedi mentre stavi in piedi.**

**2. Una forchetta.**

**3. Una superficie grassa.**

**4. La pressione di una poltrona al cinema.**

**5. Un volante.**

**6. Un gatto.**

**7. Un'altra persona.**

**8. Abiti freschi.**

**9. I tuoi capelli.**

**10. Un bambino.**

## LISTA 3
## ORIENTAMENTO SENSORIALE

*Puoi rievocare un episodio in cui hai sentito (con il tatto):*

**11. Qualcosa che ammiravi.**

**12. Qualcosa di nuovo.**

**13. Un braccio.**

**14. Una palla.**

**15. Una poltrona.**

**16. Un colletto.**

**17. Un attizzatoio.**

**18. Uno strumento musicale.**

**19. Qualcosa di comodo.**

**20. Qualcosa che ti dava fiducia.**

**21. Qualcosa di brillante.**

**22. Una scrivania.**

**23. Una ragazza.**

**24. Un ragazzo.**

**25. Un pesce.**

**26. Una bambola.**

☐ *Vista*
☐ *Olfatto*
☐ *Tatto*
☐ *Colore*
☐ *Tono*
☐ *Movimento Esterno*
☐ *Emozione*
☐ *Volume dei Suoni*
☐ *Posizione del Corpo*
☐ *Suono*
☐ *Peso*
☐ *Movimento Personale*

SELF-ANALISI
L. RON HUBBARD

*Puoi rievocare un episodio in cui hai sentito (con il tatto):*

27. **Seta.**

28. **Velluto.**

29. **Il tuo orecchio.**

30. **Il tuo corpo.**

31. **Qualcosa che ti ha fatto sentire entusiasta.**

□ *Vista*
□ *Olfatto*
□ *Tatto*
□ *Colore*
□ *Tono*
□ *Movimento Esterno*
□ *Emozione*
□ *Volume dei Suoni*
□ *Posizione del Corpo*
□ *Suono*
□ *Peso*
□ *Movimento Personale*

32. **Qualcosa che ti ha deliziato.**

33. **Qualcosa che desideravi ardentemente.**

34. **Qualcuno che era fedele.**

35. **Un bambino felice.**

36. **Una mano generosa.**

37. **Una buona macchina.**

38. **Una lettera gradita.**

39. **Un giornale che conteneva buone notizie.**

40. **Un telefono quando ricevesti buone notizie.**

41. **Un cappello.**

# LISTA 3
## ORIENTAMENTO SENSORIALE

*Puoi rievocare un episodio in cui hai sentito (con il tatto):*

42. Un volto caro.

43. Una ringhiera delle scale.

44. Un oggetto simpatico.

45. Un oggetto in movimento.

46. Un oggetto che amavi.

47. Un nemico che si stava facendo male.

48. Una persona ben educata.

49. Qualcosa di carino.

50. Qualcosa che ti ha fatto gioire.

51. Un cibo che ti piaceva.

52. Qualcosa in cui credevi.

53. Qualcosa che ti piaceva accarezzare.

54. Una persona forte.

55. Una persona piccola.

☐ *Vista*
☐ *Olfatto*
☐ *Tatto*
☐ *Colore*
☐ *Tono*
☐ *Movimento Esterno*
☐ *Emozione*
☐ *Volume dei Suoni*
☐ *Posizione del Corpo*
☐ *Suono*
☐ *Peso*
☐ *Movimento Personale*

*Puoi rievocare un episodio in cui hai sentito (con il tatto):*

**56. Acqua che ti ha procurato piacere.**

**57. Una doccia.**

**58. Una persona vecchia.**

☐ *Vista*
☐ *Olfatto*
☐ *Tatto*
☐ *Colore*
☐ *Tono*
☐ *Movimento Esterno*
☐ *Emozione*
☐ *Volume dei Suoni*
☐ *Posizione del Corpo*
☐ *Suono*
☐ *Peso*
☐ *Movimento Personale*

**59. Qualcosa di caldo.**

**60. Qualcosa di freddo.**

**61. Un vento.**

**62. Una persona assonnata.**

**63. Un letto fresco in una notte calda.**

**64. Qualcosa che ti rese entusiasta.**

**65. Qualcosa che hai toccato questa mattina.**

**66. Qualcosa che stai toccando ora.**

# LISTA 3
## ORIENTAMENTO SENSORIALE

## EMOZIONE PERSONALE

Ci sono molte *emozioni*. Le principali sono *felicità, noia, antagonismo, collera, ostilità nascosta, paura, afflizione* ed *apatia*. Le altre emozioni, in genere, non sono altro che quelle qui elencate, con un'intensità maggiore o minore. Ad esempio, il terrore è un'intensa paura. La tristezza è una piccola quantità di afflizione. L'abbattimento è una piccola parte di apatia. L'amore è un'intensa felicità indirizzata in una determinata direzione. Queste emozioni formano una scala graduale che, in Dianetics, costituisce la sezione emozionale della Scala del Tono. L'emozione che sta più in alto è la felicità, mentre l'apatia occupa il livello più basso. Una persona può trovarsi emotivamente a qualsiasi livello di questa Scala del Tono in modo cronico. Tende a muoversi in su o in giù su questa scala attraverso le varie emozioni elencate nell'ordine in cui esse appaiono nella seconda frase.

L'emozione controlla o regola il sistema endocrino. Le percezioni ed il sistema nervoso centrale richiedono che certe secrezioni emozionali agiscano da catalizzatore sul corpo al fine di permettergli di far fronte alle varie situazioni nell'ambiente. L'emozione è tra le cose più esposte all'aberrazione. Ci sono persone che hanno la sensazione di dover essere perennemente tristi, anche quando le circostanze in cui si trovano dovrebbero renderle felici. Ci sono persone che credono di dover essere felici indipendentemente dal loro ambiente, e che tuttavia sono in uno stato miserevole. La maggior parte delle persone non provano emozioni, ma *mis-emozioni*, nel senso che non reagiscono alle situazioni del loro ambiente con le emozioni che razionalmente dovrebbero mostrare. L'ordine sociale ha confuso la razionalità con l'emotività. Di fatto, una persona pienamente razionale dovrebbe essere perfettamente in grado di rispondere allo stimolo del suo ambiente. Essere razionale non vuol dire essere freddo e calcolatore. Si può ritenere che una persona razionalmente felice sia quella in grado di fare i calcoli migliori. Se le emozioni non sono libere non si possono apprezzare le cose belle dell'ambiente come si dovrebbe. Quando non si sa essere liberamente emotivi, ne consegue una mancanza di apprezzamento per l'arte e la musica.

La persona che ritiene di dover avere il sangue freddo per essere razionale è ciò che in Dianetics si definisce un "caso di controllo" ed esaminandola si scoprirà che è ben lontana dall'essere razionale quanto potrebbe. La gente che a causa delle sue aberrazioni non sa sperimentare emozioni è in genere gente malata. Chi sta bene può provare emozioni.

Disturbi al sistema endocrino, come alla tiroide, al pancreas e ad altre ghiandole, si presentano a causa di aberrazioni che riguardano le emozioni. In Dianetics, dopo aver condotto vari test, è stato dimostrato definitivamente che la funzione controlla la struttura. Per un uomo o una donna che siano sessualmente aberrati, le iniezioni di ormoni servono poco o niente alla rimozione delle aberrazioni mentali che rendono inefficaci le iniezioni. La rimozione delle aberrazioni emozionali riabilita il sistema endocrino così che le iniezioni di solito non sono nemmeno necessarie. Quando la reazione emozionale di una persona si congela, essa può aspettarsi vari problemi fisici, come ulcere, condizioni di ipotiroidismo, diabete ed altre malattie imputabili in modo più o meno diretto al sistema endocrino.

Una mis-emotività inibita o eccessiva è una delle cose più distruttive che possano capitare all'organismo umano. Una persona che sia in uno stato di tale aberrazione è incapace di sperimentare la felicità e così di godersi la vita. Il suo corpo fisico non prospererà.

*Puoi rievocare un episodio in cui:*

**1. Qualcuno era in collera.**

**2. Qualcuno voleva qualcosa.**

**3. Desideravi qualcosa.**

**4. Eri felice.**

# LISTA 3
## ORIENTAMENTO SENSORIALE

*Puoi rievocare un episodio in cui:*

**5. Eri compiaciuto.**

**6. Hai vinto comportandoti da antagonista.**

**7. Ti sentivi affettuoso.**

**8. Ammiravi qualcosa.**

**9. Qualcosa era amabile.**

**10. Eri divertito.**

**11. Hai dato la tua approvazione a un oggetto.**

**12. Sei stato sorpreso da qualcosa di piacevole.**

**13. Hai attaccato qualcosa con successo.**

**14. Hai attaccato qualcuno.**

**15. Eri "attaccato" a qualcosa.**

**16. Sei dovuto arrossire.**

**17. Ti sentivi audace.**

- *Vista*
- *Olfatto*
- *Tatto*
- *Colore*
- *Tono*
- *Movimento Esterno*
- *Emozione*
- *Volume dei Suoni*
- *Posizione del Corpo*
- *Suono*
- *Peso*
- *Movimento Personale*

*Puoi rievocare un episodio in cui:*

**18. Non te ne importava niente.**

**19. Eri pieno di energia.**

**20. Hai scoperto di non essere maldestro.**

**21. Eri soddisfatto.**

☐ *Vista*
☐ *Olfatto*
☐ *Tatto*
☐ *Colore*
☐ *Tono*
☐ *Movimento Esterno*
☐ *Emozione*
☐ *Volume dei Suoni*
☐ *Posizione del Corpo*
☐ *Suono*
☐ *Peso*
☐ *Movimento Personale*

**22. Ti sei preso cura di qualcuno.**

**23. Eri fiducioso.**

**24. Hai influenzato qualcuno.**

**25. Eri contento di essere inoperoso.**

**26. Qualcuno era paziente.**

**27. Ti godevi la vita.**

**28. Eri gioioso.**

**29. Ridevi.**

**30. Eri innamorato.**

**31. Hai ricevuto buone notizie.**

# LISTA 3
## ORIENTAMENTO SENSORIALE

*Puoi rievocare un episodio in cui:*

**32. Ti godevi la musica.**

**33. Pensavi che fosse una cosa carina.**

**34. Ti sentivi sazio.**

**35. Eri appassionato.**

**36. Hai evitato che qualcosa accadesse.**

**37. Hai prodotto qualcosa.**

**38. Eri lieto di evitare una lite.**

**39. Eri lieto di far del male a qualcuno.**

**40. Ti sei rallegrato.**

**41. Ti sei sentito molto al sicuro.**

**42. Ti sei sbellicato dalle risa.**

**43. Ti godevi il silenzio.**

**44. Sei dovuto andare a letto.**

**45. Trovavi che era una splendida giornata.**

☐ *Vista*
☐ *Olfatto*
☐ *Tatto*
☐ *Colore*
☐ *Tono*
☐ *Movimento Esterno*
☐ *Emozione*
☐ *Volume dei Suoni*
☐ *Posizione del Corpo*
☐ *Suono*
☐ *Peso*
☐ *Movimento Personale*

*Puoi rievocare un episodio in cui:*

**46. Hai vinto la lotta.**

**47. Hai sottomesso una persona.**

**48. Hai conquistato qualcosa.**

**49. Hai ottenuto ciò che volevi.**

☐ *Vista*
☐ *Olfatto*
☐ *Tatto*
☐ *Colore*
☐ *Tono*
☐ *Movimento Esterno*
☐ *Emozione*
☐ *Volume dei Suoni*
☐ *Posizione del Corpo*
☐ *Suono*
☐ *Peso*
☐ *Movimento Personale*

**50. Hai sorpreso qualcuno.**

**51. Hai contribuito.**

**52. Ti è stato permesso di occuparti di qualcosa.**

**53. Eri lieto di non doverti sentire dispiaciuto.**

**54. Hai scoperto che l'ansia era inutile.**

**55. Hai scoperto che i tuoi sospetti erano infondati.**

**56. Alla fine te ne sei liberato.**

**57. Hai fatto smettere a qualcuno di essere terrorizzato.**

# Lista 3
## Orientamento Sensoriale

*Puoi rievocare un episodio in cui:*

**58. Eri felice.**

**59. Qualcuno ti capiva.**

**60. Qualcuno ti ascoltava con rispetto.**

**61. Ti sentivi pieno di energia.**

**62. Eri vigoroso.**

**63. Sapevi che era ben fatto.**

**64. Non dovevi più aspettare.**

**65. Ti piaceva osservare.**

**66. Hai fatto smettere di piangere qualcuno.**

**67. Gironzolavi a tuo piacimento.**

**68. Ti sentivi libero.**

**69. Aiutavi qualcuno.**

**70. Ti sentivi giovane.**

**71. Avevi vinto.**

- ☐ *Vista*
- ☐ *Olfatto*
- ☐ *Tatto*
- ☐ *Colore*
- ☐ *Tono*
- ☐ *Movimento Esterno*
- ☐ *Emozione*
- ☐ *Volume dei Suoni*
- ☐ *Posizione del Corpo*
- ☐ *Suono*
- ☐ *Peso*
- ☐ *Movimento Personale*

*Puoi rievocare un episodio in cui:*

**72. Eri lieto di stare in compagnia.**

**73. Eri lieto di andartene.**

**74. Ti piaceva l'emozione.**

**75. Ti divertiva muoverti.**

☐ *Vista*
☐ *Olfatto*
☐ *Tatto*
☐ *Colore*
☐ *Tono*
☐ *Movimento Esterno*
☐ *Emozione*
☐ *Volume dei Suoni*
☐ *Posizione del Corpo*
☐ *Suono*
☐ *Peso*
☐ *Movimento Personale*

**76. Il movimento ti ha dato gioia.**

**77. Hai intravisto qualcosa che stavi aspettando.**

**78. Hai ricevuto un regalo che ti piaceva.**

**79. Hai scoperto qualcosa.**

**80. Hai spinto via qualcosa.**

**81. Hai tirato qualcosa verso di te.**

**82. Hai prodotto qualcosa.**

**83. Ne eri orgoglioso.**

**84. Hai levato in alto qualcosa.**

# Lista 3
## Orientamento Sensoriale

*Puoi rievocare un episodio in cui:*

85. **Sei prevalso.**

86. **Hai incanalato qualche energia.**

87. **Hai reso il tempo piacevole.**

88. **Eri felice di essere con un amico.**

89. **Ti sei fatto obbedire da qualcosa.**

90. **Eri felice di essere offensivo.**

91. **Ti sei reso conto di avere avuto fortuna.**

92. **Hai superato l'antagonismo.**

93. **Hai trovato che era divertente saltare.**

94. **Hai finito di lavorare.**

95. **Non avevi più bisogno di sedere lì.**

96. **Ti sei reso conto che era l'ultimo giorno di scuola.**

97. **Eri felice che fosse vero.**

☐ *Vista*
☐ *Olfatto*
☐ *Tatto*
☐ *Colore*
☐ *Tono*
☐ *Movimento Esterno*
☐ *Emozione*
☐ *Volume dei Suoni*
☐ *Posizione del Corpo*
☐ *Suono*
☐ *Peso*
☐ *Movimento Personale*

*Puoi rievocare un episodio in cui:*

**98. Ti sentivi virtuoso.**

**99. Sapevi di aver mostrato coraggio.**

**100. Il tuo desiderio è stato appagato.**

**101. Sei riuscito nel tuo inganno.**

☐ *Vista*
☐ *Olfatto*
☐ *Tatto*
☐ *Colore*
☐ *Tono*
☐ *Movimento Esterno*
☐ *Emozione*
☐ *Volume dei Suoni*
☐ *Posizione del Corpo*
☐ *Suono*
☐ *Peso*
☐ *Movimento Personale*

**102. Hai vinto lo scoramento.**

**103. Eri lieto che fosse tutto finito.**

**104. Hai aspettato impazientemente.**

**105. Li hai dispersi.**

**106. Sapevi riconoscere la differenza.**

**107. Uno dei tuoi genitori era orgoglioso di te.**

**108. Qualcuno ti è stato fedele.**

**109. Sei sfuggito.**

**110. Hai scoperto di esserti nascosto senza motivo.**

## LISTA 3
## ORIENTAMENTO SENSORIALE

*Puoi rievocare un episodio in cui:*

**111. Hai spaventato qualcuno.**

**112. Hai superato il conservatorismo.**

**113. Hai scoperto un amico.**

**114. Eri cordiale.**

**115. Hai fatto qualcosa di proibito e l'hai passata liscia.**

**116. Hai messo alla porta qualcuno.**

**117. Hai guarito qualcosa.**

**118. Sei entrato in possesso di un animale da compagnia.**

**119. È stato un sollievo.**

**120. Hai scoperto che non ti eri fatto male.**

**121. Hai ricevuto una telefonata piacevole.**

**122. Le tue entrate erano aumentate.**

**123. Hai scoperto di avere influenza.**

☐ *Vista*
☐ *Olfatto*
☐ *Tatto*
☐ *Colore*
☐ *Tono*
☐ *Movimento Esterno*
☐ *Emozione*
☐ *Volume dei Suoni*
☐ *Posizione del Corpo*
☐ *Suono*
☐ *Peso*
☐ *Movimento Personale*

*Puoi rievocare un episodio in cui:*

**124. Eri ambizioso.**

**125. Hai avuto successo.**

**126. Hai trovato che dopo tutto non lo volevi.**

**127. Hai sconfitto la povertà.**

☐ *Vista*
☐ *Olfatto*
☐ *Tatto*
☐ *Colore*
☐ *Tono*
☐ *Movimento Esterno*
☐ *Emozione*
☐ *Volume dei Suoni*
☐ *Posizione del Corpo*
☐ *Suono*
☐ *Peso*
☐ *Movimento Personale*

**128. Molti erano orgogliosi di te.**

**129. Eri amato.**

**130. Si sono rallegrati per te.**

**131. Sei stato considerato degno di nota.**

**132. Hai conservato un segreto.**

**133. Qualcuno ha creduto in te.**

**134. Capivi.**

**135. Hai mostrato la tua abilità.**

**136. Piacevi alle persone.**

**137. Qualcuno era felice.**

# Lista 3
## Orientamento Sensoriale

*Puoi rievocare un episodio in cui:*

**138. Qualcuno ti ha apprezzato.**

**139. Avevi la sensazione di aver fatto un buon lavoro.**

**140. Un bambino ti amava.**

**141. Un amico aveva bisogno di te.**

**142. Hanno riso per la tua battuta.**

**143. Tutti sono restati sorpresi.**

**144. Eri richiesto.**

**145. Sei stato invitato.**

**146. Qualcuno ti ha fatto realizzare che eri forte.**

**147. Eri importante.**

**148. Scopristi che eri necessario.**

**149. Ne valeva la pena.**

**150. Sapevi di aver fatto piacere.**

☐ *Vista*
☐ *Olfatto*
☐ *Tatto*
☐ *Colore*
☐ *Tono*
☐ *Movimento Esterno*
☐ *Emozione*
☐ *Volume dei Suoni*
☐ *Posizione del Corpo*
☐ *Suono*
☐ *Peso*
☐ *Movimento Personale*

*Puoi rievocare un episodio in cui:*

**151. Stavi bene.**

**152. Qualcuno era entusiasta di te.**

**153. Hai vinto la lotta.**

**154. Sei stato creduto.**

☐ *Vista*
☐ *Olfatto*
☐ *Tatto*
☐ *Colore*
☐ *Tono*
☐ *Movimento Esterno*
☐ *Emozione*
☐ *Volume dei Suoni*
☐ *Posizione del Corpo*
☐ *Suono*
☐ *Peso*
☐ *Movimento Personale*

**155. Hai salvato qualcuno.**

**156. Hai scoperto che non eri debole.**

**157. Hanno smesso di combatterti.**

**158. Qualcuno ha cominciato ad avere timore di te.**

**159. Hai reso qualcuno una persona di successo.**

**160. Hai scacciato l'ansia.**

**161. Ti portavano rispetto.**

**162. Qualcuno era lieto che tu fossi lì.**

**163. Hai vinto il dispiacere.**

**164. Eri felice che guardassero.**

# LISTA 3
## ORIENTAMENTO SENSORIALE

*Puoi rievocare un episodio in cui:*

165. Potevi andare e venire a tuo piacimento.

166. Ti hanno dato una sedia.

167. Sei stato ricompensato.

168. Hai deciso da te.

169. Hai scoperto che avevi ragione.

170. Ti sei goduto la gioventù.

171. Hai urlato dalla gioia.

172. Hai ricevuto ciò che volevi.

173. Hanno scoperto che eri prezioso.

174. Hai arrecato grande felicità.

175. Eri lieto di averlo fatto.

176. Hai scoperto che, in fin dei conti, non eri vanitoso.

177. Li hai evitati con successo.

☐ *Vista*
☐ *Olfatto*
☐ *Tatto*
☐ *Colore*
☐ *Tono*
☐ *Movimento Esterno*
☐ *Emozione*
☐ *Volume dei Suoni*
☐ *Posizione del Corpo*
☐ *Suono*
☐ *Peso*
☐ *Movimento Personale*

*Puoi rievocare un episodio in cui:*

**178. Sei diventato importante.**

**179. Non eri più infelice.**

**180. Sei dovuto andare.**

**181. Hai conquistato qualche energia.**

☐ *Vista*
☐ *Olfatto*
☐ *Tatto*
☐ *Colore*
☐ *Tono*
☐ *Movimento Esterno*
☐ *Emozione*
☐ *Volume dei Suoni*
☐ *Posizione del Corpo*
☐ *Suono*
☐ *Peso*
☐ *Movimento Personale*

**182. Lo hai aggiustato.**

**183. Hanno scoperto che eri stato ingiustamente sospettato.**

**184. La tua comprensione era rapida.**

**185. Hai scoperto che non c'era bisogno di vergognarti.**

**186. Hai avuto successo nella tua lotta.**

**187. Sei stato lieto di stringere la mano.**

**188. Il bacio ti è piaciuto.**

**189. Era bello correre.**

**190. Sei stato in grado di ricordartelo.**

# LISTA 3
## ORIENTAMENTO SENSORIALE

*Puoi rievocare un episodio in cui:*

**191. Lo hai ripristinato.**

**192. Non sei dovuto andare a letto.**

**193. Hai evitato la rovina.**

**194. Hai trovato un rifugio.**

**195. Era bello non doversene pentire.**

**196. Sei stato fedele al tuo scopo.**

**197. Avevi un sacco di tempo.**

**198. Sei uscito.**

**199. Qualcuno era lieto che avessi scritto.**

**200. La tua gente ti ha apprezzato.**

**201. Sei cresciuto.**

**202. Potevi fare tutto il rumore che volevi.**

**203. Non era necessario fare niente.**

☐ *Vista*
☐ *Olfatto*
☐ *Tatto*
☐ *Colore*
☐ *Tono*
☐ *Movimento Esterno*
☐ *Emozione*
☐ *Volume dei Suoni*
☐ *Posizione del Corpo*
☐ *Suono*
☐ *Peso*
☐ *Movimento Personale*

SELF-ANALISI
L. RON HUBBARD

*Puoi rievocare un episodio in cui:*

**204. Hai fatto un favore a qualcuno.**

**205. È stata una meravigliosa occasione.**

**206. Eri lieto di essere innamorato.**

**207. Non potevi perdere.**

☐ *Vista*
☐ *Olfatto*   **208. Li hai entusiasmati.**
☐ *Tatto*
☐ *Colore*
☐ *Tono*      **209. Lo hai venduto.**
☐ *Movimento Esterno*
☐ *Emozione*
☐ *Volume dei Suoni*   **210. Apprezzarono la tua musica.**
☐ *Posizione del Corpo*
☐ *Suono*     **211. Hai riso per ultimo.**
☐ *Peso*
☐ *Movimento Personale*   **212. Hai scoperto che non eri pigro.**

**213. Hanno scoperto che non eri ignorante.**

**214. Volevano la tua influenza.**

**215. Non avevi bisogno di affrettarti.**

**216. Hai illuminato qualcosa di bello.**

# Lista 3
## Orientamento Sensoriale

*Puoi rievocare un episodio in cui:*

217. **Hai fatto l'impossibile.**

218. **Non ti dovevi preoccupare delle entrate.**

219. **Hai visto entrare qualcuno che ti piaceva.**

220. **Hai visto andarsene qualcuno che non ti piaceva.**

221. **Ti sentivi adatto.**

222. **I tuoi timori erano infondati.**

223. **Era lecito essere elettrizzati.**

224. **Ti sei sentito all'altezza di qualsiasi cosa.**

225. **Era un mattino radioso.**

226. **La vita era piena di brio.**

227. **Te ne lasciarono avere a sufficienza.**

228. **La bevanda fu gradita.**

229. **Eri felice di mangiare.**

☐ Vista
☐ Olfatto
☐ Tatto
☐ Colore
☐ Tono
☐ Movimento Esterno
☐ Emozione
☐ Volume dei Suoni
☐ Posizione del Corpo
☐ Suono
☐ Peso
☐ Movimento Personale

*Puoi rievocare un episodio in cui:*

**230. Era così bello abbracciare qualcuno.**

**231. Hai conseguito il risultato previsto.**

**232. Si contava su di te.**

**233. Nessuno poteva negarti niente.**

☐ *Vista*
☐ *Olfatto*  **234. Scopristi che non eri stato ingannato.**
☐ *Tatto*
☐ *Colore*
☐ *Tono*  **235. Te lo meritavi.**
☐ *Movimento Esterno*
☐ *Emozione*
☐ *Volume dei Suoni*  **236. Sei strisciato sotto le coperte.**
☐ *Posizione del Corpo*
☐ *Suono*  **237. Ti lasciarono continuare.**
☐ *Peso*
☐ *Movimento Personale*  **238. Potevi essere cocciuto quanto volevi.**

**239. Il medico aveva torto.**

**240. Qualcuno cucinò per te.**

**241. Avevi una casa graziosa.**

**242. Hai scoperto che era un bel paese.**

# LISTA 3
## ORIENTAMENTO SENSORIALE

*Puoi rievocare un episodio in cui:*

243. **Hai scoperto che non avevi bisogno di rimanere lì.**

244. **Hai ottenuto un titolo migliore.**

245. **Hai trovato qualcosa di prezioso.**

246. **Potevi frequentare chi volevi.**

247. **Hai scoperto che non era troppo complicato.**

248. **Avevano fiducia in te.**

249. **Li hai aiutati a conquistare qualcosa.**

250. **Hai potuto lasciare l'aula.**

251. **Non avevi più bisogno di andare lì.**

252. **Qualcuno è venuto quando hai chiamato.**

253. **Ti sei goduto un'automobile nuova.**

254. **Sei uscito dalla gabbia.**

255. **Hanno ammesso che eri intelligente.**

☐ *Vista*
☐ *Olfatto*
☐ *Tatto*
☐ *Colore*
☐ *Tono*
☐ *Movimento Esterno*
☐ *Emozione*
☐ *Volume dei Suoni*
☐ *Posizione del Corpo*
☐ *Suono*
☐ *Peso*
☐ *Movimento Personale*

*Puoi rievocare un episodio in cui:*

**256. Hai scoperto che le tue mani erano abili.**

**257. Hai scoperto che potevi correre più in fretta.**

**258. Hai scoperto che non dovevi preoccuparti.**

**259. Hai trovato che in fin dei conti non era stato invano.**

□ *Vista*
□ *Olfatto*
□ *Tatto*
□ *Colore*
□ *Tono*
□ *Movimento Esterno*
□ *Emozione*
□ *Volume dei Suoni*
□ *Posizione del Corpo*
□ *Suono*
□ *Peso*
□ *Movimento Personale*

**260. La speranza si è realizzata.**

**261. Avevi il diritto di pensare con la tua testa.**

**262. Hai scoperto che non avevi ragione di essere deluso.**

**263. Hai scoperto quanto eri perseverante.**

**264. Sapevi di poterti assumere la responsabilità.**

**265. Il mondo era tutto tuo.**

**266. Eri deliziato.**

**267. Ti sentivi bene questa mattina.**

## Lista 3
## Orientamento Sensoriale

# Sensazione Organica

La *sensazione organica* è il senso che comunica al sistema nervoso centrale lo stato dei vari organi del corpo. Non allarmarti se per un po' ti senti intontito e fai degli sbadigli colossali. Queste manifestazioni vanno bene e ti passeranno se rievocherai un certo numero di altri ricordi sulla stessa domanda che ti ha fatto sentire strano.

*Puoi rievocare una volta in cui:*

1. **Ti sentivi in buone condizioni fisiche.**

2. **Provavi una sensazione di benessere fisico.**

3. **Avevi appena mangiato qualcosa che ti piaceva.**

4. **La tua testa stava bene.**

5. **La tua schiena stava bene.**

6. **Ti sei sentito molto sollevato.**

7. **Eri eccitato.**

8. **Ti sentivi davvero molto vivo.**

9. **Eri orgoglioso del tuo corpo.**

☐ *Vista*
☐ *Olfatto*
☐ *Tatto*
☐ *Colore*
☐ *Tono*
☐ *Movimento Esterno*
☐ *Emozione*
☐ *Volume dei Suoni*
☐ *Posizione del Corpo*
☐ *Suono*
☐ *Peso*
☐ *Movimento Personale*

*Puoi rievocare una volta in cui:*

**10. Il tuo corpo era adeguato.**

**11. Il tuo cuore batteva tranquillamente.**

**12. Non avevi un solo malanno o dolore.**

**13. Ti sei sentito rinfrescato.**

☐ *Vista*
☐ *Olfatto*
☐ *Tatto*
☐ *Colore*
☐ *Tono*
☐ *Movimento Esterno*
☐ *Emozione*
☐ *Volume dei Suoni*
☐ *Posizione del Corpo*
☐ *Suono*
☐ *Peso*
☐ *Movimento Personale*

**14. Tutti si stavano divertendo.**

**15. Tutti e due l'avete gradito.**

**16. La tua schiena era forte.**

**17. Stavi in piedi molto diritto.**

**18. Ti piaceva la tua posizione.**

**19. Hai trovato una nuova posizione.**

**20. Avevi bisogno di una sorsata d'acqua fresca e l'hai avuta.**

**21. Ti sentivi la testa leggera.**

**22. Era bello respirare aria fresca.**

# LISTA 3
## ORIENTAMENTO SENSORIALE

*Puoi rievocare una volta in cui:*

23. **L'hai fatto sollevare.**

24. **L'hai fatto uscire.**

25. **Ti sei sentito di nuovo forte.**

26. **Avevi consumato una buona cena.**

27. **Godevi per qualcosa.**

28. **L'hai fatto con facilità.**

29. **Hai versato qualcosa.**

30. **Eri teso dall'eccitazione.**

31. **Eri rilassato.**

32. **Il tuo petto stava bene.**

33. **La tua gola stava bene.**

34. **I tuoi occhi stavano bene.**

35. **Non eri cosciente del tuo respiro.**

- ☐ *Vista*
- ☐ *Olfatto*
- ☐ *Tatto*
- ☐ *Colore*
- ☐ *Tono*
- ☐ *Movimento Esterno*
- ☐ *Emozione*
- ☐ *Volume dei Suoni*
- ☐ *Posizione del Corpo*
- ☐ *Suono*
- ☐ *Peso*
- ☐ *Movimento Personale*

*Puoi rievocare una volta in cui:*

- Vista
- Olfatto
- Tatto
- Colore
- Tono
- Movimento Esterno
- Emozione
- Volume dei Suoni
- Posizione del Corpo
- Suono
- Peso
- Movimento Personale

**36. Le tue orecchie non fischiavano.**

**37. Le tue mani hanno fatto qualcosa di competente.**

**38. Le tue gambe ti avevano servito bene.**

**39. I tuoi piedi stavano bene.**

**40. Sapevi di avere un bell'aspetto.**

## LISTA 3
## ORIENTAMENTO SENSORIALE

## MOVIMENTO PERSONALE

Tra le varie percezioni c'è quella del *movimento personale*. Si tratta della consapevolezza del cambiamento di posizione nello spazio. Molte altre percezioni contribuiscono alla consapevolezza del proprio movimento. Tra queste vi sono la vista, la sensazione del vento, i cambiamenti nel peso corporeo e l'osservazione dell'ambiente esterno. Il movimento personale, tuttavia, è una percezione sensoriale di per sé e, nel rispondere alle domande che seguono, la tua attenzione viene richiamata semplicemente sulla consapevolezza interiore di te stesso in movimento.

*Puoi rievocare una volta in cui:*

**1. Correvi.**

**2. Camminavi.**

**3. Ti godevi una passeggiata.**

**4. Hai superato qualcosa.**

**5. Hai gettato via qualcosa che non volevi.**

**6. Hai vinto un tiro alla fune.**

**7. Hai saltato alla corda.**

**8. Sei andato a cavallo.**

**9. Hai fatto qualcosa con successo nello sport.**

☐ *Vista*
☐ *Olfatto*
☐ *Tatto*
☐ *Colore*
☐ *Tono*
☐ *Movimento Esterno*
☐ *Emozione*
☐ *Volume dei Suoni*
☐ *Posizione del Corpo*
☐ *Suono*
☐ *Peso*
☐ *Movimento Personale*

*Puoi rievocare una volta in cui:*

**10. Ti sei coricato.**

**11. Ti sei alzato.**

**12. Hai girato in tondo.**

**13. Hai saltato.**

☐ *Vista*
☐ *Olfatto*
☐ *Tatto*
☐ *Colore*
☐ *Tono*
☐ *Movimento Esterno*
☐ *Emozione*
☐ *Volume dei Suoni*
☐ *Posizione del Corpo*
☐ *Suono*
☐ *Peso*
☐ *Movimento Personale*

**14. Ti sei retto in piedi su qualcosa che si muoveva.**

**15. Sei saltato su.**

**16. Hai vinto una gara.**

**17. Hai fatto qualcosa per cui sei stato ammirato fisicamente.**

**18. Ti piaceva muoverti.**

**19. Ti piaceva star fermo.**

**20. Hai additato qualcosa.**

**21. Ti sei dimostrato superiore fisicamente.**

**22. La tua mano destra ha fatto qualcosa di abile.**

# LISTA 3
## ORIENTAMENTO SENSORIALE

*Puoi rievocare una volta in cui:*

23. **La tua mano sinistra ha fatto qualcosa di abile.**

24. **Hai addomesticato un animale.**

25. **Hai avuto la meglio su un'altra persona.**

26. **Hai fatto qualcosa di fisico che ti ha fatto piacere.**

27. **Sei progredito.**

28. **Hai tenuto qualcosa vicino a te.**

29. **Hai gettato via qualcosa che non volevi.**

30. **Ti sentivi pigro.**

31. **Hai voltato la pagina di un libro che ti piaceva leggere.**

32. **Ti sei vestito.**

33. **Ti sei alzato quando volevi.**

34. **Ti piaceva far la lotta con qualcuno.**

☐ *Vista*
☐ *Olfatto*
☐ *Tatto*
☐ *Colore*
☐ *Tono*
☐ *Movimento Esterno*
☐ *Emozione*
☐ *Volume dei Suoni*
☐ *Posizione del Corpo*
☐ *Suono*
☐ *Peso*
☐ *Movimento Personale*

*Puoi rievocare una volta in cui:*

**35. Hai adoperato con successo un oggetto complicato.**

**36. Guidavi bene.**

**37. Portavi un peso.**

**38. Hai radunato assieme delle cose.**

☐ *Vista*
☐ *Olfatto*
☐ *Tatto*
☐ *Colore*
☐ *Tono*
☐ *Movimento Esterno*
☐ *Emozione*
☐ *Volume dei Suoni*
☐ *Posizione del Corpo*
☐ *Suono*
☐ *Peso*
☐ *Movimento Personale*

**39. Facevi i bagagli.**

**40. Non volevi lasciare andare qualcosa.**

**41. Ti godevi il mattino.**

**42. Hai ballato bene.**

**43. Hai divertito le persone perché lo volevi.**

**44. Hai rifiutato di fare ciò che si voleva da te e hai fatto quello che volevi tu.**

**45. Eri felice di essere te stesso.**

**46. Hai ricevuto complimenti per il tuo portamento.**

# LISTA 3
## ORIENTAMENTO SENSORIALE

*Puoi rievocare una volta in cui:*

**47. Hai stretto la mano a qualcuno che eri felice di vedere.**

**48. Hai afferrato qualcosa che desideravi.**

**49. Ti sei pettinato.**

**50. Hai preso in mano questo libro.**

**51. Ti sei seduto poco fa.**

- ☐ Vista
- ☐ Olfatto
- ☐ Tatto
- ☐ Colore
- ☐ Tono
- ☐ Movimento Esterno
- ☐ Emozione
- ☐ Volume dei Suoni
- ☐ Posizione del Corpo
- ☐ Suono
- ☐ Peso
- ☐ Movimento Personale

## Movimento Esterno

L'osservazione del *movimento esterno* avviene tramite molti canali sensoriali. La capacità di percepire il movimento nel presente e la capacità di rievocare cose che si sono mosse e percepirne il movimento sono due cose diverse. L'incapacità di percepire bene i vari movimenti che si verificano nell'ambiente è pericolosa, ma è causata dal malinteso che i movimenti che vengono percepiti siano pericolosi, mentre essi in genere non lo sono. Per ogni movimento pericoloso nell'ambiente ci sono infinite migliaia di movimenti sicuri ed amichevoli. Il fatto che il movimento sia stato pericoloso nel passato non è un motivo sufficiente per credere che tutti i movimenti siano pericolosi. Forse una delle azioni più aberranti che avvengono sopra il livello dell'incoscienza è quella di colpire all'improvviso una persona che non se lo aspetta. Schiaffeggiare i bambini, soprattutto quando non si aspettano di ricevere uno schiaffo, tende a dare alla persona una sfiducia in ogni tipo di movimento. Continuerà a diffidare del movimento persino quando raggiunge un'età in cui uno schiaffo è la cosa che meno si aspetterebbe. Nel rievocare i movimenti esterni che hai visto, sforzati di vedere i movimenti che realmente avvenivano attorno a te.

*Puoi rievocare una volta in cui:*

- *Vista*
- *Olfatto*
- *Tatto*
- *Colore*
- *Tono*
- *Movimento Esterno*
- *Emozione*
- *Volume dei Suoni*
- *Posizione del Corpo*
- *Suono*
- *Peso*
- *Movimento Personale*

**1. Qualcosa di bello si muoveva molto velocemente.**

**2. Vedesti qualcuno che non ti piaceva scappare via da te.**

**3. Ti divertivi a veder cadere la pioggia.**

**4. Ti divertivi a veder giocare i bambini.**

# LISTA 3
## ORIENTAMENTO SENSORIALE

*Puoi rievocare una volta in cui:*

**5. Gli alberi stormivano nel vento estivo.**

**6. Un ruscello scorreva quieto.**

**7. Hai giocato a palla.**

**8. Hai visto un aquilone volare.**

**9. Ridevi di gioia scendendo da un pendio.**

**10. Hai visto un uccello volare con grazia.**

**11. Ti sei accorto che la Luna si era mossa.**

**12. Hai messo in fuga un animale spaventandolo.**

**13. Hai visto qualcuno che ballava in modo aggraziato.**

**14. Hai visto un musicista esperto.**

**15. Hai visto un attore eccellente.**

**16. Hai osservato una ragazza graziosa.**

**17. Hai osservato un bambino felice.**

□ *Vista*
□ *Olfatto*
□ *Tatto*
□ *Colore*
□ *Tono*
□ *Movimento Esterno*
□ *Emozione*
□ *Volume dei Suoni*
□ *Posizione del Corpo*
□ *Suono*
□ *Peso*
□ *Movimento Personale*

*Puoi rievocare una volta in cui:*

**18. Hai messo in movimento un oggetto.**

**19. Hai fermato un oggetto.**

**20. Hai rotto qualcosa che non ti piaceva.**

**21. Hai osservato un uomo aggraziato.**

☐ *Vista*
☐ *Olfatto*
☐ *Tatto*
☐ *Colore*
☐ *Tono*
☐ *Movimento Esterno*
☐ *Emozione*
☐ *Volume dei Suoni*
☐ *Posizione del Corpo*
☐ *Suono*
☐ *Peso*
☐ *Movimento Personale*

**22. Provavi piacere ad osservare un animale feroce.**

**23. Eri contento di vedere cadere qualcosa.**

**24. Hai osservato qualcosa che girava continuamente.**

**25. Ti sei divertito a far rimbalzare qualcosa.**

**26. Eri felice di veder qualcosa innalzarsi nell'aria.**

**27. Hai osservato un cavallo veloce.**

**28. Hai udito qualcosa di rapido.**

**29. Hai visto una "stella cadente".**

**30. Hai visto l'erba muoversi al vento.**

# LISTA 3
## ORIENTAMENTO SENSORIALE

*Puoi rievocare una volta in cui:*

**31. Hai osservato la lancetta dei secondi di un orologio.**

**32. Hai visto qualcuno che non ti piaceva andarsene via da te.**

**33. Hai visto qualcuno che ti piaceva venire verso di te.**

☐ *Vista*
☐ *Olfatto*
**34. Qualcuno è corso a salutarti.** ☐ *Tatto*
☐ *Colore*
☐ *Tono*
**35. Hai visto un animale che inseguiva un altro animale.** ☐ *Movimento Esterno*
☐ *Emozione*
☐ *Volume dei Suoni*
**36. Hai mosso un oggetto.** ☐ *Posizione del Corpo*
☐ *Suono*
**37. Hai sollevato un oggetto.** ☐ *Peso*
☐ *Movimento Personale*

**38. Hai gettato a terra un oggetto.**

**39. Hai osservato un fuoco rassicurante.**

**40. Hai visto apparire una luce.**

**41. Hai visto qualcosa che entrava in qualcosa.**

*Puoi rievocare una volta in cui:*

☐ Vista
☐ Olfatto
☐ Tatto
☐ Colore
☐ Tono
☐ Movimento Esterno
☐ Emozione
☐ Volume dei Suoni
☐ Posizione del Corpo
☐ Suono
☐ Peso
☐ Movimento Personale

**42. Hai svuotato qualcosa.**

**43. Hai tirato fuori qualcosa.**

**44. Hai udito un movimento amichevole.**

**45. Hai distrutto qualcosa che non volevi.**

**46. Hai girato una pagina di questo libro.**

# LISTA 3
## ORIENTAMENTO SENSORIALE

## POSIZIONE DEL CORPO

Alcune percezioni particolari permettono di essere coscienti della posizione del proprio corpo. Queste percezioni comprendono la posizione delle giunture. Nelle domande seguenti presta attenzione, nell'episodio che rievochi, soprattutto alla *posizione del tuo corpo* nel momento in cui si verificò l'episodio.

*Puoi rievocare una volta in cui:*

1. **Provavi piacere per il solo fatto di star seduto.**

2. **Ti sei fatto faticosamente strada per uscire da un luogo in cui non volevi essere.**

3. **Stavi in piedi e ti godevi la vista.**

4. **Ti sei messo l'alluce in bocca.**

5. **Hai tentato di stare ritto a testa in giù.**

6. **Hai tentato di vedere se riuscivi a fare il contorsionista.**

7. **Hai bevuto qualcosa di gradevole.**

8. **Hai consumato un pasto eccellente.**

9. **Hai guidato una buona automobile.**

10. **Facevi qualcosa che ti piaceva.**

☐ *Vista*
☐ *Olfatto*
☐ *Tatto*
☐ *Colore*
☐ *Tono*
☐ *Movimento Esterno*
☐ *Emozione*
☐ *Volume dei Suoni*
☐ *Posizione del Corpo*
☐ *Suono*
☐ *Peso*
☐ *Movimento Personale*

*Puoi rievocare una volta in cui:*

**11. Provavi piacere a maneggiare qualcosa.**

**12. Eri competente in uno sport.**

☐ *Vista*
☐ *Olfatto*
☐ *Tatto*
☐ *Colore*
☐ *Tono*
☐ *Movimento Esterno*
☐ *Emozione*
☐ *Volume dei Suoni*
☐ *Posizione del Corpo*
☐ *Suono*
☐ *Peso*
☐ *Movimento Personale*

**13. Eri ammirato.**

**14. Eri felice.**

**15. Hai goduto dell'opportunità di sederti.**

**16. Ti sei alzato entusiasticamente per andare da qualche parte.**

**17. Ti sei sbarazzato di qualcosa.**

**18. Hai osservato un bambino che veniva istruito.**

**19. Volevi restare e sei restato.**

**20. Volevi partire e sei partito.**

LISTA 4

# Tu e
# L'Universo Fisico

Si può considerare che le missioni dell'energia vitale, o almeno alcune di esse, siano la creazione, la conservazione, il mantenimento, l'acquisizione, la distruzione, il cambiamento, l'occupazione, il raggruppamento o la dispersione di materia, energia, spazio e tempo, che sono i fattori che compongono l'universo materiale.

Fintanto che una persona crede nella propria capacità di gestire l'universo fisico e gli organismi che la circondano - e crede di poterli controllare quando necessario, o di poter lavorare in armonia con essi, e crede nella propria capacità di mostrarsi all'altezza con l'universo fisico circostante, da una posizione di superiorità e da una posizione paritetica - quella persona rimane in buona salute, stabile, equilibrata e allegra. È solo dopo aver scoperto la propria incapacità nel gestire gli organismi, la materia, l'energia, lo spazio ed il tempo e dopo che queste cose sono diventate assai dolorose, che incomincia il suo declino fisico, diventa mentalmente meno capace e ha fallimenti nella vita. Queste domande puntano a riabilitare la capacità personale di gestire organismi e l'universo fisico.

Prima di Dianetics era un errore comune ritenere che una persona fosse in salute nella misura in cui si adattava al suo ambiente. Nulla potrebbe essere meno funzionale di questo postulato di "adattamento". Chiunque si fosse preso la briga di metterlo a confronto con la realtà, avrebbe scoperto che il successo dell'Uomo dipende dalla sua capacità di padroneggiare il suo ambiente e di cambiarlo. L'Uomo ha successo perché adatta il proprio ambiente a *sé*, non perché lui si adatta all'ambiente.

Il postulato "dell'adattarsi" è senz'altro un postulato perfidamente pericoloso, dato che cerca di indottrinare la persona convincendola di dover essere schiava del proprio ambiente. Questa filosofia è pericolosa, perché la gente istruita in questo modo può essere resa schiava di quel cimitero, peggiore di ogni altro, che è lo stato assistenziale.

Comunque, questo postulato risulta molto comodo nel caso di una persona che desideri soggiogare o ridurre a nulla gli esseri umani per i suoi fini personali. Lo sforzo diretto ad adattare gli uomini al loro ambiente dando loro una "educazione sociale", punendoli se si comportano male e tentando in altri modi di sottometterli e farli a pezzi, ha riempito le prigioni ed i manicomi della società fino a farli scoppiare. Chiunque si fosse preso il disturbo di osservare l'universo reale, avrebbe scoperto questa verità: *nessun organismo vivente può essere costretto con la forza ad uno stato di adattamento e rimanere, nonostante questo, capace e affabile.* Qualsiasi allenatore di cavalli, ad esempio, sa che un cavallo non deve essere forzato o ridotto alla sottomissione se se ne vogliono conservare le capacità. Tuttavia, come si diceva nell'esercito, i muli costano molto di più degli uomini, e forse non era nell'interesse del pensiero anteriore a Dianetics conservare l'uomo in uno stato felice. Non si dovrebbe comunque essere troppo duri con queste precedenti scuole di pensiero, giacché esse non erano a conoscenza delle leggi naturali del pensiero. In assenza di questa conoscenza, i criminali possono solo essere puniti, e non curati, ed i pazzi possono soltanto essere ricondotti all'ultimo stadio della docilità. Secondo queste scuole di pensiero, più si era vicini alla morte tanto meglio era, come testimoniano la "terapia" dell'elettroshock e la chirurgia cerebrale, che erano sforzi da parte di chi si occupava di medicina mentale di avvicinarsi il più possibile all'eutanasia evitando di sconfinare nel problema legale della morte. Ora Dianetics, come disciplina che abbraccia ogni campo del pensiero, ha preso sotto la sua ala queste scuole del passato e le sta rieducando. Si è scoperto che esse abbandonano velocemente le "terapie" punitive non appena giungono a comprendere sino in fondo che queste non sono necessarie, ora che si conoscono le leggi naturali del pensiero e del comportamento.

# Lista 4
## Tu e l'Universo Fisico

Nonostante questo, non si può fare a meno di rabbrividire per il destino di centinaia di migliaia di cavie umane le cui vite e personalità sono state rovinate dai metodi, quali l'eutanasia, utilizzati nei tempi oscuri dell'irrazionalità.

La tua salute dipende in modo quasi esclusivo dalla fiducia che hai nella tua capacità di gestire l'universo fisico attorno a te e di modificare ed adattare il tuo ambiente in modo che tu possa sopravvivere in esso. Il fatto che tu non sia in grado di gestire adeguatamente il tuo ambiente, in effetti, è un inganno che ti è stato inculcato da gente aberrata in passato, in momenti in cui eri incosciente e non ti potevi difendere. Oppure quando eri piccolo e venivi diretto bene, venivi diretto male, subivi dolore, dispiaceri e turbamenti, senza aver alcun modo di esercitare il tuo diritto di gestire te stesso nel tuo ambiente.

Gli indigeni del lago Tanganica hanno un modo di pescare assai interessante. Lì, all'equatore, il sole brilla perpendicolarmente nell'acqua limpida. Gli indigeni prendono dei pezzi di legno e li legano ad una lunga corda, che tendono tra due canoe. Iniziano quindi a remare verso le secche tenendosi affiancati. Quando raggiungono le secche, i pesci si ammassano e si affollano a frotte tra gli scogli e sulla spiaggia. I pezzi di legno legati alla corda, infatti, creano delle ombre che vanno giù dritte fino al fondo del lago ed i pesci, vedendo avvicinarsi quelle ombre e quelle che sembrano delle solide sbarre proiettate dalle ombre dentro l'acqua, se ne allontanano terrorizzati, facendosi catturare.

Una persona può essere sottoposta a pressione, tormentata e manipolata da gente aberrata che le sta attorno, fino al punto di convincersi che le ombre siano realtà. Se solo tentasse di toccarle, scoprirebbe quanto esse sono sottili e penetrabili. L'atteggiamento comune, tuttavia, è quello di fuggire da esse, fino a trovarsi all'ombra di una cattiva salute, sogni infranti e di un ripudio totale di se stessi e dell'universo fisico.

Un notevole background meccanico sull'azione e sulle peculiarità dell'energia del pensiero fa sì che queste liste, usate nel modo corretto, producano un miglioramento nello stato d'essere come da aspettative.

Ma oltre e al di là di questi aspetti meccanici, il semplice riconoscere che vi sono state delle occasioni nell'esistenza individuale in cui effettivamente si è controllato l'universo fisico come si doveva, in cui si è stati in armonia con gli organismi circostanti, avvalora la realtà delle proprie capacità.

Prigioniero dell'inganno delle parole, costretto con mezzi fisici ad obbedire quand'era bambino, l'Uomo è vittima di quella che per lui è la più grande ombra e illusione: *il linguaggio*. Le parole: "Vieni qui!" dette con forza, non hanno alcuna effettiva capacità fisica di attrarre una persona verso chi le pronuncia. Tuttavia può darsi che lei si avvicini, sebbene abbia paura di farlo. È costretta ad avvicinarsi dal fatto che tante volte, in periodi precedenti della sua vita, è stata obbligata a "venir qui" con la forza fisica mentre venivano pronunciate le parole "vieni qui", al punto che è addestrata ad obbedire ad un segnale proprio come un cane. La forza fisica che in passato la faceva avvicinare è celata alla vista, ed al suo posto c'è l'ombra "vieni qui". Perciò, in questa misura, perde la propria auto-determinazione per quanto riguarda il "venir qui".

Mentre la vita continua, lei commette il grave errore di supporre che tutte le parole, senza eccezione, abbiano forza ed importanza. Coloro che le stanno intorno creano con le parole queste gabbie di ombre. Le impediscono di far questo, la obbligano a far quest'altro. Viene diretta quasi ora per ora e giorno per giorno da torrenti di parole che, nella società comune, non sono destinate ad aiutarla, ma solo a porle dei limiti, per timore degli altri. Questa fiumana di parole ha effetto solo perché fa le veci di periodi in cui la persona fu fisicamente costretta contro la sua volontà ad accettare cose che non voleva, ad interessarsi di cose di cui in realtà non sapeva che farsene o che non le piacevano, ad andare dove non voleva andare ed a fare cose che non voleva fare.

Il linguaggio va benone quando lo si interpreta come *simbolo* per l'atto o la cosa, ma la parola "posacenere" non sostituisce il posacenere in alcun modo. Se non ci credi, prova a mettere la cenere della tua sigaretta nelle onde che fluttuano nell'aria portandosi

# Lista 4
## Tu e l'Universo Fisico

dietro la parola "posacenere". Se lo chiamassi "piattino" o "elefante", quell'oggetto destinato a contenere la cenere andrebbe altrettanto bene.

Con il trucchetto del linguaggio, dunque (e si tratta di un trucco magico, del tutto immateriale) gli uomini cercano di disporre delle vite di altri uomini a proprio vantaggio e gli uomini intrappolati dalle ombre le osservano e, a proprio discapito, ci credono.

Tutte le lingue derivano dall'osservazione di materia, energia, spazio, tempo ed altri organismi nell'ambiente. Non c'è parola che non sia derivata e che non abbia la connotazione dell'universo fisico e di altri organismi.

*Quindi, nel rispondere a queste domande – rievocando gli episodi che esse evocano – fai bene attenzione a non evocare episodi verbali, ma episodi d'azione.*

*Non* stai cercando il momento in cui ti fu *detto* di fare qualcosa, stai cercando il momento in cui tu eseguisti l'*azione*. Non devi collegare in alcun modo linguaggio ed azione, ma scoprirai, via via che rispondi alle domande di una qualsiasi di queste liste, che il valore del linguaggio comincia a svalutarsi in misura notevole e che, per quanto strano possa sembrare, il linguaggio ti diventerà molto più utile.

SELF-ANALISI
L. RON HUBBARD

*Puoi rievocare una volta in cui:*

**1. Hai spostato un oggetto.**

**2. Un oggetto ti ha spostato.**

**3. Hai gettato in aria un organismo.**

**4. Sei sceso per le scale.**

☐ *Vista*
☐ *Olfatto*
☐ *Tatto*
☐ *Colore*
☐ *Tono*
☐ *Movimento Esterno*
☐ *Emozione*
☐ *Volume dei Suoni*
☐ *Posizione del Corpo*
☐ *Suono*
☐ *Peso*
☐ *Movimento Personale*

**5. Sei entrato in possesso di qualcosa che volevi.**

**6. Hai creato qualcosa di bello.**

**7. Ti sei sentito grande in un certo spazio.**

**8. Ti sei sentito orgoglioso di spostare qualcosa di pesante.**

**9. Hai usato bene l'energia.**

**10. Hai fatto un falò.**

**11. Hai perso qualcosa che non volevi.**

**12. Hai imposto qualcosa a qualcuno.**

**13. Hai promosso la sopravvivenza.**

# LISTA 4
## TU E L'UNIVERSO FISICO

*Puoi rievocare una volta in cui:*

**14. Hai passato piacevolmente il tempo.**

**15. Hai racchiuso dello spazio.**

**16. Eri padrone del tuo tempo.**

**17. Hai aperto uno spazio.**

**18. Hai manovrato bene una macchina.**

**19. Hai fermato una macchina.**

**20. Hai sollevato un oggetto.**

**21. Ti sei abbassato.**

**22. Hai distrutto qualcosa che non volevi.**

**23. Hai cambiato in meglio qualcosa.**

**24. Un organismo che non ti piaceva si allontanò da te.**

**25. Hai ottenuto qualcosa che volevi.**

**26. Hai mantenuto una persona.**

☐ Vista
☐ Olfatto
☐ Tatto
☐ Colore
☐ Tono
☐ Movimento Esterno
☐ Emozione
☐ Volume dei Suoni
☐ Posizione del Corpo
☐ Suono
☐ Peso
☐ Movimento Personale

*Puoi rievocare una volta in cui:*

**27. Hai fatto avvicinare a te qualcuno che ti piaceva.**

**28. Hai lasciato uno spazio che non ti piaceva.**

**29. Hai soggiogato dell'energia.**

**30. Hai distrutto un organismo cattivo.**

☐ *Vista*
☐ *Olfatto*
☐ *Tatto*
☐ *Colore*
☐ *Tono*
☐ *Movimento Esterno*
☐ *Emozione*
☐ *Volume dei Suoni*
☐ *Posizione del Corpo*
☐ *Suono*
☐ *Peso*
☐ *Movimento Personale*

**31. Ti sei occupato bene di un fluido.**

**32. Hai messo assieme molti oggetti piacevoli.**

**33. Hai collocato nello spazio una quantità di oggetti.**

**34. Hai gettato via oggetti indesiderati.**

**35. Hai sparso in giro molti oggetti.**

**36. Hai fatto a pezzi un oggetto indesiderato.**

**37. Hai riempito uno spazio.**

**38. Hai regolato il tempo di un'altra persona.**

# LISTA 4
## TU E L'UNIVERSO FISICO

*Puoi rievocare una volta in cui:*

39. Tenevi vicino un oggetto che desideravi.

40. Hai migliorato un oggetto.

41. Hai svuotato uno spazio che desideravi.

42. Hai percorso una distanza.

43. Hai lasciato passare il tempo.

44. Hai fatto ciò che tu stesso volevi fare.

45. Hai trionfato su un organismo.

46. Ti sei liberato di una dominazione.

47. Ti sei reso conto che stavi vivendo la tua vita.

48. Sapevi che non eri costretto a farlo.

49. Sei fuggito da uno spazio pericoloso.

50. Sei entrato in un periodo piacevole.

☐ *Vista*
☐ *Olfatto*
☐ *Tatto*
☐ *Colore*
☐ *Tono*
☐ *Movimento Esterno*
☐ *Emozione*
☐ *Volume dei Suoni*
☐ *Posizione del Corpo*
☐ *Suono*
☐ *Peso*
☐ *Movimento Personale*

LISTA 5

# ASSISTENZA ALLA FACOLTÀ DI RICORDARE

Il "ricordare" deriva, ovviamente, in modo diretto dall'azione nell'universo fisico. Come potrebbe un sordomuto insegnare ad un bambino a ricordare? Dovrebbe continuare ad imporre con la forza oggetti o azioni al bambino, ogni volta che quest'ultimo li ignorasse o li omettesse. Benché i genitori non siano sordomuti, i bambini nella prima infanzia non capiscono la lingua, e quindi imparano a "ricordare" quando, per la prima volta, la loro attenzione viene richiamata su azioni ed oggetti, spazio e tempo. Il fatto di dover subire l'imposizione di certe cose senza il proprio consenso, viola l'auto-determinazione della persona e quindi la sua capacità di gestire se stessa. Si potrebbe dire che da ciò derivano, in parte, alcuni casi di "memoria debole" di cui certa gente si vanta o si lamenta.

Poiché la lingua viene appresa al livello dell'universo fisico e dell'azione al suo interno, si può dire che una persona fa con i propri pensieri ciò che è stata costretta a fare nel suo ambiente con la materia, l'energia, lo spazio e il tempo. Così se queste cose le sono state imposte contro la sua volontà, dopo un po' lei comincerà a respingere i pensieri che riguardano questi oggetti.

Se però questi oggetti, spazi, tempi e azioni le vengono imposti in modo abbastanza costante, lei alla lunga entrerà in uno stato di apatia nei loro confronti. Non li desidererà molto, ma penserà di doverli accettare. Più avanti, a scuola, tutti i suoi mezzi di sostentamento sembreranno dipendere dal fatto di sapersi ricordare o meno la "conoscenza" che le viene imposta.

Il livello del ricordo dell'universo fisico, dunque, è conservare materia, energia, spazio e tempo. Per migliorare la memoria basta riabilitare la scelta individuale di accettazione dell'universo materiale.

Nel rispondere a queste domande si dovrebbe prestare un'attenzione particolare agli episodi più felici. Inevitabilmente, si presenteranno molti episodi spiacevoli. Ma, dove è possibile una scelta, si dovrebbe porre l'accento sugli episodi lieti o su quelli analitici. Questa lista non mira a farti ricordare occasioni in cui ricordavi, ma ha a che fare con l'acquisire cose che volevi acquisire.

## Lista 5
### Assistenza alla Facoltà di Ricordare

*Puoi ricordare una volta in cui:*

1. Hai acquisito qualcosa che volevi.

2. Hai gettato via qualcosa che non volevi.

3. Hai abbandonato qualcosa che sapevi di dover tenere.

4. Hai fatto qualcos'altro nel tempo che ti era stato assegnato.

5. Sei entrato in uno spazio che non avresti dovuto occupare.

6. Hai lasciato il luogo in cui eri tenuto a stare.

7. Eri felice di aver acquisito qualcosa che non potevi permetterti.

8. Hai allegramente sfidato le direttive che ti erano state date.

9. Eri stato mandato in un posto e hai scelto di andare in un altro.

10. Hai scelto il tuo vestiario.

11. Hai indossato qualcosa nonostante ciò che la gente avrebbe pensato.

12. Ti sei sbarazzato di qualcosa che ti annoiava.

- ☐ *Vista*
- ☐ *Olfatto*
- ☐ *Tatto*
- ☐ *Colore*
- ☐ *Tono*
- ☐ *Movimento Esterno*
- ☐ *Emozione*
- ☐ *Volume dei Suoni*
- ☐ *Posizione del Corpo*
- ☐ *Suono*
- ☐ *Peso*
- ☐ *Movimento Personale*

*Puoi ricordare una volta in cui:*

**13. Eri felice di poter scegliere tra due oggetti.**

**14. Non hai bevuto più di quanto volevi.**

**15. Sei riuscito a rifiutarti di mangiare.**

**16. Hai fatto di te stesso ciò che ti pareva.**

☐ *Vista*
☐ *Olfatto*
☐ *Tatto*
☐ *Colore*
☐ *Tono*
☐ *Movimento Esterno*
☐ *Emozione*
☐ *Volume dei Suoni*
☐ *Posizione del Corpo*
☐ *Suono*
☐ *Peso*
☐ *Movimento Personale*

**17. Hai fatto con una persona più piccola ciò che ti pareva.**

**18. Hai avuto ragione a non aver accettato qualcosa.**

**19. Hai dato via un regalo che avevi ricevuto.**

**20. Hai distrutto un oggetto che qualcuno ti ha imposto.**

**21. Avevi qualcosa che desideravi e l'hai conservata bene.**

**22. Hai strascicato i piedi di proposito.**

**23. Non hai letto il libro che ti era stato dato.**

**24. Hai rifiutato di essere posseduto.**

**25. Hai cambiato gli ordini di qualcuno.**

# Lista 5
## Assistenza alla Facoltà di Ricordare

*Puoi ricordare una volta in cui:*

**26. Hai dormito dove ti pareva.**

**27. Hai rifiutato di fare il bagno.**

**28. Hai rovinato un qualche capo di vestiario e ne sei stato contento.**

**29. Hai ottenuto ciò che volevi.**

**30. Hai ritrovato qualcosa che avevi perso.**

**31. Hai ottenuto la persona che volevi.**

**32. Hai rifiutato un partner.**

**33. Hai gettato via le coperte dal letto.**

**34. Hai fatto di testa tua.**

**35. Hai scoperto di aver avuto ragione nel rifiutarlo.**

☐ *Vista*
☐ *Olfatto*
☐ *Tatto*
☐ *Colore*
☐ *Tono*
☐ *Movimento Esterno*
☐ *Emozione*
☐ *Volume dei Suoni*
☐ *Posizione del Corpo*
☐ *Suono*
☐ *Peso*
☐ *Movimento Personale*

LISTA 6

# Sezione sul Dimenticare

È opinione comune che l'opposto di *ricordare* sia *dimenticare*. La gente confonde facilmente queste due cose, a tal punto che dimentica ciò che crede di dover ricordare e ricorda ciò che crede di dover dimenticare. La confusione più fondamentale tra *dimenticare* e *ricordare* ha a che fare, a quanto sembra, con ciò che è stato fatto fisicamente a una persona, con ciò che le è stato imposto o di cui è stata privata in termini di materia, energia, spazio e tempo.

La definizione della parola "dimenticare" si basa sull'azione di lasciar perdere qualcosa. Come potrebbe un sordomuto insegnare ad un bambino a dimenticare qualcosa? Dovrebbe, naturalmente, nascondergliela, o portargliela via ripetutamente, finché il bambino non entrasse in uno stato di apatia a proposito di quella cosa e non volesse più aver nulla a che fare con essa. Se lo facesse abbastanza a lungo da far abbandonare l'oggetto al bambino, si potrebbe dire che il bambino ha dimenticato quell'oggetto, visto che quel bambino, o qualsiasi persona, farà con i suoi pensieri ciò che ha fatto con materia, energia, spazio, tempo ed organismi attorno a sé, essendo i pensieri una riproduzione simbolica dell'universo fisico. Se un bambino è stato costretto con la forza a lasciar perdere o ad abbandonare oggetti, energia, spazi e tempo, in seguito, quando sentirà la parola "dimentica", per lui questo vorrà dire che deve abbandonare un certo pensiero. Se si trova in uno stato di apatia a proposito della perdita forzata di oggetti o del fatto di esserne stato privato nell'infanzia, finirà per dimenticarseli del tutto.

Si potrebbe dire che una persona occluderà tanti pensieri quanti sono gli oggetti che ha dovuto lasciar perdere o cedere nella sua vita. Il dolore stesso è una perdita, essendo esso accompagnato regolarmente dalla perdita di cellule del corpo. Così si può interpretare erroneamente come dolorosa la perdita di oggetti od organismi. Si possono in questo caso definire "dolorosi" dei ricordi che di fatto non contengono alcun dolore fisico, ma bisogna aver subìto un dolore fisico per comprendere che la perdita significa dolore.

Nell'educazione dei bambini spesso la punizione si associa alle occasioni in cui si vuole che un bambino lasci perdere qualcosa. In questo modo, dover lasciar perdere qualche cosa equivale ad una condizione dolorosa. Quindi il ricordare ciò che si dovrebbe dimenticare potrebbe essere erroneamente interpretato come una cosa dolorosa, ma di fatto non lo è.

Esiste un'intera filosofia che si basa sull'idea che la miglior cosa da fare con i pensieri spiacevoli sia quella di dimenticarli. Ciò deriva senz'altro da un'apatia causata da una fase iniziale dell'educazione. Generalmente, quando un bambino chiede un oggetto, sarà dapprima allegro, ma quando non lo ottiene entrerà in collera. Se non lo ottiene ancora, può darsi che pianga, alla fine entra in uno stato di apatia su quella cosa e dice che non la vuole. Questa è una delle cose che derivano dalla Scala del Tono di Dianetics e chiunque la può osservare.

Queste domande, dunque, rappresentano uno sforzo di superare le occasioni in cui è capitato di dover lasciar perdere delle cose, in cui è capitato di perderle, in cui la perdita è stata imposta con la forza. Rispondendo a queste domande, quindi, sarebbe un'ottima cosa tentare di trovare diversi episodi per ogni domanda, e soprattutto episodi molto remoti.

## Lista 6
### Sezione sul Dimenticare

*Puoi rievocare un episodio in cui:*

1. **Hai messo da parte qualcosa perché pensavi che fosse pericoloso, mentre non lo era.**

2. **Hai acquisito qualcosa che non avresti dovuto avere e l'hai tenuta.**

3. **Ti sei immischiato allegramente in tutto ciò che avresti dovuto lasciar perdere.**

4. **Sei ritornato a qualcosa da cui eri stato strappato.**

5. **Hai trovato infondato l'avvertimento di lasciar perdere qualcosa.**

6. **Hai distrutto allegramente un oggetto costoso.**

7. **Hai gettato via qualcosa che desideravi.**

8. **Hai giocato con qualcuno che avresti dovuto lasciar perdere.**

9. **Hai avuto ragione a disobbedire.**

10. **Hai letto un libro proibito.**

11. **Ti faceva piacere possedere delle cose.**

☐ *Vista*
☐ *Olfatto*
☐ *Tatto*
☐ *Colore*
☐ *Tono*
☐ *Movimento Esterno*
☐ *Emozione*
☐ *Volume dei Suoni*
☐ *Posizione del Corpo*
☐ *Suono*
☐ *Peso*
☐ *Movimento Personale*

## SELF-ANALISI
### L. RON HUBBARD

*Puoi rievocare un episodio in cui:*

☐ *Vista*
☐ *Olfatto*
☐ *Tatto*
☐ *Colore*
☐ *Tono*
☐ *Movimento Esterno*
☐ *Emozione*
☐ *Volume dei Suoni*
☐ *Posizione del Corpo*
☐ *Suono*
☐ *Peso*
☐ *Movimento Personale*

**12. Sei entrato in possesso di un oggetto pericoloso e ne hai tratto piacere.**

**13. Hai rubato del cibo e ne hai provato allegria.**

**14. Hai mangiato esattamente quello che ti pareva.**

**15. Hai aggiustato dei cavi elettrici con successo.**

**16. Hai giocato col fuoco.**

**17. Hai felicemente guidato in modo spericolato.**

**18. Hai toccato qualcosa nonostante tutti gli avvertimenti.**

**19. L'hai fatta franca.**

**20. Lei ti ha lasciato.**

**21. Tu ed alcuni amici collezionavate oggetti.**

**22. Hai felicemente toccato una cosa proibita.**

**23. L'hai ottenuto comunque.**

**24. Sei andato dove non avresti dovuto e ne hai tratto piacere.**

## LISTA 6
### SEZIONE SUL DIMENTICARE

*Puoi rievocare un episodio in cui:*

**25. Possedevi qualcosa che un tempo era proibito.**

**26. Lui ti ha lasciato.**

**27. Hai gettato via qualcosa che eri stato costretto ad accettare.**

**28. Hai trovato qualcosa che ti era stato nascosto.**

**29. Hai preso un'abitudine che non avresti dovuto prendere e ne hai tratto piacere.**

**30. Avevi ragione tu e loro avevano torto.**

**31. Hai provato piacere in uno spazio proibito.**

**32. Non avresti dovuto farlo e lo hai fatto.**

**33. La gente era felice di essersi sbagliata sul tuo conto.**

**34. Hai recuperato qualcosa che qualcuno aveva gettato via.**

**35. Hai costretto qualcuno con prepotenza a darti qualcosa che desideravi.**

☐ *Vista*
☐ *Olfatto*
☐ *Tatto*
☐ *Colore*
☐ *Tono*
☐ *Movimento Esterno*
☐ *Emozione*
☐ *Volume dei Suoni*
☐ *Posizione del Corpo*
☐ *Suono*
☐ *Peso*
☐ *Movimento Personale*

*Puoi rievocare un episodio in cui:*

**36. Hai continuato questo processing nonostante ciò che veniva detto.**

**37. Hai continuato a fare qualcosa finché non sono stati d'accordo che ne avevi il diritto.**

**38. Improvvisamente ti sei reso conto che potevi fare qualunque cosa volevi con un oggetto.**

☐ *Vista*
☐ *Olfatto*
☐ *Tatto*
☐ *Colore*
☐ *Tono*
☐ *Movimento Esterno*
☐ *Emozione*
☐ *Volume dei Suoni*
☐ *Posizione del Corpo*
☐ *Suono*
☐ *Peso*
☐ *Movimento Personale*

**39. Hai fatto qualcosa di pericoloso e l'hai passata liscia.**

**40. Il tuo gruppo alla fine ha ottenuto qualcosa che gli era stato negato.**

**41. Hai scoperto di non aver più bisogno di stare seduto lì.**

**42. Ti sei reso conto che non dovevi mai più andare a scuola.**

**43. Ti sei reso conto che era la ricreazione.**

**44. Hai marinato la scuola.**

**45. Hai fatto in modo che qualche cosa sembrasse qualcos'altro.**

LISTA 6
SEZIONE SUL DIMENTICARE

*Puoi rievocare un episodio in cui:*

46. **Hai trovato il punto in cui un adulto aveva fatto un errore.**

47. **Hai scoperto che non era ciò che dicevano che fosse.**

48. **Ti sei trovato padrone di tutti i tuoi averi.**

49. **Hai scoperto che non dovevi necessariamente andare a dormire la sera.**

50. **Anche se ti sentivi di mangiarlo, lo hai lasciato stare.**

51. **Hai mangiato qualcosa che non ti faceva bene e ne hai tratto piacere.**

52. **Ti sei lasciato andare in escandescenze e ne sei stato contento.**

53. **Improvvisamente hai deciso che non era possibile che tu fossi così cattivo.**

54. **Hai aperto una porta proibita.**

55. **L'hai fatto andare molto veloce quando avrebbe dovuto andare piano.**

☐ *Vista*
☐ *Olfatto*
☐ *Tatto*
☐ *Colore*
☐ *Tono*
☐ *Movimento Esterno*
☐ *Emozione*
☐ *Volume dei Suoni*
☐ *Posizione del Corpo*
☐ *Suono*
☐ *Peso*
☐ *Movimento Personale*

*Puoi rievocare un episodio in cui:*

**56. Hai rubato del tempo.**

**57. Hai trovato dell'amore che non sapevi ci fosse.**

**58. Hai abbandonato qualcuno e ne sei stato lieto.**

□ *Vista*
□ *Olfatto*
□ *Tatto*
□ *Colore*
□ *Tono*
□ *Movimento Esterno*
□ *Emozione*
□ *Volume dei Suoni*
□ *Posizione del Corpo*
□ *Suono*
□ *Peso*
□ *Movimento Personale*

**59. Hai rifiutato di lasciar perdere quel momento.**

**60. Sei sgattaiolato via e hai acceso un fuoco.**

**61. Non ti eri reso conto che potesse essere così buono.**

**62. Hai scoperto che giocare non era male.**

**63. Non riuscivi a capire che cosa ci fosse di male nel piacere.**

**64. Hai smesso di fare qualcosa che avresti dovuto fare per fare qualcosa che ti piaceva.**

**65. Sei entrato in possesso di uno spazio che una volta non avresti potuto avere.**

## LISTA 6
### SEZIONE SUL DIMENTICARE

*Puoi rievocare un episodio in cui:*

**66. Ti sei lasciato andare completamente ai tuoi desideri.**

**67. Non sono riusciti a tenerti lontano da quello.**

**68. Ti sei rifiutato di venire a tavola e ci sei riuscito.**

**69. Ti sei scottato lo stesso, ma non ti sei preoccupato.**

**70. Ti sei liberato di un oggetto e hai acquisito libertà.**

☐ *Vista*
☐ *Olfatto*
☐ *Tatto*
☐ *Colore*
☐ *Tono*
☐ *Movimento Esterno*
☐ *Emozione*
☐ *Volume dei Suoni*
☐ *Posizione del Corpo*
☐ *Suono*
☐ *Peso*
☐ *Movimento Personale*

LISTA 7

# FATTORI DI SOPRAVVIVENZA

Visto che la spinta fondamentale della vita è la SOPRAV-VIVENZA! e dato che una buona sopravvivenza deve contenere un'abbondanza, sono molto importanti le caratteristiche di sopravvivenza di persone, organismi, materia, energia, spazio e tempo dal punto di vista della singola persona. L'acquisizione del piacere è un incentivo verso la sopravvivenza, mentre la minaccia del dolore è ciò che allontana dalla morte. Alti ideali e principi etici elevati incrementano le potenzialità di sopravvivere dell'individuo e del gruppo. La meta ultima della sopravvivenza è l'immortalità.

I fattori che compongono la vita possono entrare in conflitto, nel senso che uno di essi può, di per sé, tanto favorire quanto ostacolare la sopravvivenza. Un coltello, ad esempio, è un fattore pro-sopravvivenza quando viene impugnato, ma contro-sopravvivenza quando è puntato al petto da qualcun altro. Via via che una persona avanza nella vita, si confonde a proposito del valore che alcune persone, vari oggetti, energia, spazio e tempo hanno per la sopravvivenza. L'individuo desidera la sopravvivenza per se stesso, la sua famiglia, i suoi figli, il suo gruppo, per la vita in generale e per l'universo fisico. La capacità personale di valutare il proprio ambiente, relativamente a quanto esso favorisca od ostacoli la sopravvivenza, si deteriora quando la persona confonde una cosa con un'altra, quando vede qualcosa che un tempo era favorevole alla sopravvivenza diventare un elemento di non-sopravvivenza, quando vede entità di non-sopravvivenza assumere qualità favorevoli alla sopravvivenza.

Naturalmente, una persona, una famiglia o un gruppo sopravvivono nel modo migliore quando le entità pro-sopravvivenza sono vicine e disponibili e non ci sono entità contro-sopravvivenza. Si potrebbe dire che la lotta della vita consiste nel procurarsi fattori pro-sopravvivenza e nel distruggere, annullare e bandire i fattori contro-sopravvivenza.

L'emozione è regolata direttamente dai fattori pro-sopravvivenza e contro-sopravvivenza presenti nella vita. Una persona è *felice* quando si procura, ed ha nelle sue vicinanze, una forte entità favorevole alla sopravvivenza, come un'altra persona, un oggetto o un animale. Non appena questa entità pro-sopravvivenza si allontana da lei, le sue reazioni emozionali peggiorano in modo direttamente proporzionale alla sua fiducia nelle proprie capacità di recuperarla. Appena l'entità minaccia di allontanarsi, la persona entra in uno stato di *antagonismo* e lotta per tenerla vicino a sé. Se l'allontanamento appare una cosa sicura, la persona entra in *collera* e, per paura che essa diventi un fattore pro-sopravvivenza per un'altra forma di vita procurandole la certezza di averla persa, arriverà persino a distruggere quell'entità. Quando si rende conto di come potrebbe essere il suo stato - oppure lo stato della sua famiglia, dei suoi figli o del suo gruppo - dopo che l'entità pro-sopravvivenza si fosse allontanata, ha *paura* che la sua perdita possa essere permanente. Quando riconosce quella che ritiene un'assenza quasi irreparabile dell'entità pro-sopravvivenza, prova *afflizione*. Quando la considera definitivamente persa, prova *apatia* e, quando è in apatia, può giungere sino al punto di dire che non la voleva. In realtà, scendendo la Scala del Tono dell'emozione a partire da antagonismo fino ad afflizione, la persona sta ancora lottando per riottenerla. Solo quando arriva ad apatia l'abbandona e la rinnega.

Nel caso di una persona, animale, oggetto, energia, spazio o tempo che minaccia la sopravvivenza di una persona, della sua famiglia, dei suoi figli o del suo gruppo, la miglior sopravvivenza si può ottenere quando tale entità è stata bandita o distrutta, oppure si trova il più lontano possibile dall'individuo, dalla sua famiglia, dai suoi figli o dal suo gruppo. Nel caso di un cane rabbioso, il pericolo maggiore esiste quando esso è più vicino e la massima sicurezza quando è più lontano

## Lista 7
## Fattori di Sopravvivenza

o è assente. Con gli oggetti contro-sopravvivenza, dunque, abbiamo la Scala del Tono rovesciata. Quando l'oggetto contro-sopravvivenza è presente e non può essere allontanato, si prova *apatia*. Quando ci si crede minacciati o si crede che la propria famiglia, i propri figli o il proprio gruppo siano minacciati da un oggetto contro-sopravvivenza a tal punto da non poterlo respingere con facilità, si prova *afflizione* (perché l'afflizione contiene qualche speranza di vittoria tramite l'ottenimento della compassione dei nostri alleati). Quando un'entità contro-sopravvivenza minaccia di avvicinarsi, si prova *paura* ammesso che si abbia la sensazione che non sia possibile attaccare direttamente. Se l'elemento contro-sopravvivenza è vicino, ma l'individuo, la sua famiglia, i suoi figli o il suo gruppo ritengono che possa essere sconfitto, anche se ormai è troppo vicino, ci sarà della *collera*. Se un'entità contro-sopravvivenza ha una vaga possibilità di avvicinarsi, verrebbe mostrato *antagonismo*. Sopra a questo livello, gli elementi contro-sopravvivenza saranno sempre più lontani o facilmente controllati, fino al punto in cui la persona può addirittura mostrare allegria nei loro riguardi, a quel punto o non ci sono più o possono essere controllati con facilità.

Le persone entrano in uno stato emozionale fisso nei confronti del proprio ambiente, quando degli elementi contro-sopravvivenza restano in modo troppo costante nel loro ambiente, o quando degli elementi pro-sopravvivenza sono troppo difficili da ottenere e non si riesce a procurarseli, ad avvicinarseli o sembrano propensi ad allontanarsi. A questi stati emozionali si mescola la confusione causata da una ridotta capacità di distinguere tra le caratteristiche pro-sopravvivenza e quelle contro-sopravvivenza di un'entità.

Un genitore è un elemento contro-sopravvivenza in quanto punisce, è troppo grande e non è possibile apportargli dei contributi, cose che diminuiscono le potenzialità di sopravvivenza di un bambino. D'altra parte, il medesimo genitore, fornendo cibo, vestiario e riparo e, cosa da non dimenticare, essendo anche un'entità che ama e può essere amata, è un'entità pro-sopravvivenza. Il genitore totalmente assente, quindi, non è uno stato di sopravvivenza soddisfacente. Il genitore presente non è uno stato di sopravvivenza soddisfacente.

Da ciò deriva un'indecisione e la persona manifesta dell'ansia nei confronti del genitore, ma questa ansia esiste a causa di molte situazioni nascoste che risalgono nel tempo fino all'inizio della vita di una persona.

Le domande che seguono sono destinate a permettere all'individuo di valutare nuovamente se la natura di persone, animali, oggetti, energie, spazio e tempo in generale è pro-sopravvivenza o contro-sopravvivenza.

## Lista 7
### Fattori di Sopravvivenza

*Puoi rievocare una volta in cui:*

1. **Una persona che non ti piaceva era nelle vicinanze.**

2. **Un individuo che ti piaceva stava al di sopra di te.**

3. **Alla fine accettasti una persona che ti piaceva.**

4. **Hai tratto piacere dal fatto di accompagnare una persona che ti piaceva.**

5. **Eri contro una persona che ti piaceva.**

6. **Ti sei conquistato una persona che ti piaceva.**

7. **Tu ed una persona che ti piaceva vi impegnaste in un'azione piacevole.**

8. **La tua azione ti permise di liberarti di qualcuno che non ti piaceva.**

9. **Provasti piacere nel vedere qualcuno che ammiravi.**

10. **Avanzasti verso una persona che ti piaceva.**

11. **Entrasti in possesso di un oggetto che adoravi.**

☐ *Vista*
☐ *Olfatto*
☐ *Tatto*
☐ *Colore*
☐ *Tono*
☐ *Movimento Esterno*
☐ *Emozione*
☐ *Volume dei Suoni*
☐ *Posizione del Corpo*
☐ *Suono*
☐ *Peso*
☐ *Movimento Personale*

# SELF-ANALISI
## L. RON HUBBARD

*Puoi rievocare una volta in cui:*

**12. Sapevi che qualcuno provava affetto per te.**

**13. Sfuggisti a una persona che temevi.**

**14. Camminavi dietro ad una persona che ti piaceva.**

☐ *Vista*
☐ *Olfatto*
☐ *Tatto*
☐ *Colore*
☐ *Tono*
☐ *Movimento Esterno*
☐ *Emozione*
☐ *Volume dei Suoni*
☐ *Posizione del Corpo*
☐ *Suono*
☐ *Peso*
☐ *Movimento Personale*

**15. Una persona che ti piaceva ti aiutò.**

**16. Eri assieme a delle persone che ti piacevano.**

**17. Per poco non incontrasti qualcuno che non ti piaceva.**

**18. Eri felice di essere solo.**

**19. Qualcuno favorì la tua ambizione.**

**20. Eri fra persone che ti piacevano.**

**21. Trovasti che qualcuno era amabile.**

**22. Una persona ti ha fatto divertire.**

**23. Finalmente non avevi bisogno di essere ansioso.**

# LISTA 7
## FATTORI DI SOPRAVVIVENZA

*Puoi rievocare una volta in cui:*

**24. Una persona che ti piaceva è comparsa all'improvviso.**

**25. Avevi un buon appetito.**

**26. Ti sei avvicinato a qualcuno che stimavi.**

**27. Qualcuno ti ha approvato.**

**28. Una persona che ti piaceva si alzò.**

**29. Sei rimasto colpito dalla bellezza di qualcuno.**

**30. Provasti piacere per un arrivo.**

**31. Scopristi che non avevi bisogno di vergognarti.**

**32. Qualcuno che ti piaceva era addormentato.**

**33. Hai aggredito un nemico con successo.**

**34. Una persona che stimavi ti ha aiutato.**

**35. Hai provato piacere per la presenza di un collega.**

☐ *Vista*
☐ *Olfatto*
☐ *Tatto*
☐ *Colore*
☐ *Tono*
☐ *Movimento Esterno*
☐ *Emozione*
☐ *Volume dei Suoni*
☐ *Posizione del Corpo*
☐ *Suono*
☐ *Peso*
☐ *Movimento Personale*

*Puoi rievocare una volta in cui:*

**36. Ti sei sentito rassicurato da una persona che ti piaceva.**

**37. Sei rimasto stupito scoprendo che dopo tutto qualcuno ti rispettava.**

**38. Hai attaccato qualcuno che non ti piaceva.**

**39. Eri legato ad un amico.**

☐ *Vista*
☐ *Olfatto*
☐ *Tatto*
☐ *Colore*
☐ *Tono*
☐ *Movimento Esterno*
☐ *Emozione*
☐ *Volume dei Suoni*
☐ *Posizione del Corpo*
☐ *Suono*
☐ *Peso*
☐ *Movimento Personale*

**40. Qualcuno che ti piaceva ti prestò attenzione.**

**41. Per qualcuno eri attraente.**

**42. Sei stato svegliato da qualcuno a cui eri affezionato.**

**43. Sei stato lieto di scoprire che qualcuno era cattivo.**

**44. Giocavi a palla.**

**45. Giocavi a far la lotta con i bambini.**

**46. Qualcuno ti considerava bello.**

**47. Hai scoperto di esserti affezionato a qualcuno.**

**48. Qualcuno che non ti piaceva ti supplicava.**

# LISTA 7
## FATTORI DI SOPRAVVIVENZA

*Puoi rievocare una volta in cui:*

49. Hai dato inizio ad un'amicizia.

50. Hai scoperto che non avevi bisogno di fare il bravo.

51. Una persona che non ti piaceva era dietro di te.

52. Stavi sotto a qualcuno che ti piaceva.

53. Qualcuno a cui eri affezionato ebbe la meglio su di te.

54. Eri di fianco al tuo amico preferito.

55. Hai scoperto che piacevi più di quanto pensassi.

56. Eri fra due amici.

57. Hai morso qualcuno che detestavi.

58. Decidesti di chiudere un occhio su un errore.

59. Ti piaceva qualcuno che apparteneva ad un'altra razza.

60. Qualcuno ti chiese di soffiare forte.

☐ *Vista*
☐ *Olfatto*
☐ *Tatto*
☐ *Colore*
☐ *Tono*
☐ *Movimento Esterno*
☐ *Emozione*
☐ *Volume dei Suoni*
☐ *Posizione del Corpo*
☐ *Suono*
☐ *Peso*
☐ *Movimento Personale*

SELF-ANALISI
L. RON HUBBARD

*Puoi rievocare una volta in cui:*

☐ *Vista*
☐ *Olfatto*
☐ *Tatto*
☐ *Colore*
☐ *Tono*
☐ *Movimento Esterno*
☐ *Emozione*
☐ *Volume dei Suoni*
☐ *Posizione del Corpo*
☐ *Suono*
☐ *Peso*
☐ *Movimento Personale*

**61. Le domande di qualcuno ti hanno fatto arrossire piacevolmente.**

**62. Qualcuno ti ha fatto sentire audace.**

**63. Eri lieto della nascita di qualcuno.**

**64. Nessuno poteva infastidirti.**

**65. Avevi raggiunto il fondo e iniziavi a risalire.**

**66. Hai fatto un cenno di saluto ad un amico.**

**67. Ti sei trovato in un séparé con una persona simpatica.**

**68. Hai spezzato il pane con qualcuno che ti piaceva.**

**69. Hai fatto colazione con qualcuno che ti piaceva.**

**70. Qualcuno ti piaceva così tanto che respiravi a fatica.**

**71. Hai portato un regalo a qualcuno.**

**72. Hai sfiorato qualcuno che ti piaceva.**

## Lista 7
### Fattori di Sopravvivenza

*Puoi rievocare una volta in cui:*

73. Qualcuno ti aiutò a costruire qualcosa.

74. Qualcuno baciò una scottatura.

75. Eri così felice che ti sembrava di scoppiare.

76. Hai seppellito qualcosa che non volevi.

77. Eri troppo occupato per vedere un nemico.

78. Sei stato a fianco di qualcuno.

79. Hai visto qualcosa che non ti piaceva in una gabbia.

80. Hai risposto alla telefonata di un amico.

81. Hai spezzato un bastone.

82. Hai catturato un nemico.

83. Non sei più dovuto stare attento.

84. Hai scoperto che a qualcuno importava.

85. Provasti piacere ad essere incurante.

☐ *Vista*
☐ *Olfatto*
☐ *Tatto*
☐ *Colore*
☐ *Tono*
☐ *Movimento Esterno*
☐ *Emozione*
☐ *Volume dei Suoni*
☐ *Posizione del Corpo*
☐ *Suono*
☐ *Peso*
☐ *Movimento Personale*

*Puoi rievocare una volta in cui:*

### 86. Un gatto che non ti piaceva si è allontanato da te.

### 87. Hai scoperto che non eri stato tu.

### 88. Non ti potevano prendere e tu te ne rendesti conto.

### 89. Eri sicuro di un amico.

☐ *Vista*
☐ *Olfatto*
☐ *Tatto*
☐ *Colore*
☐ *Tono*
☐ *Movimento Esterno*
☐ *Emozione*
☐ *Volume dei Suoni*
☐ *Posizione del Corpo*
☐ *Suono*
☐ *Peso*
☐ *Movimento Personale*

### 90. Hai scoperto di avere fascino.

### 91. Hai provato piacere per la presenza di un bambino.

### 92. Hai trovato piacevole una chiesa.

### 93. Hai scoperto che c'erano degli amici in città.

### 94. Tu ed altri avete lasciato l'aula.

### 95. Qualcuno credeva che tu fossi intelligente.

### 96. Hai scoperto che un nemico era maldestro.

### 97. Non hai dovuto vestirti come volevano gli altri.

## LISTA 7
### FATTORI DI SOPRAVVIVENZA

*Puoi rievocare una volta in cui:*

98. **Hai gettato via un colletto.**

99. **Non avevi bisogno di pettinarti.**

100. **Eri a tuo agio con una persona.**

101. **Hai visto arrivare un nemico e non l'hai affrontato.**

102. **Potevi venire quando ti pareva.**

103. **Un nemico ha dovuto obbedire al tuo comando.**

104. **Hai scoperto di essere al comando.**

105. **Hai sentito che un nemico era stato arrestato.**

106. **Eri in buona compagnia.**

107. **Hai provato commiserazione per un nemico.**

108. **Si è scoperto che eri un buon compagno.**

109. **Ti sei sentito completo.**

110. **Ti sei nascosto a un nemico.**

☐ *Vista*
☐ *Olfatto*
☐ *Tatto*
☐ *Colore*
☐ *Tono*
☐ *Movimento Esterno*
☐ *Emozione*
☐ *Volume dei Suoni*
☐ *Posizione del Corpo*
☐ *Suono*
☐ *Peso*
☐ *Movimento Personale*

*Puoi rievocare una volta in cui:*

**111. Hai condannato un nemico.**

**112. La gente si fidava di te.**

**113. Hai sgominato un nemico.**

**114. Hai fisicamente sconfitto un nemico.**

☐ *Vista*
☐ *Olfatto*
☐ *Tatto*
☐ *Colore*
☐ *Tono*
☐ *Movimento Esterno*
☐ *Emozione*
☐ *Volume dei Suoni*
☐ *Posizione del Corpo*
☐ *Suono*
☐ *Peso*
☐ *Movimento Personale*

**115. Qualcuno ha acconsentito.**

**116. Non riuscivi a contenerti.**

**117. Hai visto un nemico contrarsi.**

**118. Ti sei dimostrato molto cocciuto.**

**119. Era difficile contare i tuoi amici.**

**120. La gente si rese conto che avevi coraggio.**

**121. Il tuo corteggiamento ha avuto successo.**

**122. Hai procurato una copertura a un nemico.**

**123. Hai fatto strisciare un nemico.**

**124. Hai creato un gruppo.**

## LISTA 7
### FATTORI DI SOPRAVVIVENZA

*Puoi rievocare una volta in cui:*

**125. Hai fatto superare a qualcuno il suo malumore.**

**126. Eri felice di stare fra la folla.**

**127. Hai fatto piangere un nemico.**

**128. Hai guarito un amico.**

**129. Un nemico si è tagliato.**

**130. Hai perso un nemico nel buio.**

**131. Hai scoperto che qualcosa che non ti piaceva era morto.**

**132. Non hai prestato orecchio ad un nemico.**

**133. Hai perdonato qualcuno per averti ingannato.**

**134. Hai gettato nello scoramento qualcuno che non ti piaceva.**

**135. Hai ritardato una catastrofe.**

**136. Qualcuno era molto soddisfatto di te.**

**137. Non hai potuto negare un favore.**

☐ *Vista*
☐ *Olfatto*
☐ *Tatto*
☐ *Colore*
☐ *Tono*
☐ *Movimento Esterno*
☐ *Emozione*
☐ *Volume dei Suoni*
☐ *Posizione del Corpo*
☐ *Suono*
☐ *Peso*
☐ *Movimento Personale*

*Puoi rievocare una volta in cui:*

**138. Non potevi negare ciò che volevi.**

**139. Hai chiuso un occhio su un difetto di un amico.**

**140. Si è fatto assegnamento su di te.**

**141. Un nemico ha avuto ciò che si meritava.**

☐ *Vista*
☐ *Olfatto*
☐ *Tatto*
☐ *Colore*
☐ *Tono*
☐ *Movimento Esterno*
☐ *Emozione*
☐ *Volume dei Suoni*
☐ *Posizione del Corpo*
☐ *Suono*
☐ *Peso*
☐ *Movimento Personale*

**142. Il tuo desiderio è stato esaudito.**

**143. Sei andato via da un nemico.**

**144. Un nemico è andato via da te.**

**145. Hai fatto disperare un nemico.**

**146. Tu ed un altro siete riusciti a raggiungere una destinazione.**

**147. Il tuo gruppo ha distrutto un nemico.**

**148. La tua determinazione vinse.**

**149. Eri in grado di riconoscere la differenza.**

**150. Hai sminuito un nemico.**

**151. Hai disperso un gruppo che non ti piaceva.**

## LISTA 7
### FATTORI DI SOPRAVVIVENZA

*Puoi rievocare una volta in cui:*

**152. Hai scoperto che avevi ragione a diffidare di qualcuno.**

**153. Ti ci sei tuffato.**

**154. C'era un'abbondanza da spartire.**

**155. Non avevi alcun dubbio su qualcuno.**

**156. Hai guidato qualcuno.**

**157. Tu e una persona amica mangiavate.**

**158. Il tuo sforzo è stato ricompensato.**

**159. Eri circondato da amici.**

**160. Sei riuscito a incoraggiare qualcuno.**

**161. Hai messo fine a qualcosa che non ti piaceva.**

**162. Ti ha fatto piacere osservare qualcuno andare via.**

**163. Sapevi di averne avuto abbastanza e ti sei messo all'opera.**

**164. Qualcuno era estasiato da te.**

☐ *Vista*
☐ *Olfatto*
☐ *Tatto*
☐ *Colore*
☐ *Tono*
☐ *Movimento Esterno*
☐ *Emozione*
☐ *Volume dei Suoni*
☐ *Posizione del Corpo*
☐ *Suono*
☐ *Peso*
☐ *Movimento Personale*

SELF-ANALISI
L. RON HUBBARD

*Puoi rievocare una volta in cui:*

**165. Eri uguale a chiunque altro.**

**166. Sei sfuggito a un nemico.**

**167. Hai pareggiato i conti con qualcuno che non ti piaceva.**

**168. Hai superato un esame a dispetto di qualcuno.**

☐ *Vista*
☐ *Olfatto*
☐ *Tatto*
☐ *Colore*
☐ *Tono*
☐ *Movimento Esterno*
☐ *Emozione*
☐ *Volume dei Suoni*
☐ *Posizione del Corpo*
☐ *Suono*
☐ *Peso*
☐ *Movimento Personale*

**169. Eri eccitato da un arrivo.**

**170. Qualcuno che non ti piaceva ti è sfuggito.**

**171. Qualcuno che non ti piaceva se ne andò lontano.**

**172. Hai scoperto che una persona era stata fedele.**

**173. Hai scoperto che non avevi più bisogno di temere.**

**174. Hai dato da mangiare a qualcuno.**

**175. Hai scoperto che i tuoi nemici erano pochi.**

**176. Hai trovato qualcuno che cercavi.**

**177. Hai deciso di continuare fino alla fine.**

# LISTA 7
## FATTORI DI SOPRAVVIVENZA

*Puoi rievocare una volta in cui:*

**178. Il tuo primo nemico se ne andò da te.**

**179. Hai osservato fuggire una persona che detestavi.**

**180. Hai proibito a qualcuno di avvicinarsi a te e questi ti ha obbedito.**

**181. Sei riuscito ad usare la forza su qualcuno.**

**182. Ti sei reso conto di essere libero.**

**183. Sapevi di avere un amico.**

**184. Hai spaventato qualcuno che non ti piaceva.**

**185. Hai radunato degli amici.**

**186. Sei riuscito ad uscire dal cancello.**

**187. La gente ti ha trovato generoso.**

**188. Non hai più avuto bisogno di stare in guardia.**

**189. La gente ti ha reso felice.**

**190. Hai danneggiato una persona che non ti piaceva.**

☐ *Vista*
☐ *Olfatto*
☐ *Tatto*
☐ *Colore*
☐ *Tono*
☐ *Movimento Esterno*
☐ *Emozione*
☐ *Volume dei Suoni*
☐ *Posizione del Corpo*
☐ *Suono*
☐ *Peso*
☐ *Movimento Personale*

*Puoi rievocare una volta in cui:*

**191. Qualcuno che ti piaceva si affrettò verso di te.**

**192. Hai guarito un amico.**

**193. Hai aiutato un alleato.**

**194. Hai avuto un amico.**

☐ *Vista*
☐ *Olfatto*
☐ *Tatto*
☐ *Colore*
☐ *Tono*
☐ *Movimento Esterno*
☐ *Emozione*
☐ *Volume dei Suoni*
☐ *Posizione del Corpo*
☐ *Suono*
☐ *Peso*
☐ *Movimento Personale*

**195. Hai ostacolato un nemico.**

**196. Qualcuno ti ha gettato in aria.**

**197. Hai messo un nemico nei pasticci.**

**198. Concordavi che facesse caldo.**

**199. Hai dato la caccia ad un nemico.**

**200. Ti sei affrettato verso un gruppo.**

**201. Hai danneggiato qualcuno di cui avevi bisogno.**

**202. Hai persuaso qualcuno ad oziare.**

**203. Hai illuminato un gruppo.**

**204. Hai scoperto di aver immaginato qualcosa di brutto riguardo a qualcuno.**

**205. Tu ed un amico avete fatto l'impossibile.**

## LISTA 7
### Fattori di Sopravvivenza

*Puoi rievocare una volta in cui:*

206. È entrato qualcuno a cui avevi dato la caccia.

207. Hai scoperto che un nemico era ignorante.

208. Hai fatto spazientire qualcuno che non ti piaceva.

209. Sei stato trovato interessante.

210. La tua invenzione è stata apprezzata.

211. Hai fatto un viaggio piacevole.

212. Hai reso qualcuno gioioso.

213. Hai saltato.

214. Hai impedito a qualcuno di sbagliare.

215. Hai visto buttar fuori un nemico.

216. Hai vinto il desiderio di uccidere.

217. Qualcuno ti ha trovato gentile.

218. Sei stato baciato per la prima volta.

☐ Vista
☐ Olfatto
☐ Tatto
☐ Colore
☐ Tono
☐ Movimento Esterno
☐ Emozione
☐ Volume dei Suoni
☐ Posizione del Corpo
☐ Suono
☐ Peso
☐ Movimento Personale

*Puoi rievocare una volta in cui:*

**219. Sei caduto in piedi.**

**220. Eri in ritardo e non importava.**

**221. Hai fatto ridere la gente.**

**222. Tu ed una persona che ti piaceva eravate in ozio.**

☐ *Vista*
☐ *Olfatto*
☐ *Tatto*
☐ *Colore*
☐ *Tono*
☐ *Movimento Esterno*
☐ *Emozione*
☐ *Volume dei Suoni*
☐ *Posizione del Corpo*
☐ *Suono*
☐ *Peso*
☐ *Movimento Personale*

**223. Hai lasciato un nemico.**

**224. Ce n'era uno in meno.**

**225. Hai sorpreso un nemico a mentire.**

**226. Tu e il tuo gruppo vi godevate la vita.**

**227. Eri contento che ci fosse chiaro.**

**228. Eri felice di ascoltare.**

**229. Hai superato qualcuno più grande di te.**

**230. Hai reso qualcuno felice di essere vivo.**

**231. Hai scoperto che l'amore esisteva davvero.**

## Lista 7
### Fattori di Sopravvivenza

*Puoi rievocare una volta in cui:*

**232. La tua fortuna era eccellente.**

**233. Hai riparato una macchina per qualcuno.**

**234. Hai ricevuto della corrispondenza piacevole.**

**235. Hai conosciuto un brav'uomo.**

**236. Qualcuno imitava i tuoi modi.**

**237. Un nemico era sotto il tuo controllo.**

**238. Hai deciso di non sposarti.**

**239. Hai scoperto di essere tu il padrone.**

**240. Hai scoperto di non essere cattivo.**

**241. Hai fatto un incontro felice.**

**242. Eri fra amici.**

**243. Una persona che non ti piaceva si è presa cura di te.**

**244. Un amico ti ha fatto interessare alla musica.**

**245. La gente ti trovava misterioso.**

☐ *Vista*
☐ *Olfatto*
☐ *Tatto*
☐ *Colore*
☐ *Tono*
☐ *Movimento Esterno*
☐ *Emozione*
☐ *Volume dei Suoni*
☐ *Posizione del Corpo*
☐ *Suono*
☐ *Peso*
☐ *Movimento Personale*

*Puoi rievocare una volta in cui:*

**246. Hai scoperto che nessuno ti trovava sgradito.**

**247. Potevi fare tutto il rumore che ti pareva.**

**248. Non avevi bisogno di obbedire.**

**249. Hai fatto una cortesia a qualcuno.**

☐ *Vista*
☐ *Olfatto*
☐ *Tatto*
☐ *Colore*
☐ *Tono*
☐ *Movimento Esterno*
☐ *Emozione*
☐ *Volume dei Suoni*
☐ *Posizione del Corpo*
☐ *Suono*
☐ *Peso*
☐ *Movimento Personale*

**250. Hai scoperto che, dopo tutto, non eri stato osservato.**

**251. Lo hai fatto diventare un trattenimento di gala.**

**252. Hai offeso qualcuno che non ti piaceva.**

**253. Ti sei seduto sopra qualcuno.**

**254. Hai chiuso la porta ad un nemico.**

**255. Hai disobbedito ad un ordine e hai trovato che era lecito farlo.**

**256. Hai organizzato un gioco.**

**257. Eri lieto di partecipare.**

**258. Eri felice di un partner.**

**259. Hai preso le parti di qualcuno.**

## LISTA 7
### Fattori di Sopravvivenza

*Puoi rievocare una volta in cui:*

**260. Qualcuno ha provato passione per te.**

**261. Sei stato paziente con una persona sciocca.**

**262. Hai messo pace.**

**263. Hai provato pietà per un nemico.**

**264. Sei stato scortese e ciò è servito al tuo scopo.**

**265. Hai scoperto di non essere povero.**

**266. Hai preso posizione accanto ad un amico.**

**267. Ti sentivi potente tra i tuoi amici.**

**268. Hai trovato che qualcuno era prezioso per te.**

**269. Hai fatto ciò che preferivi fare con una persona.**

**270. Hai dato un regalo a qualcuno che ti piaceva.**

☐ *Vista*
☐ *Olfatto*
☐ *Tatto*
☐ *Colore*
☐ *Tono*
☐ *Movimento Esterno*
☐ *Emozione*
☐ *Volume dei Suoni*
☐ *Posizione del Corpo*
☐ *Suono*
☐ *Peso*
☐ *Movimento Personale*

*Puoi rievocare una volta in cui:*

**271. Hai impedito che qualcuno facesse qualcosa di sciocco.**

**272. Qualcuno pensava che eri carino.**

**273. Hai scoperto che non volevi vedere qualcuno andare in prigione.**

**274. Hai avuto ragione nel mantenere i tuoi princìpi.**

☐ *Vista*
☐ *Olfatto*
☐ *Tatto*
☐ *Colore*
☐ *Tono*
☐ *Movimento Esterno*
☐ *Emozione*
☐ *Volume dei Suoni*
☐ *Posizione del Corpo*
☐ *Suono*
☐ *Peso*
☐ *Movimento Personale*

**275. Facevi parte di una processione.**

**276. Hanno scoperto che potevi produrre.**

**277. Tu ed un amico facevate progressi.**

**278. Qualcuno ha tenuto fede ad una promessa.**

**279. La prova non è stata necessaria.**

**280. Qualcuno era orgoglioso di te.**

**281. Sei rimasto fermo nel tuo scopo.**

**282. Hanno scoperto che eri in gamba.**

**283. Hai fatto smettere una lite.**

## LISTA 7
### FATTORI DI SOPRAVVIVENZA

*Puoi rievocare una volta in cui:*

**284. Hai scoperto di saper agire velocemente.**

**285. Non era necessario stare silenziosi.**

**286. Hai sollevato un bambino.**

**287. Hai scoperto che l'inimicizia era rara.**

**288. Qualcuno ti ha letto qualcosa.**

**289. C'era pericolo e tu eri pronto.**

**290. Qualcuno è riapparso inaspettatamente.**

**291. Hai ricevuto qualcuno che ti piaceva.**

**292. Hai riconosciuto un amico.**

**293. Qualcuno ha trovato rifugio in te.**

**294. Hai scoperto che i tuoi rimpianti erano inutili.**

**295. La gente si è rallegrata con te.**

**296. Un amico si è riunito a te.**

**297. Una persona ha deciso di restare.**

☐ *Vista*
☐ *Olfatto*
☐ *Tatto*
☐ *Colore*
☐ *Tono*
☐ *Movimento Esterno*
☐ *Emozione*
☐ *Volume dei Suoni*
☐ *Posizione del Corpo*
☐ *Suono*
☐ *Peso*
☐ *Movimento Personale*

*Puoi rievocare una volta in cui:*

**298. Sei stato considerato degno di nota.**

**299. Hai ripetuto qualcosa e non ne eri dispiaciuto.**

**300. La gente ha trovato che eri stato descritto nel modo sbagliato.**

☐ *Vista*
☐ *Olfatto*
☐ *Tatto*
☐ *Colore*
☐ *Tono*
☐ *Movimento Esterno*
☐ *Emozione*
☐ *Volume dei Suoni*
☐ *Posizione del Corpo*
☐ *Suono*
☐ *Peso*
☐ *Movimento Personale*

**301. Qualcuno ha detto che assomigliavi a qualcun altro.**

**302. Hai scoperto che non avevi bisogno di rispettare qualcuno.**

**303. Hai ricostruito un'amicizia.**

**304. Hai conservato della benevolenza.**

**305. Hai rivelato un inganno.**

**306. Un amico ti si è strofinato addosso.**

**307. Hai cercato di salvare dalla rovina qualcuno che non ti piaceva.**

**308. Hai messo in fuga una persona ostile.**

**309. Hai alleviato la tristezza di qualcuno.**

**310. Hai scoperto la sicurezza.**

## LISTA 7
### FATTORI DI SOPRAVVIVENZA

*Puoi rievocare una volta in cui:*

**311. Sapevi di far parte di una scena graziosa.**

**312. Avevi ragione nel sostenere che qualcuno era una canaglia.**

**313. Hai fatto urlare una persona ostile.**

**314. Sei stato felice di scoprire che qualcuno non era ciò che sembrava.**

**315. Hai scoperto che dopo tutto non pensavi in continuazione a te stesso.**

**316. Hai mandato via qualcuno.**

**317. Hai scoperto che una persona non era così severa come avevi pensato.**

**318. Hai scosso qualcuno.**

**319. Hai gridato di gioia.**

**320. Hai provato piacere a far tacere qualcosa.**

**321. Avevi un amico al tuo fianco.**

**322. Hai provato piacere nel vedere una persona che partiva.**

☐ *Vista*
☐ *Olfatto*
☐ *Tatto*
☐ *Colore*
☐ *Tono*
☐ *Movimento Esterno*
☐ *Emozione*
☐ *Volume dei Suoni*
☐ *Posizione del Corpo*
☐ *Suono*
☐ *Peso*
☐ *Movimento Personale*

*Puoi rievocare una volta in cui:*

**323. Hai imposto il silenzio.**

**324. Hai scoperto che la tua taglia non importava.**

**325. Qualcuno ha trovato che eri abile.**

**326. Sei stato lieto di essere stato lento.**

☐ *Vista*
☐ *Olfatto*
☐ *Tatto*
☐ *Colore*
☐ *Tono*
☐ *Movimento Esterno*
☐ *Emozione*
☐ *Volume dei Suoni*
☐ *Posizione del Corpo*
☐ *Suono*
☐ *Peso*
☐ *Movimento Personale*

**327. Sei riuscito a mettere assieme un puzzle.**

**328. Eri lieto che qualcosa fosse scivoloso.**

**329. Eri contento di essere arrivato troppo presto.**

**330. Qualcuno se l'è presa con te e questo non è stato di alcun bene.**

**331. Hai legato qualcuno ad un palo.**

**332. Hai provato piacere nel far sbalordire qualcuno.**

**333. Hai scoperto che non dovevi morir di fame.**

**334. Non volevi restare e non sei restato.**

**335. Qualcuno si è attaccato a te.**

## LISTA 7
### FATTORI DI SOPRAVVIVENZA

*Puoi rievocare una volta in cui:*

**336. Qualcuno ti era ancora amico.**

**337. Qualcuno ti ha emozionato.**

**338. Ti sei fermato per parlare a qualcuno.**

**339. Hai fermato una persona ostile.**

**340. In un negozio qualcuno che ti piaceva è stato gentile con te.**

**341. Qualcuno ti ha fatto sentire meno forte.**

**342. Hai depredato una persona ostile.**

**343. Qualcuno ti ha accarezzato.**

**344. Qualcuno ha scoperto quanto eri forte.**

**345. Hai vinto una lotta.**

**346. Hai sottomesso una persona scortese.**

**347. Hai scoperto di avere un subalterno.**

**348. Hai soggiogato una persona ostile.**

**349. Sei riuscito nonostante gli altri.**

**350. Hai fatto soffrire una persona a ragione.**

**351. Hai dato un abito ad un'altra persona.**

☐ *Vista*
☐ *Olfatto*
☐ *Tatto*
☐ *Colore*
☐ *Tono*
☐ *Movimento Esterno*
☐ *Emozione*
☐ *Volume dei Suoni*
☐ *Posizione del Corpo*
☐ *Suono*
☐ *Peso*
☐ *Movimento Personale*

*Puoi rievocare una volta in cui:*

**352. Ti sei sentito certo in presenza di qualcuno.**

**353. Ti sei occupato bene di qualcuno.**

**354. Hai afferrato una persona ostile.**

**355. La tua ricerca è stata ricompensata.**

☐ *Vista*
☐ *Olfatto*
☐ *Tatto*
☐ *Colore*
☐ *Tono*
☐ *Movimento Esterno*
☐ *Emozione*
☐ *Volume dei Suoni*
☐ *Posizione del Corpo*
☐ *Suono*
☐ *Peso*
☐ *Movimento Personale*

**356. Qualcuno ha cercato di mandarti via e tu non te ne sei andato.**

**357. Hai scoperto di aver preso qualcuno troppo sul serio.**

**358. Hai osservato una persona ostile muoversi velocemente.**

**359. Hai scoperto che non era necessario vergognarsi.**

**360. Qualcuno ha scoperto di averti sospettato ingiustamente.**

**361. Avresti dovuto dirlo e lo hai detto.**

**362. La tua ansia non aveva motivo.**

**363. Hai catturato una persona ostile.**

## Lista 7
### Fattori di Sopravvivenza

*Puoi rievocare una volta in cui:*

364. **Eri lieto che qualcuno fosse alto.**

365. **Le tue lacrime sono state seguite da sollievo.**

366. **Hai terrorizzato una persona ostile.**

367. **Hanno dovuto ammettere che dopo tutto tu non l'avevi rubato.**

368. **Qualcuno ha dovuto rispettare i tuoi diritti di proprietà.**

369. **Hai messo a dura prova una persona ostile.**

370. **Ti sei incontrato con una persona ostile e hai vinto.**

371. **Ti sei occupato di molte persone.**

372. **Eri lieto che fosse vero.**

373. **Hai scoperto che era lecito stare sotto a qualcuno.**

374. **Hai scoperto che non eri una persona infelice.**

375. **Hai scoperto la differenza tra "cera" e "c'era".**

☐ *Vista*
☐ *Olfatto*
☐ *Tatto*
☐ *Colore*
☐ *Tono*
☐ *Movimento Esterno*
☐ *Emozione*
☐ *Volume dei Suoni*
☐ *Posizione del Corpo*
☐ *Suono*
☐ *Peso*
☐ *Movimento Personale*

*Puoi rievocare una volta in cui:*

**376. Hai sollevato un bambino.**

**377. Ti ha fatto piacere andare al piano di sopra con qualcuno.**

**378. Hanno scoperto che tu eri utile.**

**379. Qualcosa che pensavi fosse raro risultò essere comune.**

☐ *Vista*
☐ *Olfatto*
☐ *Tatto*
☐ *Colore*
☐ *Tono*
☐ *Movimento Esterno*
☐ *Emozione*
☐ *Volume dei Suoni*
☐ *Posizione del Corpo*
☐ *Suono*
☐ *Peso*
☐ *Movimento Personale*

**380. Hai scoperto che era lecito essere vanitoso.**

**381. Hanno scoperto quanto tu fossi prezioso.**

**382. Hai scoperto che qualcosa non era un vizio.**

**383. Hai riacquistato il tuo vigore.**

**384. Hai avuto la meglio su una persona violenta.**

**385. Hai scoperto che non avevi nessun nemico invisibile.**

**386. Hai fatto scodinzolare un cane.**

## LISTA 7
### FATTORI DI SOPRAVVIVENZA

*Puoi rievocare una volta in cui:*

387. **Ti sei davvero guadagnato il salario che percepivi.**

388. **Hai fatto aspettare un nemico.**

389. **Hai passeggiato con qualcuno che ti piaceva.**

390. **Hai fatto indietreggiare contro un muro una persona ostile.**

391. **Vagabondavi allegramente.**

392. **Qualcuno ha scoperto che eri una persona piena di calore.**

393. **Hai scoperto che era lecito guardare.**

394. **Hai scoperto che non eri debole.**

395. **Hai fatto piangere una persona ostile.**

396. **Non ti importava dove andava lui.**

397. **Eri felice di osservare qualcuno che se ne andava.**

398. **Hai costretto fisicamente qualcuno a venire.**

☐ *Vista*
☐ *Olfatto*
☐ *Tatto*
☐ *Colore*
☐ *Tono*
☐ *Movimento Esterno*
☐ *Emozione*
☐ *Volume dei Suoni*
☐ *Posizione del Corpo*
☐ *Suono*
☐ *Peso*
☐ *Movimento Personale*

*Puoi rievocare una volta in cui:*

**399. Avevi una buona opinione di una moglie.**

**400. Avevi una buona opinione di un marito.**

**401. Hai scoperto che non era sbagliato.**

**402. Hai fatto qualcosa di sbagliato e andò a finire bene.**

☐ *Vista*
☐ *Olfatto*
☐ *Tatto*
☐ *Colore*
☐ *Tono*
☐ *Movimento Esterno*
☐ *Emozione*
☐ *Volume dei Suoni*
☐ *Posizione del Corpo*
☐ *Suono*
☐ *Peso*
☐ *Movimento Personale*

**403. Sei stato elogiato per quel che avevi scritto.**

**404. Hai fatto gridare qualcuno.**

**405. Degli oggetti piacevoli ti erano contro.**

**406. Eri contento che un oggetto fosse nelle tue vicinanze.**

**407. C'erano degli oggetti tutt'intorno a te e tu eri felice.**

**408. Eri contento che un oggetto fosse sopra di te.**

**409. Qualcuno ha accettato un oggetto che volevi dare.**

**410. Un oggetto si abbinava ad un altro.**

## Lista 7
### Fattori di Sopravvivenza

*Puoi rievocare una volta in cui:*

411. **Sei entrato in possesso di un oggetto che desideravi.**

412. **Hai ricavato azione da oggetti.**

413. **Qualcuno ha ammirato qualcosa che avevi.**

414. **Un oggetto ti ha fatto avanzare.**

415. **Hai scoperto che un oggetto ti abbelliva.**

416. **Hai scoperto di esserti affezionato a qualcosa che non sapevi ti piacesse.**

417. **Hai gettato via qualcosa di cui avevi paura.**

418. **Hai rincorso un oggetto e lo hai preso.**

419. **Qualcosa ti ha aiutato.**

420. **Sei stato contento di liberarti completamente di qualcosa.**

421. **Un oggetto ti ha quasi ferito, ma sei rimasto illeso.**

422. **Avevi l'ambizione di ottenere qualcosa.**

423. **Eri circondato da oggetti piacevoli.**

☐ *Vista*
☐ *Olfatto*
☐ *Tatto*
☐ *Colore*
☐ *Tono*
☐ *Movimento Esterno*
☐ *Emozione*
☐ *Volume dei Suoni*
☐ *Posizione del Corpo*
☐ *Suono*
☐ *Peso*
☐ *Movimento Personale*

*Puoi rievocare una volta in cui:*

**424. Hai scoperto che un animale era socievole.**

**425. Hai fatto divertire qualcuno con un oggetto.**

**426. Eri in ansia a causa di qualcosa e te ne sei sbarazzato.**

☐ *Vista*
☐ *Olfatto*
☐ *Tatto*
☐ *Colore*
☐ *Tono*
☐ *Movimento Esterno*
☐ *Emozione*
☐ *Volume dei Suoni*
☐ *Posizione del Corpo*
☐ *Suono*
☐ *Peso*
☐ *Movimento Personale*

**427. Un oggetto pericoloso si è avvicinato e tu l'hai fatto andare via.**

**428. Qualcuno ha approvato qualcosa.**

**429. Hai fermato un oggetto.**

**430. Eri lieto di essere un rivale di un oggetto.**

**431. Eri felice che arrivasse un'automobile.**

**432. Hai scoperto che non ti eri vergognato senza motivo.**

**433. Hai dato una morte indolore a un animale.**

**434. Hai assalito qualcosa e sei stato vittorioso.**

# LISTA 7
## FATTORI DI SOPRAVVIVENZA

*Puoi rievocare una volta in cui:*

435. **Hai aiutato qualcuno con qualcosa.**

436. **Hai smesso di unirti a qualcosa che non ti piaceva.**

437. **Un oggetto ti dava sicurezza.**

438. **Hai stupito le persone con qualcosa.**

439. **Hai attaccato qualcosa con successo.**

440. **Hai attirato un oggetto.**

441. **Hai gettato in alto una palla.**

442. **Consideravi bello qualcosa.**

443. **Qualcuno ti ha supplicato per qualcosa.**

444. **Hai fatto funzionare una macchina.**

445. **Eri contento di essere dietro a qualcosa.**

446. **Eri felice di stare sotto a qualcosa.**

447. **Non credevi in un oggetto.**

448. **Eri fra due oggetti.**

☐ *Vista*
☐ *Olfatto*
☐ *Tatto*
☐ *Colore*
☐ *Tono*
☐ *Movimento Esterno*
☐ *Emozione*
☐ *Volume dei Suoni*
☐ *Posizione del Corpo*
☐ *Suono*
☐ *Peso*
☐ *Movimento Personale*

*Puoi rievocare una volta in cui:*

**449. Hai spento qualcosa.**

**450. Hai raschiato il fondo.**

**451. Sei entrato in possesso di pane.**

**452. Hai lucidato un oggetto.**

☐ *Vista*
☐ *Olfatto*
☐ *Tatto*
☐ *Colore*
☐ *Tono*
☐ *Movimento Esterno*
☐ *Emozione*
☐ *Volume dei Suoni*
☐ *Posizione del Corpo*
☐ *Suono*
☐ *Peso*
☐ *Movimento Personale*

**453. Hai bruciato qualcosa che non volevi.**

**454. Hai seppellito qualcosa che non ti piaceva.**

**455. Hai catturato qualcosa.**

**456. Hai fatto qualcosa di abile con un'automobile.**

**457. Hai scoperto che non avevi bisogno di stare attento con un oggetto.**

**458. Hai avuto successo con la tua noncuranza.**

**459. Hai affascinato qualcuno con qualcosa.**

**460. Sei diventato certo di qualcosa.**

## LISTA 7
### Fattori di Sopravvivenza

*Puoi rievocare una volta in cui:*

461. **Ti sei preso cura di qualche cosa posseduta perché volevi.**

462. **Hai visto qualcosa arrivare in tempo.**

463. **Hai esercitato la tua padronanza su un oggetto.**

464. **Hai nascosto qualcosa.**

465. **Hai condannato un oggetto.**

466. **Hai dato qualcosa a qualcuno e ciò gli ha dato fiducia.**

467. **Hai trovato la soluzione per un oggetto che ti aveva confuso.**

468. **Hai conquistato un oggetto.**

469. **Qualcosa è stato dato via con il tuo consenso.**

470. **Hai costruito bene qualcosa.**

471. **Hai organizzato qualcosa proprio bene.**

472. **Hai mostrato coraggio riguardo ad un oggetto.**

☐ *Vista*
☐ *Olfatto*
☐ *Tatto*
☐ *Colore*
☐ *Tono*
☐ *Movimento Esterno*
☐ *Emozione*
☐ *Volume dei Suoni*
☐ *Posizione del Corpo*
☐ *Suono*
☐ *Peso*
☐ *Movimento Personale*

*Puoi rievocare una volta in cui:*

**473. Hai tagliato qualcosa che non volevi.**

**474. Ti sei sbarazzato di un oggetto indesiderato.**

**475. Hai ritardato un'azione fisica.**

**476. Una cosa ti ha deliziato.**

☐ *Vista*
☐ *Olfatto*
☐ *Tatto*
☐ *Colore*
☐ *Tono*
☐ *Movimento Esterno*
☐ *Emozione*
☐ *Volume dei Suoni*
☐ *Posizione del Corpo*
☐ *Suono*
☐ *Peso*
☐ *Movimento Personale*

**477. Hai negato che qualcosa esistesse.**

**478. Hai fatto affidamento su un oggetto.**

**479. Sei stato felice di ricevere qualcosa che meritavi.**

**480. Hai osservato un oggetto indesiderato andarsene.**

**481. Hai provato piacere nel distruggere qualcosa.**

**482. Hai visto la differenza tra due oggetti.**

**483. Hai osservato un oggetto ridursi.**

**484. Hai fatto qualcosa che gli altri consideravano troppo difficile.**

**485. Eri felice di scavare.**

# LISTA 7
## FATTORI DI SOPRAVVIVENZA

*Puoi rievocare una volta in cui:*

**486. Hai sparpagliato molti oggetti.**

**487. Hai padroneggiato qualcosa di cui diffidavi.**

**488. Hai fatto ciò che ti pareva con qualcosa.**

**489. Hai capito un oggetto di cui avevi dubitato.**

**490. Hai tirato a te qualcosa.**

**491. Hai dato da bere ad un animale.**

**492. Hai osservato cadere un oggetto.**

**493. Abitavi in un luogo piacevole.**

**494. Hai atteso ansiosamente.**

**495. Qualcosa era troppo bello per essere mangiato.**

**496. Sei riuscito a muovere un oggetto dopo molti sforzi.**

**497. Hai racchiuso un oggetto.**

**498. Qualcosa ti ha incoraggiato.**

☐ *Vista*
☐ *Olfatto*
☐ *Tatto*
☐ *Colore*
☐ *Tono*
☐ *Movimento Esterno*
☐ *Emozione*
☐ *Volume dei Suoni*
☐ *Posizione del Corpo*
☐ *Suono*
☐ *Peso*
☐ *Movimento Personale*

*Puoi rievocare una volta in cui:*

**499. Hai posto fine ad un oggetto.**

**500. Hai scoperto che un oggetto considerato nemico era in realtà amico.**

**501. Hai provato piacere nel possedere qualcosa.**

**502. Avevi l'impressione di non poter avere abbastanza di qualcosa.**

☐ *Vista*
☐ *Olfatto*
☐ *Tatto*
☐ *Colore*
☐ *Tono*
☐ *Movimento Esterno*
☐ *Emozione*
☐ *Volume dei Suoni*
☐ *Posizione del Corpo*
☐ *Suono*
☐ *Peso*
☐ *Movimento Personale*

**503. Hai aperto un passaggio.**

**504. Sei sfuggito a un oggetto.**

**505. Sei riuscito ad esaminare qualcosa di pericoloso.**

**506. Qualcosa ti ha messo in uno stato di eccitazione.**

**507. Hai allenato un animale.**

**508. Hai girato un oggetto sottosopra.**

**509. Un oggetto è stato fedele.**

**510. Hai gettato qualcosa lontano da te.**

**511. Hai fatto andare in fretta qualcosa.**

## LISTA 7
### FATTORI DI SOPRAVVIVENZA

*Puoi rievocare una volta in cui:*

**512. Hai superato la paura di un oggetto.**

**513. Hai nutrito un animale.**

**514. Hai preso la prima cosa che ti è capitata senza apprensione.**

**515. Hai adattato un oggetto.**

**516. Hai osservato qualcuno fuggire da un oggetto e poi avvicinarsi ad esso.**

**517. Possedevi qualcosa che era stato proibito toccare.**

**518. Sei riuscito ad usare la forza.**

**519. Eri orgoglioso dei tuoi averi.**

**520. Un oggetto era un amico.**

**521. Hai spaventato qualcuno con un oggetto.**

**522. Hai raccolto felicemente degli oggetti.**

**523. Hai fatto crescere qualcosa.**

**524. Sei stato generoso con oggetti.**

☐ *Vista*
☐ *Olfatto*
☐ *Tatto*
☐ *Colore*
☐ *Tono*
☐ *Movimento Esterno*
☐ *Emozione*
☐ *Volume dei Suoni*
☐ *Posizione del Corpo*
☐ *Suono*
☐ *Peso*
☐ *Movimento Personale*

*Puoi rievocare una volta in cui:*

**525. Hai custodito bene qualcosa.**

**526. Una cosa ti ha reso molto felice.**

**527. Sei stato contento di fare qualcosa di dannoso con un oggetto.**

**528. Hai guarito un animale.**

☐ *Vista*
☐ *Olfatto*
☐ *Tatto*
☐ *Colore*
☐ *Tono*
☐ *Movimento Esterno*
☐ *Emozione*
☐ *Volume dei Suoni*
☐ *Posizione del Corpo*
☐ *Suono*
☐ *Peso*
☐ *Movimento Personale*

**529. Hai aiutato qualcuno con un oggetto.**

**530. Hai trovato qualcosa che qualcuno ti aveva nascosto.**

**531. Hai impedito qualcosa di cattivo.**

**532. Hai fatto un buco in un oggetto.**

**533. Hai reso un oggetto caldissimo.**

**534. Hai avuto successo andando a caccia.**

**535. Ti sei affrettato per ottenere qualcosa che desideravi e l'hai ottenuto.**

**536. Hai fatto sì che un oggetto danneggiasse un nemico.**

**537. Un oggetto ti ha permesso di stare in ozio.**

## Lista 7
### Fattori di Sopravvivenza

*Puoi rievocare una volta in cui:*

538. Hai fatto sì che qualcosa illuminasse qualcosa.

539. Hai immaginato un nuovo oggetto e lo hai costruito.

540. Hai fatto l'impossibile con un oggetto.

541. Hai osservato entrare qualcosa.

542. Hai aumentato i tuoi averi.

543. Per tua scelta hai preso un oggetto anziché un altro.

544. Un oggetto ha catturato il tuo interesse.

545. Qualcuno è stato felice della tua invenzione.

546. Hai ucciso qualcosa di cattivo.

547. Hai fatto saltare un oggetto.

548. Hai scoperto che qualcosa era davvero tuo.

549. Hai baciato un oggetto per la felicità.

☐ *Vista*
☐ *Olfatto*
☐ *Tatto*
☐ *Colore*
☐ *Tono*
☐ *Movimento Esterno*
☐ *Emozione*
☐ *Volume dei Suoni*
☐ *Posizione del Corpo*
☐ *Suono*
☐ *Peso*
☐ *Movimento Personale*

### Self-Analisi
### L. Ron Hubbard

*Puoi rievocare una volta in cui:*

**550. È stato un bene che un oggetto arrivasse troppo tardi.**

**551. Hai fatto ridere qualcuno con un oggetto.**

**552. Hai preso la lunghezza e la larghezza di un oggetto.**

☐ *Vista*
☐ *Olfatto*
☐ *Tatto*
☐ *Colore*
☐ *Tono*
☐ *Movimento Esterno*
☐ *Emozione*
☐ *Volume dei Suoni*
☐ *Posizione del Corpo*
☐ *Suono*
☐ *Peso*
☐ *Movimento Personale*

**553. Hai trovato un oggetto per terra.**

**554. Hai dato vita a qualcosa.**

**555. Hai illuminato bene uno spazio.**

**556. Sei stato contento che qualcosa fosse piccolo.**

**557. Amavi un oggetto e lo hai conservato.**

**558. Hai manovrato una macchina che un altro non sapeva manovrare.**

**559. Hai controllato un oggetto.**

**560. Hai fatto produrre musica ad un oggetto.**

**561. Hai strappato un segreto a un qualche oggetto misterioso.**

# LISTA 7
## Fattori di Sopravvivenza

*Puoi rievocare una volta in cui:*

**562. Eri contento di essere cattivo con un oggetto.**

**563. Hai padroneggiato una cosa intricata.**

**564. Hai osservato l'incontro di due oggetti.**

**565. Hai gettato del fluido in aria.**

**566. Hai scaldato un fluido.**

**567. Hai versato un fluido.**

**568. Hai mescolato due fluidi.**

**569. Hai agitato un fluido.**

**570. Hai trovato che qualcosa non era necessario.**

**571. Hai fatto sì che un animale ti obbedisse.**

**572. Hai fatto una cortesia a qualcuno con un oggetto.**

**573. Hai comprato qualcosa per un'occasione.**

**574. Hai fatto tacere un oggetto.**

☐ *Vista*
☐ *Olfatto*
☐ *Tatto*
☐ *Colore*
☐ *Tono*
☐ *Movimento Esterno*
☐ *Emozione*
☐ *Volume dei Suoni*
☐ *Posizione del Corpo*
☐ *Suono*
☐ *Peso*
☐ *Movimento Personale*

*Puoi rievocare una volta in cui:*

**575. Hai organizzato bene una quantità di cose.**

**576. Hai scoperto l'origine di qualcosa.**

**577. Hai inflitto del dolore con un oggetto e ne eri contento.**

☐ *Vista*
☐ *Olfatto*
☐ *Tatto*
☐ *Colore*
☐ *Tono*
☐ *Movimento Esterno*
☐ *Emozione*
☐ *Volume dei Suoni*
☐ *Posizione del Corpo*
☐ *Suono*
☐ *Peso*
☐ *Movimento Personale*

**578. Ti sei messo in tasca un oggetto.**

**579. Un oggetto ti ha fatto sentire ricco.**

**580. Hai dato a qualcuno qualcosa di prezioso.**

**581. Hai preparato una mistura che ha avuto successo.**

**582. Hai preferito un oggetto ad un altro.**

**583. Hai impedito che un oggetto venisse danneggiato.**

**584. Hai vinto un litigio riguardo ad un oggetto.**

**585. Hai raccolto la pioggia.**

## LISTA 7
### FATTORI DI SOPRAVVIVENZA

*Puoi rievocare una volta in cui:*

**586. Sei entrato in possesso di un fluido che desideravi.**

**587. Hai sollevato un oggetto.**

**588. Hai conservato qualcosa di raro.**

**589. Sei stato contento di ricevere qualcosa.**

**590. Hai riconosciuto un oggetto che rendeva perplessi gli altri.**

**591. Hai dato rifugio ad un animale.**

**592. Hai controllato un animale.**

**593. Hai restaurato un oggetto.**

**594. Hai lasciato che qualcuno serbasse qualcosa di prezioso.**

**595. Hai fatto funzionare qualcosa dove gli altri avevano fallito.**

**596. Hai portato in salvo un oggetto.**

**597. Hai messo un oggetto dentro qualcosa.**

☐ *Vista*
☐ *Olfatto*
☐ *Tatto*
☐ *Colore*
☐ *Tono*
☐ *Movimento Esterno*
☐ *Emozione*
☐ *Volume dei Suoni*
☐ *Posizione del Corpo*
☐ *Suono*
☐ *Peso*
☐ *Movimento Personale*

*Puoi rievocare una volta in cui:*

**598. Hai tirato fuori un oggetto da qualcosa.**

**599. Sei entrato in possesso di qualcosa che era scarso.**

**600. Hai riparato un graffio su un oggetto.**

**601. Hai fatto strillare qualcuno con un oggetto.**

☐ *Vista*
☐ *Olfatto*
☐ *Tatto*
☐ *Colore*
☐ *Tono*
☐ *Movimento Esterno*
☐ *Emozione*
☐ *Volume dei Suoni*
☐ *Posizione del Corpo*
☐ *Suono*
☐ *Peso*
☐ *Movimento Personale*

**602. Qualcuno ha scoperto che era stato troppo severo a proposito di un oggetto.**

**603. Hai scrollato via del fluido da qualcosa scuotendola.**

**604. Hai tirato fuori dall'acqua un animale.**

**605. Ti sei procurato un animale come nutrimento.**

**606. Hai legato un animale ad un palo.**

**607. Hai lottato con successo con un oggetto.**

**608. Hai accarezzato un oggetto.**

**609. Eri troppo forte per un oggetto.**

# LISTA 7
## FATTORI DI SOPRAVVIVENZA

*Puoi rievocare una volta in cui:*

**610. Ti è stato presentato qualcosa in omaggio.**

**611. La gente ha scoperto che si doveva congratulare con te a proposito di un oggetto.**

**612. Hai maneggiato bene un oggetto.**

**613. Hai agguantato un oggetto.**

**614. La tua ricerca di un oggetto è stata ricompensata.**

**615. Eri lieto di vedere un oggetto.**

**616. Hai conservato qualcosa.**

**617. Hai vinto qualcosa che ti aveva minacciato.**

**618. Hai fatto smettere ad un oggetto di essere rumoroso.**

**619. Hai convinto qualcuno del valore di un oggetto.**

**620. Hai sperperato del denaro.**

**621. Sei entrato in possesso di denaro.**

☐ *Vista*
☐ *Olfatto*
☐ *Tatto*
☐ *Colore*
☐ *Tono*
☐ *Movimento Esterno*
☐ *Emozione*
☐ *Volume dei Suoni*
☐ *Posizione del Corpo*
☐ *Suono*
☐ *Peso*
☐ *Movimento Personale*

*Puoi rievocare una volta in cui:*

**622. Hai rifiutato del denaro che non ti era destinato.**

**623. Hai osservato andar via un oggetto indesiderato.**

**624. Hai osservato arrivare un oggetto desiderato.**

☐ *Vista*
☐ *Olfatto*
☐ *Tatto*
☐ *Colore*
☐ *Tono*
☐ *Movimento Esterno*
☐ *Emozione*
☐ *Volume dei Suoni*
☐ *Posizione del Corpo*
☐ *Suono*
☐ *Peso*
☐ *Movimento Personale*

**625. Hai fatto volare qualcosa.**

**626. Hai lasciato uno spazio che non ti piaceva.**

**627. Sei entrato in possesso di uno spazio che desideravi.**

**628. Hai ammirato un'area.**

**629. Sei avanzato attraverso lo spazio.**

**630. Hai provato affetto per uno spazio.**

**631. Eri contro uno spazio.**

**632. Hai decorato uno spazio.**

**633. Eri contento di uscire da uno spazio di cui avevi paura.**

# LISTA 7
## FATTORI DI SOPRAVVIVENZA

*Puoi rievocare una volta in cui:*

**634. Hai aiutato a creare spazio.**

**635. Eri piacevolmente solo nello spazio.**

**636. Eri in uno spazio divertente.**

**637. Hai superato una distanza.**

**638. Hai attraversato uno spazio malsano.**

**639. Sei arrivato in uno spazio piacevole.**

**640. Hai aperto uno spazio.**

**641. Hai rassicurato un altro riguardo a uno spazio.**

**642. Sei stato attratto in uno spazio.**

**643. Ti sei risvegliato in un luogo piacevole.**

**644. Hai bruciato uno spazio.**

**645. Ciecamente, ma con successo, hai attraversato un'area.**

**646. Hai provato piacere da uno spazio nero.**

**647. Hai costruito una scatola.**

☐ *Vista*
☐ *Olfatto*
☐ *Tatto*
☐ *Colore*
☐ *Tono*
☐ *Movimento Esterno*
☐ *Emozione*
☐ *Volume dei Suoni*
☐ *Posizione del Corpo*
☐ *Suono*
☐ *Peso*
☐ *Movimento Personale*

*Puoi rievocare una volta in cui:*

**648. Sei entrato in un luogo piacevole.**

**649. Hai tirato fuori qualcosa da un posto.**

**650. Hai riempito completamente uno spazio.**

**651. Una scatola ti ha procurato piacere.**

□ *Vista*
□ *Olfatto*
□ *Tatto*
□ *Colore*
□ *Tono*
□ *Movimento Esterno*
□ *Emozione*
□ *Volume dei Suoni*
□ *Posizione del Corpo*
□ *Suono*
□ *Peso*
□ *Movimento Personale*

**652. Hai lasciato che uno spazio fosse occupato.**

**653. Hai fatto irruzione in uno spazio proibito.**

**654. Hai fatto una bella gabbia.**

**655. Hai conquistato un'area.**

**656. Hai tolto un bambino da un luogo.**

**657. Hai messo in ordine uno spazio.**

**658. Ti piaceva saltare attraverso lo spazio.**

**659. Sei sceso in termini di spazio.**

**660. Hai creato un ampio spazio.**

**661. Hai raccolto molte cose in un luogo.**

# Lista 7
## Fattori di Sopravvivenza

*Puoi rievocare una volta in cui:*

**662. Hai creato calore.**

**663. Hai portato una luce.**

**664. Hai fatto estinguere dell'energia ostile.**

**665. Hai acceso una luce.**

**666. Hai regolato il fuoco.**

**667. Sei riuscito ad impiegare dell'energia.**

**668. Hai bruciato qualcosa che non volevi.**

**669. Hai sistemato bene l'illuminazione.**

**670. Hai fatto bollire qualcosa.**

**671. Hai fatto funzionare una macchina.**

**672. Hai dissipato calore.**

**673. Hai raffreddato qualcosa.**

**674. Sei andato da un luogo buio in uno illuminato e amichevole.**

**675. Eri contento che fosse buio.**

☐ *Vista*
☐ *Olfatto*
☐ *Tatto*
☐ *Colore*
☐ *Tono*
☐ *Movimento Esterno*
☐ *Emozione*
☐ *Volume dei Suoni*
☐ *Posizione del Corpo*
☐ *Suono*
☐ *Peso*
☐ *Movimento Personale*

*Puoi rievocare una volta in cui:*

**676. Hai lasciato l'oscurità dietro di te.**

**677. Eri felice dell'alba.**

**678. Hai osservato il calare del crepuscolo.**

**679. Hai visto delle finestre illuminate.**

☐ *Vista*
☐ *Olfatto*
☐ *Tatto*
☐ *Colore*
☐ *Tono*
☐ *Movimento Esterno*
☐ *Emozione*
☐ *Volume dei Suoni*
☐ *Posizione del Corpo*
☐ *Suono*
☐ *Peso*
☐ *Movimento Personale*

**680. Hai trovato qualcosa con una luce.**

**681. Eri contento di entrare in un luogo caldo.**

**682. Hai scaldato un luogo freddo.**

**683. Hai scaldato qualcuno.**

**684. Hai scaldato qualcosa da mangiare.**

**685. Hai trovato nel fuoco una buona compagnia.**

**686. Hai trovato che qualcuno appoggiato contro di te era caldo.**

**687. Sei stato contento di lasciare un luogo freddo.**

# LISTA 7
## Fattori di Sopravvivenza

*Puoi rievocare una volta in cui:*

**688. Hai reso piacevole un luogo desolato.**

**689. Hai scoperto che qualcuno ti aspettava in un luogo buio e sei stato contento.**

**690. Hai regolato bene il tempo.**

**691. Ti sei lasciato alle spalle un brutto periodo.**

**692. Ti avvicinavi ad un buon periodo.**

**693. Hai deciso che le cose non erano state così brutte.**

**694. Hai scoperto che il tuo tempo era ben speso.**

**695. Ieri hai impiegato del tempo.**

**696. Oggi c'è stato un momento che ti ha procurato piacere.**

☐ *Vista*
☐ *Olfatto*
☐ *Tatto*
☐ *Colore*
☐ *Tono*
☐ *Movimento Esterno*
☐ *Emozione*
☐ *Volume dei Suoni*
☐ *Posizione del Corpo*
☐ *Suono*
☐ *Peso*
☐ *Movimento Personale*

LISTA 8

# IMMAGINAZIONE

L'*immaginazione* è una delle parti più importanti del processo del pensiero. L'immaginazione in realtà è una forma di calcolo. Essa fornisce delle soluzioni calcolate ed istintive per il futuro. Se l'immaginazione è povera, la capacità di calcolo di una persona è seriamente compromessa. L'immaginazione è qualcosa di buono, non di cattivo. Sognando ad occhi aperti, ad esempio, si può trasformare un'esistenza non troppo felice in qualcosa di vivibile. Soltanto tramite l'immaginazione si possono porre in esistenza mete future da raggiungere.

Se consideri la parola "immaginazione", scoprirai che vuol dire semplicemente realizzare delle immagini o mettere assieme percezioni, dando vita a creazioni secondo i tuoi desideri. L'immaginazione è qualcosa che uno fa liberamente. Si potrebbe dire che le illusioni ingannevoli sono qualcosa che viene imposto dalle proprie aberrazioni. Tutto quello che si deve sapere dell'immaginazione è quando si sta immaginando e quando no.

*Puoi rievocare una volta in cui:*

1. **Hai previsto come qualcosa avrebbe dovuto essere e l'hai sistemata in quel modo.**

2. **Hai immaginato qualcosa e l'hai costruita.**

3. **Hai immaginato che aspetto avrebbe avuto un posto e ci sei andato.**

☐ *Vista*
☐ *Olfatto*
☐ *Tatto*
☐ *Colore*
☐ *Tono*
☐ *Movimento Esterno*
☐ *Emozione*
☐ *Volume dei Suoni*
☐ *Posizione del Corpo*
☐ *Suono*
☐ *Peso*
☐ *Movimento Personale*

4. **Sei stato forzato ad ammettere di aver mentito quando invece avevi detto la verità.**

5. **Qualcuno ha messo in disordine ciò che era tuo e tu lo hai rimesso com'era.**

6. **Ti sei dilettato a riempire lo spazio di cose immaginarie.**

7. **Hai fatto un capolavoro di creazione.**

8. **Hai visto tradursi in realtà qualcosa che avevi immaginato.**

9. **Immaginavi che fosse lì e lo hai distrutto.**

10. **Hai ricevuto complimenti per la tua capacità di previsione.**

# Lista 8
## Immaginazione

*Puoi rievocare una volta in cui:*

**11. Hai programmato cosa fare con un certo lasso di tempo e lo hai fatto.**

**12. Hai ignorato le interruzioni e hai continuato secondo l'orario programmato.**

**13. Hai visto in che modo dello spazio poteva essere migliorato e lo hai migliorato.**

**14. Hai tracciato un piano e la gente lo ha seguito.**

**15. Le cose sono filate meglio perché le avevi concepite in quel modo.**

**16. Hai tratto profitto dall'immaginazione.**

☐ *Vista*
☐ *Olfatto*
☐ *Tatto*
☐ *Colore*
☐ *Tono*
☐ *Movimento Esterno*
☐ *Emozione*
☐ *Volume dei Suoni*
☐ *Posizione del Corpo*
☐ *Suono*
☐ *Peso*
☐ *Movimento Personale*

LISTA 9

# VALENZE

Può darsi che tu abbia notato, nel percepire le cose che ti sono successe nel passato, che a volte ti sembrava di essere dentro il tuo corpo e altre volte avevi l'impressione di osservare te stesso. Ci sono persone che nella rievocazione non sono mai al di fuori del loro corpo e persone che non sono mai dentro di esso. Ognuno possiede molte *valenze*. Per "valenza" si intende una personalità reale o una personalità ombra. La valenza propria di una persona è la sua personalità vera e propria. Sta pur certo, in ogni modo, che questa persona si può confondere con altri corpi e persone. Se nel rievocare le cose si è nella propria valenza, si vede ciò che si è visto proprio come se lo si stesse osservando ancora con i propri occhi. Questa è una condizione davvero desiderabile. Si può dire che il sintomo di essere fuori dalla propria valenza ed in una valenza ombra stia ad indicare che si considera, nel pensiero, il proprio corpo troppo pericoloso da occupare. L'essere fuori valenza rende difficile entrare in contatto con le percezioni nel rievocare. Andando avanti con queste liste, ripetendo parecchie volte ognuna di esse, scoprirai che diventa sempre più facile rivedere le cose con i tuoi occhi.

Nella seguente lista di domande, ed in qualsiasi rievocazione, bisognerebbe sforzarsi di assumere il punto di vista di se stessi, e cioè di vedere la scena e percepire le cose come le si è percepite in quell'occasione.

SELF-ANALISI
L. RON HUBBARD

*Puoi rievocare una volta in cui:*

1. **Hai osservato una persona che non ti andava, fare qualcosa che ti piaceva fare.**

2. **Hai visto una persona che ti andava, fare qualcosa che non ti piaceva fare.**

3. **Osservasti una persona che ti andava, fare qualcosa che ti piaceva fare.**

☐ *Vista*
☐ *Olfatto*
☐ *Tatto*
☐ *Colore*
☐ *Tono*
☐ *Movimento Esterno*
☐ *Emozione*
☐ *Volume dei Suoni*
☐ *Posizione del Corpo*
☐ *Suono*
☐ *Peso*
☐ *Movimento Personale*

4. **Hai visto una persona che non ti andava, fare qualcosa che non ti piaceva fare.**

5. **Hai notato qualcuno indossare qualcosa che indossavi tu.**

6. **Ti sei accorto che qualcuno usava un modo di fare come il tuo.**

7. **Hai adottato un modo di fare.**

8. **Ti sei accorto che tu ed un cane eravate trattati in modo simile.**

9. **Ti facevi le boccacce allo specchio.**

10. **Hai deciso di essere completamente diverso da una persona.**

11. **Hai scoperto di essere come un oggetto.**

# LISTA 9
## VALENZE

*Puoi rievocare una volta in cui:*

12. **Sei stato messo sullo stesso piano di una persona sgradita.**

13. **Sei stato messo sullo stesso piano di una persona gradita.**

14. **Ti sei accorto di essere vestito come molti altri.**

15. **Hai trovato che eri diverso da qualcuno, dopo tutto.**

16. **Hai notato la differenza tra te stesso e gli altri.**

17. **Hai mangiato con qualcuno che ti piaceva.**

18. **Hai incontrato una persona che te ne rammentava un'altra e hai notato la differenza tra loro.**

19. **Hai camminato al passo con qualcuno che ti piaceva.**

20. **Hai fatto un giro con qualcuno che ammiravi.**

21. **Hai dovuto assumere la stessa posizione di qualcun altro.**

☐ *Vista*
☐ *Olfatto*
☐ *Tatto*
☐ *Colore*
☐ *Tono*
☐ *Movimento Esterno*
☐ *Emozione*
☐ *Volume dei Suoni*
☐ *Posizione del Corpo*
☐ *Suono*
☐ *Peso*
☐ *Movimento Personale*

*Puoi rievocare una volta in cui:*

**22. Hai giocato con persone che ti piacevano.**

**23. Ti sei ritrovato a fare qualcosa perché, quando tu eri molto giovane, qualcuno lo faceva.**

**24. Ti sei ritrovato a rifiutare di fare qualcosa perché, quando tu eri molto giovane, qualcuno lo faceva.**

Si potrebbe dire che la tendenza delle valenze è quella di tentare di assomigliare ai propri amici e differenziarsi dai propri nemici. Purtroppo, nella vita vengono spesso messi in evidenza paragoni e analogie tra sé e i propri nemici, e differenze tra sé e i propri amici. È desiderabile che questo stato di cose venga sistemato, cosicché ci si senta liberi di seguire qualsiasi movimento o azione di qualsiasi essere umano, senza associare il movimento o l'azione né con l'amico né con il nemico.

Come tentativo di mettere ordine alle proprie associazioni e dissociazioni nei confronti delle persone, vengono aggiunte alla Lista 9, come seconda parte, le seguenti domande.

*Rievoca:*

**1. Una persona che ti assomiglia.**

**2. Una persona che ha problemi fisici simili ai tuoi.**

**3. Una persona da cui hai preso un particolare modo di fare.**

# Lista 9
## Valenze

*Rievoca:*

    4. Una persona che ti ricorda un animale che hai conosciuto.

    5. Una persona che ti ha paragonato a persone sgradite in modo sgradito.

    6. Una persona che ti ha paragonato in modo gradito a persone gradite.

    7. Due persone che avevi confuso l'una con l'altra.

    8. Una persona che conoscevi molto tempo fa che è simile ad una persona con cui vivi.

    9. Una persona che conoscevi in precedenza che ti ricorda una persona con cui adesso sei in rapporto.

  10. A chi assomigli più di tutti? Chi lo ha detto?

  11. Chi temeva i sentimenti?

  12. A chi non piaceva mangiare?

  13. Chi è stato sempre considerato uno che non sarebbe mai diventato nessuno?

  14. Chi frequentava troppe persone?

- *Vista*
- *Olfatto*
- *Tatto*
- *Colore*
- *Tono*
- *Movimento Esterno*
- *Emozione*
- *Volume dei Suoni*
- *Posizione del Corpo*
- *Suono*
- *Peso*
- *Movimento Personale*

*Rievoca:*

    **15. Chi ha reso la vita miserevole a tutti quanti?**

    **16. Chi aveva cattive maniere?**

☐ *Vista*
☐ *Olfatto*
☐ *Tatto*
☐ *Colore*
☐ *Tono*
☐ *Movimento Esterno*
☐ *Emozione*
☐ *Volume dei Suoni*
☐ *Posizione del Corpo*
☐ *Suono*
☐ *Peso*
☐ *Movimento Personale*

    **17. Chi conoscevi in passato che aveva il dolore che ora affligge te?**

    **18. A chi vorresti assomigliare di più?**

    **19. A chi detesteresti maggiormente assomigliare?**

    **20. Chi sosteneva che non valevi niente?**

    **21. Chi ha cercato di farti rigare diritto?**

    **22. Chi ti adulava?**

    **23. Chi ti ha nutrito?**

Sarebbe una buona idea tornare indietro alla seconda parte della Lista 9 e rievocare degli episodi specifici con tutte le possibili percezioni che rendono più chiare le risposte a queste domande.

## LISTA 10

# INTERRUZIONI

La lentezza o l'incertezza nel parlare, il timore del pubblico (in parte), la lentezza nel calcolo - cioè nel pensare - e l'esitazione nel fare delle scelte, derivano soprattutto dal fatto di essere stati *interrotti* durante azioni fisiche nella prima gioventù.

Il bambino viene continuamente interrotto nelle sue azioni fisiche, perché potrebbe incorrere in qualche pericolo. Cerca di afferrare qualcosa e ne viene distolto, non semplicemente a parole, ma venendo allontanato dall'oggetto o allontanando l'oggetto da lui. Lo tengono lontano da posti in cui desidera entrare tirandolo indietro; gli danno una cosa quando ne vuole un'altra. In questo modo la sua auto-determinazione viene continuamente interrotta durante i suoi tentativi di esplorare, di ottenere o liberarsi di materia, energia, spazio o tempo. A partire da queste precoci interruzioni il bambino costruisce una lunga catena di esperienze di interruzione, non semplicemente verbali, ma effettuate tramite barriere od ostacoli nell'universo fisico. Se qualcuno, da bambino, non è stato continuamente interrotto, può valutare in modo analitico le interruzioni successive. Ma se in gioventù è stato controllato e gli sono state negate le cose in modo da interromperlo, il suo potere di decisione è inibito, per non parlare della sua capacità di parola e di pensiero.

Il fatto di rievocare episodi particolari, come quelli richiesti in questa lista, li riporta alla luce, indebolendo in tal modo queste catene di interruzioni.

### SELF-ANALISI
### L. RON HUBBARD

*Puoi rievocare una volta in cui:*

1. **Un oggetto ha opposto resistenza e tu l'hai superata.**

2. **Non potevi muoverti e poi sei riuscito a venire via.**

3. **Qualcuno ti ha tolto qualcosa di mano e lo ha finito.**

☐ *Vista*
☐ *Olfatto*
☐ *Tatto*
☐ *Colore*
☐ *Tono*
☐ *Movimento Esterno*
☐ *Emozione*
☐ *Volume dei Suoni*
☐ *Posizione del Corpo*
☐ *Suono*
☐ *Peso*
☐ *Movimento Personale*

4. **La tua azione fisica è stata interrotta.**

5. **Una macchina non si è avviata.**

6. **Qualcuno ti è saltato addosso inaspettatamente.**

7. **Ti è stata raccontata una storia di spettri.**

8. **Hai dovuto rinunciare a una carriera.**

9. **Qualcuno ti ha toccato la bocca.**

10. **Hai cercato di sollevare la mano, ma sei stato bloccato.**

11. **Hai trovato la strada chiusa.**

12. **Non riuscivi a far entrare qualcosa dentro a qualcosa.**

## Lista 10
## Interruzioni

*Puoi rievocare una volta in cui:*

13. Sei stato interrotto da un amico.

14. Tuo padre ti ha mostrato come si faceva veramente.

15. Qualcuno ti ha fatto prendere cura di qualcosa.

16. Ti è stato dimostrato che ne stavi facendo un cattivo uso.

17. Sei stato corretto "per il tuo bene".

18. Conoscevi qualcuno che aveva la mania di usare solo la parola giusta.

19. Qualcuno ti "ha aiutato" finendo la frase per te.

20. All'ultimo minuto non sei potuto andare.

21. Conoscevi qualcuno che correggeva le parole delle canzoni che cantavi.

22. Non ti è stato permesso piangere.

23. Il rumore dava ai nervi a qualcuno.

☐ *Vista*
☐ *Olfatto*
☐ *Tatto*
☐ *Colore*
☐ *Tono*
☐ *Movimento Esterno*
☐ *Emozione*
☐ *Volume dei Suoni*
☐ *Posizione del Corpo*
☐ *Suono*
☐ *Peso*
☐ *Movimento Personale*

*Puoi rievocare una volta in cui:*

24. **Non hai potuto finirlo per mancanza di tempo.**

25. **Sei dovuto essere paziente.**

26. **In quel preciso momento non ti è stato possibile andare.**

27. **Stavi andando, ma sei stato fermato.**

☐ *Vista*
☐ *Olfatto*
☐ *Tatto*
☐ *Colore*
☐ *Tono*
☐ *Movimento Esterno*
☐ *Emozione*
☐ *Volume dei Suoni*
☐ *Posizione del Corpo*
☐ *Suono*
☐ *Peso*
☐ *Movimento Personale*

28. **Qualcuno ha cercato di fermarti, ma tu hai continuato comunque.**

29. **Lo hai usato proprio come ti piaceva.**

30. **Non eri stato fermato.**

31. **Ti sei liberato e hai continuato.**

32. **Hai urlato comunque.**

33. **Lo hai completato, a dispetto di qualcuno.**

34. **Hai dovuto smettere di ingozzarti.**

35. **Hai bevuto finché ti pareva.**

36. **Non avresti dovuto combattere.**

37. **Qualcuno ha frenato una reazione muscolare.**

## Lista 10
## Interruzioni

*Puoi rievocare una volta in cui:*

38. Eri molto entusiasta e qualcuno ha smorzato in fretta il tuo entusiasmo.

39. Hai continuato nonostante la stanchezza.

40. Ti sei liberato di un'abitudine.

41. Hai scoperto che qualcuno non era così forte come pensavi.

42. Hai scoperto che nonostante tutto potevi averlo.

43. Hai trovato che la vera motivazione era l'egoismo.

44. Ti sei liberato da una dominazione.

45. Hai scoperto che dopo tutto non era per il tuo bene.

46. Ti sei trattenuto dall'interrompere qualcuno.

47. Hai trovato che gli altri non erano più saggi di te.

48. Tutti pensavano che tu avessi torto, ma hanno scoperto che avevi avuto ragione.

☐ *Vista*
☐ *Olfatto*
☐ *Tatto*
☐ *Colore*
☐ *Tono*
☐ *Movimento Esterno*
☐ *Emozione*
☐ *Volume dei Suoni*
☐ *Posizione del Corpo*
☐ *Suono*
☐ *Peso*
☐ *Movimento Personale*

*Puoi rievocare una volta in cui:*

- ☐ *Vista*
- ☐ *Olfatto*
- ☐ *Tatto*
- ☐ *Colore*
- ☐ *Tono*
- ☐ *Movimento Esterno*
- ☐ *Emozione*
- ☐ *Volume dei Suoni*
- ☐ *Posizione del Corpo*
- ☐ *Suono*
- ☐ *Peso*
- ☐ *Movimento Personale*

**49. Hai raggiunto la meta comunque.**

**50. Hai scoperto che non valeva la pena di avere una certa persona.**

**51. Hai frenato l'impulso di distruggere qualcosa.**

**52. Hai disobbedito alla legge e l'hai fatta franca.**

**53. Il fulmine non ti ha colpito.**

**54. Hai riparato qualcosa.**

**55. Hai ignorato un'interruzione della tua lettura.**

LISTA 11

# Sezione dell'Invalidazione

Le persone aberrate utilizzano due metodi diversi ed estremamente aberrati per controllare gli altri. Il primo consiste nel forzare le altre persone a fare esattamente ciò che si vuole con il meccanismo della recriminazione, della negazione dell'amicizia o dell'appoggio, a meno che non eseguano immediatamente ciò che viene loro richiesto. In altri termini: "Fa' esattamente quel che ti dico o non sarò più tuo alleato". Questo è *dominio* bello e buono. Per di più, tramite la collera, la critica aperta, le accuse ed altri meccanismi si cerca di costringere un'altra persona in uno stato di sottomissione, sminuendola. Si potrebbe definire il secondo metodo "dominio tramite *nullificazione*". Si tratta di un sistema nascosto e molto spesso la persona che ne è vittima non si accorge di nulla, se non del fatto che sa di essere molto infelice. Questo è il sistema di dominio dei codardi. La persona che lo utilizza ha la sensazione di essere inferiore all'individuo su cui lo esercita e non ha l'onestà né il coraggio di ammetterlo con se stessa. Comincia allora, in modo molto simile alle termiti che rodono le fondamenta (come avviene in California), a "ridimensionare" l'altra persona, facendo uso di critiche malevole. La persona che cerca il dominio colpisce pesantemente l'orgoglio e le capacità del suo bersaglio e tuttavia, se in qualsiasi momento il bersaglio la sfida a sua volta, costei ribatte di comportarsi in quel modo solo per il suo bene e per amicizia oppure nega nel modo più assoluto di averlo fatto.

Dei due metodi, il secondo è di gran lunga il più dannoso. Chi lo utilizza cerca di ridurre un'altra persona al punto in cui questa possa essere completamente controllata e non si fermerà finché non avrà ridotto il suo bersaglio in uno stato di confusa apatia. Si potrebbe definire l'"invalidazione" il minimo comune denominatore della nullificazione. Chi nullifica cerca di invalidare non solo la persona, ma anche le abilità e la conoscenza del suo bersaglio. Dice che ciò che il bersaglio possiede non è poi così importante come potrebbe essere. Le esperienze della persona che si vuole nullificare vengono sminuite. Anche l'aspetto, la forza, le capacità fisiche e le potenzialità del bersaglio vengono invalidate. Tutto ciò può essere fatto in modo talmente nascosto da sembrare che sia "nell'interesse" del bersaglio. Chi nullifica cerca di "migliorare" la persona che sta invalidando.

La prima domanda di questa lista dovrebbe essere, naturalmente, quante persone hai conosciuto che, con la scusa di volerti dare una mano, hanno cercato con insistenza di distruggere la tua personalità, ridurre il tuo futuro, le tue speranze, le tue mete e l'energia stessa della tua vita?

# LISTA 11
## SEZIONE DELL'INVALIDAZIONE

*Puoi rievocare una volta in cui:*

1. **Una persona molto più piccola di te si è risentita per la tua statura.**

2. **Una persona più grande di te ti ha fatto sentire inferiore.**

3. **Una persona non voleva lasciarti finire qualcosa.**

4. **Un oggetto era troppo per te.**

5. **Trovavi che uno spazio era troppo grande.**

6. **Sei stato spinto indietro perché eri troppo piccolo.**

7. **Non sei riuscito a far parte della squadra.**

8. **Hai scoperto di essere all'altezza.**

9. **Hai scoperto che qualcuno aveva mentito su quanto tu fossi cattivo.**

10. **Hai scoperto che avevi avuto ragione dopo tutto.**

11. **Hai scoperto che la tua decisione sarebbe stata la migliore.**

☐ *Vista*
☐ *Olfatto*
☐ *Tatto*
☐ *Colore*
☐ *Tono*
☐ *Movimento Esterno*
☐ *Emozione*
☐ *Volume dei Suoni*
☐ *Posizione del Corpo*
☐ *Suono*
☐ *Peso*
☐ *Movimento Personale*

SELF-ANALISI
L. RON HUBBARD

*Puoi rievocare una volta in cui:*

**12. Hai risolto un problema che nessun altro sapeva risolvere.**

**13. Hai scoperto che al mondo c'erano persone più brutte di te.**

**14. Hai scoperto che potevi ignorare l'opinione di qualcuno.**

☐ *Vista*
☐ *Olfatto*
☐ *Tatto*
☐ *Colore*
☐ *Tono*
☐ *Movimento Esterno*
☐ *Emozione*
☐ *Volume dei Suoni*
☐ *Posizione del Corpo*
☐ *Suono*
☐ *Peso*
☐ *Movimento Personale*

**15. Hai scoperto che qualcun altro pensava che avevi davvero fatto qualcosa di buono.**

**16. Sei stato ammirato per il tuo aspetto.**

**17. Sei prevalso su una macchina.**

**18. Hai portato a termine un viaggio difficile.**

**19. Hai scoperto che qualcuno che ti denigrava era disonesto in altri modi.**

**20. Ti sei accorto che eri più grande e più potente di un animale.**

**21. Hai scoperto la tua competenza.**

**22. Hai avuto completamente la meglio su qualcuno.**

## Lista 11
### Sezione dell'Invalidazione

*Puoi rievocare una volta in cui:*

23. **Un nemico ti ha chiesto pietà.**

24. **Hai fatto sanguinare qualcun altro.**

25. **Ti sei preso la fetta più grossa e te la sei tenuta.**

26. **Hai fatto sentire il tuo peso.**

27. **Eri troppo pesante per qualcuno.**

28. **Hai ucciso qualcosa.**

29. **Hai vinto.**

30. **Sei riuscito a sottrarti a qualcuno che ti invalidava.**

31. **Hai scoperto che tu eri nel giusto e che il tuo vecchio aveva torto.**

32. **Hai scoperto che potevi migliorare.**

33. **Sei guarito quando secondo loro non c'era nessuna speranza per te.**

34. **Ti sei meravigliato della tua resistenza.**

☐ *Vista*
☐ *Olfatto*
☐ *Tatto*
☐ *Colore*
☐ *Tono*
☐ *Movimento Esterno*
☐ *Emozione*
☐ *Volume dei Suoni*
☐ *Posizione del Corpo*
☐ *Suono*
☐ *Peso*
☐ *Movimento Personale*

*Puoi rievocare una volta in cui:*

☐ *Vista*
☐ *Olfatto*
☐ *Tatto*
☐ *Colore*
☐ *Tono*
☐ *Movimento Esterno*
☐ *Emozione*
☐ *Volume dei Suoni*
☐ *Posizione del Corpo*
☐ *Suono*
☐ *Peso*
☐ *Movimento Personale*

**35. Hai scoperto che capivi.**

**36. Hai fatto un lavoro che nessuno credeva possibile.**

**37. Oggi eri orgoglioso di te stesso.**

LISTA 12

# GLI ELEMENTI

Il nemico principale dell'Uomo nell'ambiente sono le condizioni atmosferiche. Case, stufe, vestiti e persino il cibo, nella misura in cui fornisce calore corporeo e mobilità, sono armi di difesa contro le tempeste, il freddo, il caldo e la notte.

*Puoi rievocare una volta in cui:*

1. Avesti la meglio su una tempesta.

2. I tuoni ti procurarono piacere.

3. Ti divertisti nella neve.

4. Ti godesti la luce del sole.

5. Tutti gli altri dicevano che faceva troppo caldo, ma tu ne godevi.

6. Avesti la meglio su una distesa d'acqua.

7. La pioggia aveva un effetto calmante.

☐ *Vista*
☐ *Olfatto*
☐ *Tatto*
☐ *Colore*
☐ *Tono*
☐ *Movimento Esterno*
☐ *Emozione*
☐ *Volume dei Suoni*
☐ *Posizione del Corpo*
☐ *Suono*
☐ *Peso*
☐ *Movimento Personale*

SELF-ANALISI
L. RON HUBBARD

*Puoi rievocare una volta in cui:*

□ *Vista*
□ *Olfatto*
□ *Tatto*
□ *Colore*
□ *Tono*
□ *Movimento Esterno*
□ *Emozione*
□ *Volume dei Suoni*
□ *Posizione del Corpo*
□ *Suono*
□ *Peso*
□ *Movimento Personale*

**8. Eri felice che fosse una giornata nuvolosa.**

**9. Il vento ti mise in uno stato di eccitazione.**

**10. La notte era dolce.**

**11. Eri contento di vedere il Sole.**

**12. Il tempo era favorevole.**

**13. Avesti la meglio su dei cavalloni.**

**14. L'aria era stimolante.**

**15. Eri contento della stagione.**

**16. Ti scaldasti dopo aver avuto troppo freddo.**

**17. Un'alba ti mise in uno stato di eccitazione.**

**18. Sentisti che possedevi le stelle.**

**19. Provasti eccitazione per un chicco di grandine.**

**20. Scopristi il disegno dei fiocchi di neve.**

**21. La rugiada luccicava.**

## Lista 12
## Gli Elementi

*Puoi rievocare una volta in cui:*

22. **Avanzava una morbida nebbia.**

23. **Ce la facesti a superare la violenza di una tempesta.**

24. **Fuori il tempo era spaventoso e tu eri al calduccio a casa tua.**

25. **Il vento trasmetteva una sensazione piacevole.**

26. **Sei sopravvissuto a quella esperienza.**

27. **Scopristi che ti piaceva il tuo clima.**

28. **Fosti contento di vedere la primavera.**

29. **Sentisti che potevi avere la meglio su tutti i venti del mondo.**

30. **Ammirasti una tempesta.**

31. **Ti godesti il lampo.**

- ☐ *Vista*
- ☐ *Olfatto*
- ☐ *Tatto*
- ☐ *Colore*
- ☐ *Tono*
- ☐ *Movimento Esterno*
- ☐ *Emozione*
- ☐ *Volume dei Suoni*
- ☐ *Posizione del Corpo*
- ☐ *Suono*
- ☐ *Peso*
- ☐ *Movimento Personale*

RIPRENDI DI NUOVO DALLA LISTA UNO E RIPETI UN'ALTRA VOLTA TUTTE LE LISTE FINCHÉ IL LIBRO NON È STATO USATO MOLTE VOLTE.

LISTE PER SEDUTE SPECIALI

# Se Rievocare una Determinata Cosa Ti Ha Fatto Sentire a Disagio

Nel rievocare certi episodi della tua vita può darsi che tu ti senta a disagio. Per superare questa cosa esistono diversi modi.

## Dolore Fisico:

Se nella situazione che hai rievocato c'è del vero e proprio *dolore fisico*, non sforzarti di continuare con questo episodio, ma concentrati su episodi successivi che gradualmente ti riportino al presente. Queste domande ti aiuteranno a farlo.

**1. Rievoca un episodio piacevole accaduto più tardi.**

**2. Rievoca ciò che stavi facendo in questo periodo l'anno scorso.**

**3. Rievoca un momento in cui ti stavi proprio divertendo.**

**4. Rievoca ciò che stavi facendo in questo periodo il mese scorso.**

**5. Rievoca ciò che stavi facendo ieri.**

**6. Rievoca qualcosa di piacevole che è accaduto oggi.**

*Rievoca, una dopo l'altra, tutte queste cose un'altra volta.*

## Dispiacere:

Se nella situazione non c'era alcun dolore fisico, ma c'era del *dispiacere*, rievoca queste cose:

1. **Il momento successivo a quando sei entrato in possesso di qualcosa che ti piaceva.**

2. **Rievoca qualcosa che hai ora che ti dà piacere.**

3. **Rievoca qualcosa che hai desiderato per molto tempo e alla fine hai ottenuto.**

4. **Rievoca una volta in cui qualcuno è stato molto gentile con te.**

5. **Rievoca gli ultimi soldi che hai ricevuto.**

6. **Rievoca cos'hai mangiato ieri sera per cena.**

7. **Rievoca cosa hai mangiato oggi.**

*Rievoca tutti questi episodi un'altra volta, con tutti i percetti disponibili.*

*Se nel sottoporti al processing continui ad imbatterti in episodi di dolore fisico o di afflizione ed hai l'impressione di non riuscire a porvi rimedio, chiama un auditor di Dianetics della tua zona e fatti fissare una visita professionale, in modo da farti aiutare a raggiungere un punto in cui la lista può essere utilizzata con profitto.*

SE RIEVOCARE UNA DETERMINATA COSA TI HA FATTO SENTIRE A DISAGIO

☐ *Vista*
☐ *Olfatto*
☐ *Tatto*
☐ *Colore*
☐ *Tono*
☐ *Movimento Esterno*
☐ *Emozione*
☐ *Volume dei Suoni*
☐ *Posizione del Corpo*
☐ *Suono*
☐ *Peso*
☐ *Movimento Personale*

## Desiderio di Evitare il Ricordo:

Se ti sei sentito semplicemente a disagio, senza provare molto dispiacere o dolore fisico, ma desideravi semplicemente *evitare il ricordo,* usa la lista seguente:

1. **Rievoca di nuovo l'episodio per intero, dall'inizio alla fine.**

2. **Rievoca l'episodio ancora una volta.**

3. **Rievoca un episodio precedente simile ad esso.**

4. **Rievoca un episodio simile ad esso ancora più remoto.**

5. **Rievoca l'episodio più remoto, simile ad esso, che riesci ad ottenere.**

6. **Rievoca di nuovo tutti questi episodi per intero, uno dopo l'altro.**

7. **Rievoca di nuovo tutti gli episodi, uno dopo l'altro, dal più remoto al più recente.**

8. **Rievoca di nuovo tutti questi episodi.**

9. **Esamina la catena di episodi simili e trovane di successivi fino al presente.**

10. **Rievoca un episodio piacevole che è avvenuto negli ultimi giorni, ottenendone tutti i possibili percetti.**

11. **Rievoca cosa stavi facendo un'ora fa.**

- ☐ *Vista*
- ☐ *Olfatto*
- ☐ *Tatto*
- ☐ *Colore*
- ☐ *Tono*
- ☐ *Movimento Esterno*
- ☐ *Emozione*
- ☐ *Volume dei Suoni*
- ☐ *Posizione del Corpo*
- ☐ *Suono*
- ☐ *Peso*
- ☐ *Movimento Personale*

## STABILIZZARE:

Questo in genere stabilizza *ognuna* delle condizioni citate prima.

1. **Rievoca un momento che ti sembra davvero reale.**

2. **Rievoca un momento in cui sentisti della vera affinità da parte di qualcuno.**

3. **Rievoca un momento in cui qualcuno era in buona comunicazione con te.**

4. **Rievoca un momento in cui sentisti una profonda affinità per qualcun altro.**

5. **Rievoca un momento in cui sapevi di star davvero comunicando con qualcuno.**

6. **Rievoca un momento in cui parecchie persone furono completamente d'accordo con te.**

7. **Rievoca un momento in cui fosti d'accordo con qualcun altro.**

8. **Rievoca un momento, negli ultimi due giorni, in cui ti sei sentito affettuoso.**

9. **Rievoca un momento, negli ultimi due giorni, in cui qualcuno ha sentito affetto per te.**

**10. Rievoca un momento, negli ultimi due giorni, in cui sei stato in buona comunicazione con qualcuno.**

**11. Rievoca un momento, negli ultimi due giorni, che ti sembra davvero reale.**

**12. Rievoca un momento, negli ultimi due giorni, in cui sei stato in buona comunicazione con la gente.**

*Rievoca diversi episodi di ogni tipo.*

*Secondo la scienza medica ed in base ad esperimenti effettuati, si è scoperto che durante il processing c'è bisogno di grandi quantità di vitamina $B_1$. È stato rilevato che un'alimentazione ricca di proteine ed una dose giornaliera da 100 a 200 mg di $B_1$ forniscono un aiuto sostanziale nel processing. È stato scoperto che non assumere la vitamina $B_1$ e non nutrirsi con cibo ad alto contenuto proteico durante il periodo in cui ci si sottopone al processing, dà origine ad incubi e nervosismo. Nota che questa è una scoperta medica che risale a molti anni addietro e non è propria di Dianetics.*

LISTE PER SEDUTE SPECIALI

# Lista di Fine Seduta

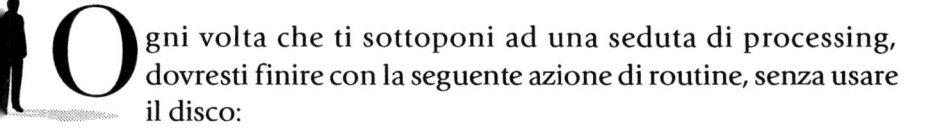

Ogni volta che ti sottoponi ad una seduta di processing, dovresti finire con la seguente azione di routine, senza usare il disco:

1. **Ripassa rapidamente la seduta che hai appena concluso.**

2. **Ripassa ancora una volta quello che hai fatto, prestando particolare attenzione a come sei stato seduto.**

3. **Ripercorri l'intera seduta considerando solo cosa hai fatto con le mani e quali cose hai sentito nel mondo esterno durante la seduta.**

4. **Punta ora la tua attenzione su un oggetto piacevole vicino a te.**

*Ripeti queste cose finché non ti senti rinfrancato nell'ambiente immediatamente circostante.*

# APPENDICE

| | |
|---|---|
| PER APPROFONDIRE LO STUDIO | 311 |
| GUIDA AI MATERIALI | 318 |
| INDIRIZZI | 320 |
| GLOSSARIO REDAZIONALE DI TERMINI ED ESPRESSIONI | 325 |
| INDICE ANALITICO | 345 |

# Per Approfondire lo Studio
## Libri e conferenze di L. Ron Hubbard

I materiali di Dianetics e di Scientology costituiscono il più vasto corpus di conoscenze che mai sia stato messo insieme, circa la mente, lo spirito e la vita; tali materiali sono stati rigorosamente perfezionati e codificati da L. Ron Hubbard, nel corso di cinque decenni di ricerche, indagini e sviluppo. I risultati di questo lavoro sono contenuti in centinaia di libri e in oltre 3.000 conferenze registrate. Ne potete richiedere un elenco e una descrizione completa, presso qualsiasi Chiesa di Scientology od Organizzazione di Pubblicazioni, inclusa l'indicazione di quali edizioni tradotte sono disponibili nella vostra lingua. (Vedi la sezione *Guida ai Materiali* a pag. 318)

Dianetics è il precursore ed è parte integrante della religione di Scientology. Nelle pagine che seguono sono elencati i libri e le conferenze consigliate a chi è nuovo a questo soggetto. Li troverete nello stesso ordine in cui Ron li scrisse o, rispettivamente, le tenne. Un vantaggio non trascurabile dallo studio cronologico di questi libri e di queste conferenze deriva dall'assimilazione di parole e termini che, quando furono utilizzati per la prima volta, vennero definiti con estrema esattezza da Ron stesso. Con uno studio cronologico diventa possibile seguire i progressi di questa materia e quindi non solo ottenerne una maggior comprensione, ma anche metterla in pratica nella vita.

Nell'elenco di libri e conferenze che segue potrete individuare dove si inserisce *Self-Analisi* in questa evoluzione. Da lì, potrete stabilire quale sarà il vostro *prossimo* passo, o determinare quali sono i libri e le conferenze che vi sono eventualmente sfuggiti. Sarete quindi in grado di colmare qualsiasi lacuna, acquisendo non solo una maggiore conoscenza di ciascuna delle scoperte determinanti, ma anche una più grande comprensione di ciò che avete già studiato.

Questo è il cammino che vi conduce a *sapere come sapere* e che spalanca innanzi a voi le porte verso un futuro migliore. Percorretelo e vedrete.

# LIBRI E CONFERENZE
# DI DIANETICS

**DIANETICS: LA TESI ORIGINALE** • La *prima* descrizione di Dianetics scritta da Ron. Originariamente distribuita sotto forma di manoscritto, venne presto copiata e passata di mano in mano. Il passaparola creò una tale richiesta di maggiori informazioni su questo nuovo argomento, che Ron concluse che l'unico modo per far fronte a queste richieste era la stesura di un libro. Quel libro era Dianetics: La Forza del Pensiero sul Corpo, il più grande best seller di tutti i tempi sul miglioramento personale. Scoprite che cosa ha dato inizio a tutto quanto. Qui abbiamo quindi i principi fondamentali su cui poggiano le scoperte di Dianetics: gli *Assiomi Originali*, il *Principio Dinamico dell'Esistenza*, l'*Anatomia della Mente Analitica e della Mente Reattiva*, le *Dinamiche*, la *Scala del Tono*, il *Codice dell'Auditor* e la prima descrizione di un *Clear*. Troverete inoltre le leggi principali che descrivono *come* e *perché* l'auditing funziona. Questi dati si trovano solo qui, in Dianetics: La Tesi Originale.

**DIANETICS: EVOLUZIONE DI UNA SCIENZA** • Questa è la storia di *come* Ron scoprì la mente reattiva e sviluppò le procedure di auditing per sbarazzarsene. Scritto in origine per una rivista statunitense pubblicata in concomitanza con l'uscita di Dianetics: La Forza del Pensiero sul Corpo, questo articolo diede inizio a un movimento inarrestabile virtualmente nell'arco di una sola notte, con la pubblicazione del libro. Contiene sia i fondamenti di Dianetics che l'unica cronaca di Ron sul suo viaggio ventennale ricco di scoperte e su come applicò una metodologia scientifica per districare i misteri e i problemi della mente umana. Ecco quindi il culmine di una ricerca dell'Uomo durata 10.000 anni.

**DIANETICS: LA FORZA DEL PENSIERO SUL CORPO** • Il fulmine a ciel sereno che diede inizio a un movimento internazionale. Infatti ecco il libro di Ron che rappresenta una svolta decisiva e che presenta la scoperta della *mente reattiva* che giace al di sotto della consapevolezza dell'Uomo e lo rende schiavo. È la fonte dei tuoi incubi, delle tue paure irragionevoli, dei turbamenti e dell'insicurezza. Ed ecco il modo con cui sbarazzarsene e conseguire la meta di Clear da lungo tempo ambita. Questo è un completo manuale per la procedura di Dianetics e, grazie ad essa, una qualsiasi coppia di persone discretamente intelligenti possono spezzare le catene che le tenevano prigioniere ai turbamenti e ai traumi del passato. Best seller da oltre mezzo secolo e tradotto in oltre cinquanta lingue, con decine di milioni di copie in circolazione e in uso in più di 100 paesi sulla Terra, Dianetics: La Forza del Pensiero sul Corpo è, incontestabilmente, il libro sulla mente umana maggiormente letto e più influente che sia mai stato scritto. E questo è il motivo per cui verrà sempre conosciuto come *Libro Uno*.

**DIANETICS – CONFERENZE E DIMOSTRAZIONI** • Immediatamente dopo la pubblicazione di *Dianetics*, Ron iniziò a tenere conferenze a platee gremite, in tutti gli Stati Uniti. Benché si rivolgesse a migliaia di persone alla volta, la richiesta continuava a crescere. Al fine di soddisfare tale richiesta, la sua presentazione di Oakland in California venne registrata. In queste quattro conferenze, Ron racconta gli avvenimenti che stimolarono la sua indagine e il suo viaggio personale verso scoperte innovative. Tenne in seguito una dimostrazione personale dell'auditing di Dianetics, l'unica dimostrazione di Libro Uno di quel genere, disponibile, e quindi di valore inestimabile per i Dianeticist. *4 conferenze.*

## Self-Processing

**SELF-ANALISI -** *IL MANUALE FONDAMENTALE DI SELF-PROCESSING* • *(Il presente libro.)* Le barriere della vita non sono, in realtà, che ombre. Imparate a conoscere voi stessi: non solo un'ombra di voi stessi. Con la più completa descrizione della coscienza, Self-Analisi vi porta attraverso il vostro passato, attraverso i vostri potenziali, la vostra vita. Prima con una serie di esami di voi stessi usando il Quadro Hubbard della Valutazione Umana, troverete la vostra posizione sulla Scala del Tono. Poi, applicando una serie di procedimenti leggeri, ma potenti allo stesso tempo, vi imbarcherete nella grande avventura della scoperta di voi stessi. Questo libro contiene principi di base che raggiungono *qualsiasi* caso, dal più basso al più alto, e racchiude tecniche di auditing così efficaci che Ron le menziona più e più volte nei successivi anni di ricerca negli stati più elevati. Per riassumere, questo libro, non solo porta una persona verso l'alto nella Scala del Tono, ma può liberarla praticamente da tutto.

**MANUALE PER I PRECLEAR -** *IL MANUALE AVANZATO DI SELF-PROCESSING* • Qui troviamo i Quindici Atti di Self-processing intesi a riabilitare l'*Auto-determinazione*. Inoltre, questo libro contiene diversi saggi che forniscono la più esauriente descrizione dello *Stato Ideale dell'Uomo*. Scoprite perché gli schemi di comportamento diventano così solidamente fissi; perché sembra che non ci si possa liberare di abitudini; come le decisioni di molto tempo fa hanno più potere su una persona di una decisione di oggi; e perché una persona mantiene nel presente le esperienze passate negative. È tutto chiaramente delineato nel Quadro degli Atteggiamenti (una scoperta significativa che fa da complemento al Quadro Hubbard della Valutazione Umana) e traccia lo stato d'essere ideale come pure gli *atteggiamenti* e le *reazioni* che una persona ha nei confronti della vita. *Nel self-processing, il Manuale per i Preclear viene usato insieme a Self-Analisi.*

# LIBRI DI SCIENTOLOGY

### TEORIA E PRATICA

**SCIENTOLOGY: I FONDAMENTI DEL PENSIERO - *LIBRO DI BASE SULLA TEORIA E SULLA PRATICA DI SCIENTOLOGY PER NEO-SCIENTOLOGIST*** • Denominato da Ron come il *Libro Uno di Scientology*. Dopo aver interamente unificato e organizzato sistematicamente Dianetics e Scientology, venne il perfezionamento dei loro *principi fondamentali*. Originariamente pubblicato come riassunto di Scientology perché fosse tradotto in lingue non anglosassoni, questo libro ha un valore inestimabile per lo studente della mente, spirito e vita, che si tratti di un principiante o di uno studente più avanzato. Armata anche solo di questo libro, una persona può dare inizio ad un'attività professionale e operare cambiamenti che hanno del miracoloso, nello stato di benessere, capacità e intelligenza delle persone. Questo volume contiene il *Ciclo-di-Azione*, le *Condizioni dell'Esistenza*, le *Otto Dinamiche*, il *Triangolo di ARC*, le *Parti dell'Uomo*, la completa analisi della *Vita come Gioco*, ed altro, compresi gli esatti procedimenti relativi a questi principi che chiunque può applicare nel processing. In un solo libro, si trovano i veri e propri fondamenti di Scientology da applicare in ogni aspetto della propria esistenza, come pure i mezzi atti ad innalzare le condizioni di un'intera cultura.

### LAVORO

**I PROBLEMI DEL LAVORO - *SCIENTOLOGY APPLICATA AL MONDO DEL LAVORO QUOTIDIANO*** • Come Ron spiega in questo libro, la vita è costituita per sette decimi di lavoro, per un decimo di famiglia, per un decimo di attività politica e per un decimo di relax. Ecco qui un'applicazione di Scientology ai sette decimi dell'esistenza che include soluzioni per l'*Esaurimento* e il *Segreto dell'Efficienza*. Ed ecco anche un'analisi della vita stessa, ovvero un gioco che segue regole ben precise. Acquisite questa conoscenza e avrete successo. I Problemi del Lavoro contiene tecnologia di cui nessuno può fare a meno e che può essere usata immediatamente da chiunque nel mondo del lavoro quotidiano.

### PRINCIPI SULLA VITA

**SCIENTOLOGY: UNA NUOVA OTTICA SULLA VITA** • Elementi essenziali di Scientology per ogni aspetto della vita. Ecco delle risposte fondamentali che vi mettono al timone della vostra esistenza, ecco delle verità cui fare riferimento in continuazione: *È Possibile Essere Felici?*, *Due Regole per Vivere Felici*, *Integrità Personale*, *La Personalità Antisociale* e molte, molte altre. In ogni parte di questo libro, troverete delle verità di Scientology che descrivono le condizioni della *vostra* vita e i mezzi *precisi* con cui migliorarle.

315

# È ORA POSSIBILE *SENTIRE* LA STORIA DI DIANETICS E SCIENTOLOGY

## DALL'UOMO CHE L'HA VISSUTA.

"Per conoscere davvero la vita bisogna farne parte" scrisse L. Ron Hubbard. "Si deve guardare, penetrare i recessi dell'esistenza, frequentare ogni tipo d'uomo prima di stabilire alla fine che cosa egli sia."

Nel corso del suo straordinario viaggio verso la fondazione di Dianetics e Scientology, Ron non fece altro. Dalla sua avventurosa gioventù nel selvaggio West degli Stati Uniti alla sua lontana spedizione attraverso un'Asia ancora misteriosa; dalla sua ricerca ventennale per scoprire l'essenza della vita al trionfo di Dianetics e Scientology, questa è la storia narrata da Ron in una conferenza talmente leggendaria che è stata ascoltata da milioni di persone.

Come ha potuto un individuo, da solo, scoprire la fonte di tutte le aberrazioni umane e fornire un'effettiva tecnologia che permettesse all'Uomo d'innalzarsi ad altezze più elevate di onestà, decoro e libertà personale? Scopritelo da voi, in una storia che solo un uomo che l'ha vissuta poteva raccontare.

*Acquistate*
*La Storia di Dianetics e Scientology*
UNA CONFERENZA DI L. RON HUBBARD

Disponibile presso qualsiasi Chiesa di Scientology o direttamente dalla casa editrice.
www.bridgepub.com · www.newerapublications.com

# INOLTRE POTETE
## *FARE LA CONOSCENZA* DI L. RON HUBBARD

## NELLA SUA *UNICA* INTERVISTA FILMATA

*Che cos'è Scientology?*
*In che modo può l'uomo comune mettere in pratica Scientology?*
*Come può Scientology aiutare le persone a superare i loro problemi?*
*Perché l'Uomo si trova su questo pianeta e qual è lo scopo della sua presenza qui?*

Sono domande che si pongono milioni di persone e in questa rara intervista filmata, Ron ha fornito le risposte: da che cosa fu *spinto* nella sua ricerca per aiutare l'Umanità, quali furono le *scoperte* duramente ottenute che fornirono le risposte, da lungo tempo ambite, agli enigmi della mente e della vita, e come costruì un *cammino* che realizzasse nuovi stati di beingness (condizione di essere) e di felicità: ecco come Ron in persona lo spiegò al mondo.

Fate la conoscenza dell'uomo che nell'era atomica fondò una nuova religione, una religione che si estende ora su tutto il globo, una religione che sta cambiando il volto della Terra, una religione in cui la scienza e la religione finalmente trovano un punto d'incontro e perciò… una religione che poteva solo chiamarsi *Scientology*.

### *Acquistate*
### Un'Introduzione a Scientology

Disponibile presso qualsiasi Chiesa di Scientology o direttamente dalla casa editrice.
**www.bridgepub.com · www.newerapublications.com**

# Richiedete una copia omaggio della Guida ai Materiali

- Tutti i libri
- Tutte le conferenze
- Tutti i libri di riferimento

Tutto quanto esposto in ordine cronologico con una completa descrizione del contenuto di ognuno.

# Avete Intrapreso un'Avventura! Eccone la Mappa.

Il vostro viaggio verso la comprensione di Dianetics e Scientology è la più grande avventura che ci sia. Tuttavia avete bisogno di una mappa per sapere in che direzione state andando.

Questa mappa è la Guida ai Materiali. Vi mostra tutti i libri e le conferenze di Ron con una completa descrizione del loro contenuto e degli argomenti trattati, così che possiate trovare esattamente quello che *voi* state cercando e quello di cui *voi* avete specificamente bisogno.

Le nuove edizioni di tutti i libri includono un glossario esteso, contenente le definizioni di ogni termine tecnico. E come risultato di un monumentale progetto di traduzione, centinaia delle conferenze di Ron stanno per essere rese disponibili su compact disc, corredate di trascrizioni complete, glossari, grafici e diagrammi delle conferenze, così come le pubblicazioni a cui Ron fa riferimento nelle conferenze. Come risultato, apprenderete *tutti* i dati imparandoli con facilità, e in tal modo non solo acquisirete una completa comprensione *concettuale*, ma, con ogni passo del vostro cammino, potrete ascendere a stati più elevati di libertà personale.

Per ottenere una copia OMAGGIO della Guida ai Materiali e il relativo Catalogo o per ordinare i libri e le conferenze di L. Ron Hubbard, mettiti in contatto con:

Regno Unito ed Europa:
**New Era Publications
International ApS**
Smedeland 20
2600 Glostrup, Danimarca
www.newerapublications.com
Telefono: +800-808-8-8008
Fax: (45) 33 73 66 33

USA e altri Paesi:
**Bridge
Publications, Inc.**
5600 E. Olympic Boulevard
Commerce, California 90022 USA
www.bridgepub.com
Telefono: 1-800-722-1733
Fax: 1-323-953-3328

*I libri e le conferenze sono anche disponibili direttamente presso le Chiese di Scientology. Vedere la sezione* **Indirizzi**.

# INDIRIZZI

Dianetics è il precursore ed è parte integrante della religione di Scientology, la religione che ha oggi l'espansione più rapida al mondo. Esistono Centri e Chiese nelle città di tutto il mondo e se ne stanno formando di nuovi in continuazione.

Le Fondazioni di Dianetics offrono servizi introduttivi e vi possono aiutare a prendere il via nel vostro viaggio personale, o a farvi iniziare l'avventura dell'auditing di Dianetics. Per ricevere maggiori informazioni o per localizzare le Fondazioni di Dianetics a voi più vicine, visitate il sito web di Dianetics:

**www.dianetics.it**
e-mail: info@dianetics.org

Tutte le Chiese di Scientology hanno al loro interno una Fondazione di Dianetics, la quale offre sia servizi introduttivi sia regolare addestramento per questo soggetto. Possono inoltre fornirvi ulteriori informazioni sulle susseguenti scoperte di L. Ron Hubbard sul soggetto di Scientology. Per maggiori informazioni visitate:

**www.scientology.org**
e-mail: info@scientology.org

Potete anche scrivere a una delle Organizzazioni Continentali elencate nelle pagine seguenti, le quali potranno indirizzarvi ad una delle migliaia dei Centri e Chiese di Scientology sparsi nel mondo.

Potete ottenere i libri e le conferenze di L. Ron Hubbard rivolgendovi a uno di questi indirizzi oppure direttamente da una delle case editrici elencate alla pagina precedente.

# ORGANIZZAZIONI DI LIVELLO CONTINENTALE:

## EUROPA

UFFICIO DI COLLEGAMENTO CONTINENTALE
PER L'EUROPA
Store Kongensgade 55
1264 Copenaghen K, Danimarca

> Ufficio di Collegamento per l'Italia
> Via Cadorna, 61
> 20090 Vimodrone
> Milano, Italia

> Ufficio di Collegamento per la
> Comunità di Stati Indipendenti
> Management Center of Dianetics and
> Scientology Dissemination
> Pervomajskaya Street, House 1A
> Korpus Grazhdanskoy Oboroni
> Losino-Petrovsky Town
> 141150 Mosca, Russia

> Ufficio di Collegamento per la
> Penisola Iberica
> C/Miguel Menendez Boneta, 18
> 28460 - Los Molinos
> Madrid, Spagna

> Ufficio di Collegamento per
> l'Europa Centrale
> Nánási út 1/C
> 1031 Budapest, Ungheria

## AUSTRALIA, NUOVA ZELANDA E OCEANIA

UFFICIO DI COLLEGAMENTO CONTINENTALE
PER AUSTRALIA, NUOVA ZELANDA E OCEANIA
20 Dorahy Street
Dundas, New South Wales 2117
Australia

> Ufficio di Collegamento per Taiwan
> 1st, No. 231, Cisian 2nd Road
> Kaohsiung City
> Taiwan ROC

## STATI UNITI D'AMERICA

**Ufficio di Collegamento Continentale
per gli Stati Uniti Occidentali**
1308 L. Ron Hubbard Way
Los Angeles, California 90027 USA

**Ufficio di Collegamento Continentale
per gli Stati Uniti Orientali**
349 W. 48th Street
New York, New York 10036 USA

## CANADA

**Ufficio di Collegamento Continentale
per il Canada**
696 Yonge Street, 2nd Floor
Toronto, Ontario
Canada M4Y 2A7

## AMERICA LATINA

**Ufficio di Collegamento Continentale
per l'America Latina**
Federacion Mexicana de Dianetica
Calle Puebla N. 31
Colonia Roma, Mexico D.F.
C.P. 06700, Mexico

## REGNO UNITO

**Ufficio di Collegamento Continentale
per il Regno Unito**
Saint Hill Manor
East Grinstead, West Sussex
England, RH19 4JY

## AFRICA

**Ufficio di Collegamento Continentale
per l'Africa**
5 Cynthia Street
Kensington
Johannesburg 2094, South Africa

# Richiedi una Tessera Introduttiva Gratuita Valida Sei Mesi
## della International Association of Scientologists

L' International Association of Scientologists è l'organizzazione che unisce gli Scientologist di ogni dove nella crociata più importante sulla Terra.

Una Tessera Introduttiva Gratuita valida sei mesi, viene offerta esclusivamente a chiunque non sia stato membro dell'Associazione in precedenza.

Come membro, potrai usufruire di sconti sui materiali di Scientology, offerti unicamente ai Membri della IAS. Riceverai inoltre la rivista dell'Associazione, *IMPACT*, pubblicata sei volte l'anno, colma di notizie sugli Scientologist di tutto il mondo.

Lo scopo della IAS è:

*"Unire, promuovere, sostenere e proteggere la religione di Scientology e gli Scientologist in ogni parte del mondo in modo da raggiungere le Mete di Scientology formulate da L. Ron Hubbard".*

Unisciti alla forza più potente esistente oggi sul pianeta, per realizzare un cambiamento positivo e contribuire a far conoscere a milioni di persone le grandi verità racchiuse in Scientology.

**Entra a far parte della International Association of Scientologists.**

Per richiedere la tessera,
scrivi a: International
Association of Scientologists
c/o Saint Hill Manor, East Grinstead,
West Sussex, England RH19 4JY

www.iasmembership.org

# Glossario Redazionale
## di Termini ed Espressioni

*Le parole hanno spesso diversi significati. Le definizioni date qui forniscono solo il significato che la parola in esame assume nel contesto del libro. I termini di Dianetics appaiono in neretto. A fianco di ogni definizione del glossario troverete la pagina in cui appaiono per la prima volta così, se desiderate, potete farvi riferimento.*

*Questo glossario non vuole essere un sostituto di un regolare dizionario della propria lingua o di Dianetics e Scientology, cui si dovrebbe fare riferimento per ogni parola da chiarire che non appare nel glossario.*

*– I Redattori*

**aberranti:** che producono o causano aberrazione. Pag. 98.

**aberrata:** affetta da *aberrazione*. Una condotta aberrata è una condotta inopportuna, o una condotta non sostenuta dalla ragione. L'aberrazione è un allontanamento da pensiero o comportamento razionali; qualcosa di irrazionale. *Vedi anche* **aberrazione**. Pag. 38.

**aberrazione:** allontanamento da pensiero o comportamento razionali. Dal latino *aberrare*, allontanarsi da, composto da *ab*, via, ed *errare*, vagare. *Aberrazione* fondamentalmente significa sviarsi, commettere errori o, più specificamente, avere idee fisse che non sono vere. La parola è anche usata nel suo senso scientifico. Significa deviare da una linea retta. Una linea che dovesse andare da A a B, se fosse "aberrata", andrebbe da A ad un altro punto, ad un altro punto, ad un altro punto, ad un altro punto, ad un altro punto e alla fine arriverebbe a B. Intesa nel suo senso scientifico, la parola indica anche mancanza di una direzione retta o vista distorta, come ad esempio nel caso di un uomo che vede un cavallo e crede di vedere un elefante. Pag. 13.

**acuto:** breve o che ha un decorso breve, in opposizione a *cronico* (cioè che dura da molto, detto di malattia o condizione medica che continua da un lungo periodo). Pag. 55.

**affabile:** che tratta con cortesia, cordiale. Pag. 190.

**aggraziato:** pieno d'armonia, di belle maniere. Pag. 184.

**allettante:** che cerca di influenzare o persuadere con lusinghe e promesse. Pag. 122.

**analitico:** caratterizzato da consapevolezza, prontezza, coscienziosità, ecc. Dal greco *analysis* deriv. da *analyo* che significa "io sciolgo, scompongo", vale a dire smontare qualcosa per vedere di che cosa è composto. Pag. 91.

**apprensione:** inquietudine ansiosa circa l'esito di qualcosa, derivante dal timore di eventi dannosi o sfavorevoli. Pag. 132.

**ApS:** abbreviazione del termine danese "Anpartsselskab" che indica una società privata.

**ardente:** vivace, impetuosa, appassionata. Pag. 136.

**artriti:** infiammazioni acute o croniche delle giunture, che causano dolore, gonfiore e rigidità. Pag. 7.

**assiomi:** espressioni di leggi naturali dello stesso ordine delle scienze fisiche. Pag. 96.

**assoggettare:** sottomettere; rendere soggetto. Pag. 61.

**assoluta:** libera da restrizioni o condizioni; qualcosa di perfetto o completo. Pag. 28.

**attizzatoio:** arnese di metallo per attizzare il fuoco. Pag. 147.

**auditing:** l'applicazione delle tecniche di Dianetics per innalzare il tono e incrementare le percezioni e la memoria. È anche chiamato *processing*. Pag. 59.

**auditor:** persona che amministra le procedure di Dianetics a qualcun altro; *auditor* significa uno che ascolta e che fa calcoli. Pag. 5.

**auto-determinazione:** stato di essere nel quale l'individuo può essere controllato o meno dal suo ambiente a seconda della propria scelta. Un individuo, in tale stato di auto-determinazione, ha fiducia in se stesso per quanto riguarda il controllo che può esercitare sull'universo materiale e sugli organismi presenti in esso. È sicuro di qualsiasi abilità o talento possa avere. È sicuro nelle sue relazioni interpersonali. Ragiona senza bisogno di reagire. Pag. 27.

**$B_1$:** vitamina del gruppo B, che si trova nello strato esterno dei chicchi di grano, negli ortaggi a foglie verdi, nel tuorlo d'uovo, nel fegato, ecc. ed è ampiamente disponibile come integratore vitaminico. Pag. 306.

**bandiera, cambiare:** cambiare opinione, idee, specialmente politiche, di solito per interesse. Pag. 21.

**boil-off:** manifestazione di un periodo di incoscienza del passato, accompagnato da intontimento. Nel suo uso, in inglese, *boil-off* si riferisce alla riduzione della quantità di un liquido tramite la sua trasformazione in uno stato gassoso, ad esempio vapore. Il boil-off è descritto nel Capitolo Decimo. Pag. 104.

**bomba atomica:** tipo di bomba estremamente distruttiva, la cui potenza è il risultato di un'immensa quantità di energia rilasciata di colpo con scissione (separazione) dei nuclei (centri) degli atomi in diversi frammenti. Pag. 48.

**brio:** vivacità espressa con modi allegri. Pag. 169.

**brodino:** riferimento al brodo che le madri danno tradizionalmente ai loro bambini malati come "toccasana". Se una persona riesce a malapena a mandar giù un brodino, non sarà in grado di digerire facilmente del cibo e di conseguenza non sopporterà della inaspettata carne cruda. Usato in senso figurato. Pag. 8.

**campana, per chi suona la:** riferimento a una citazione tratta dal poema "Devozioni per occasioni d'emergenza", del poeta inglese John Donne (1572-1631), una cui parte dice: "Nessun uomo è un'isola, intero in se stesso; ciascuno è un pezzo del continente, una parte della terraferma... La morte di qualsiasi uomo mi diminuisce, perché sono preso nell'umanità, e perciò non mandar mai a chiedere per chi suona la campana; suona per te". Secondo la tradizione, le campane di una chiesa suonano a rintocchi per annunciare la morte di qualcuno. Pag. 37.

**carichi:** colmi di emozione, come ad esempio di collera, paura, afflizione, apatia, ecc. Pag. 97.

**carovane:** plurale di *carovana*, ovvero un gruppo di mercanti che viaggiano assieme usando un modo particolare di trasporto, tipo animali da soma, vagoni, ecc. In senso figurato trasmette l'idea di una grande quantità. Pag. 14.

**caso di controllo:** persona che tiene a freno le sue emozioni. Quando un individuo è soggetto a una totale e completa restrizione, è un "bravo ragazzo", a patto che non mostri emozioni o fremiti. Pag. 152.

**catalizzatore:** fattore capace di provocare reazioni o di accelerare mutamenti quando ne esistono le premesse. Pag. 151.

**cavallone:** grossa onda marina che si accavalla ad altre e si frange con particolare violenza. Pag. 298.

**Clear:** una persona non aberrata. È razionale poiché elabora le migliori soluzioni possibili in base ai dati che possiede e al suo punto di vista. Viene chiamata "Clear" dato che la sua personalità fondamentale, la sua auto-determinazione, la sua istruzione ed esperienza sono state ripulite (in inglese "cleared") dagli engram, secondari e lock aberranti. Vedi *Dianetics: La Forza del Pensiero sul Corpo* e *Scienza della Sopravvivenza*. Pag. 72.

**co-auditing:** auditing fatto da un gruppo di due persone qualsiasi che si audiscono tra di loro. Abbreviazione di *auditing cooperativo*. Vedi anche **auditing**. Pag. 59.

**cocktail:** bevanda alcolica formata dalla miscela di vari liquori. Pag. 142.

**compulsivi:** che hanno potere di compulsione; che esercitano un impulso irrefrenabile a compiere un atto contro la propria volontà. Pag. 113.

**comunista:** sostenitore del *comunismo*, una dottrina politica e sistema sociale che si basa sull'eliminazione della proprietà privata dei mezzi di produzione per favorirne il controllo dallo stato, che a sua volta si assume il diritto di controllare la distribuzione ed il consumo dei beni prodotti. Pag. 69.

**connotazione:** significato aggiuntivo o associato a una parola, oppure da essa suggerito. Pag. 193.

**"Conosci te stesso!":** uno dei principi essenziali della filosofia del filosofo greco Socrate (470-399 a.C.). Pag. 13.

**contro-sopravvivenza:** da *contro*, contrario, in opposizione a, e *sopravvivenza*. Pertanto, *contro-sopravvivenza* è qualcosa che si oppone, contrasta o va contro la sopravvivenza. Pag. 215.

**crepuscolo:** *(fig.)* lento estinguersi, declino di qualcosa. Pag. 58.

**cristiano, mondo:** riferimento all'intero mondo occidentale. Pag. 3.

**criterio:** modello di giudizio; norma o principio per valutare o sottoporre a test qualcosa. Pag. 40.

**cronicamente:** in modo cronico, in modo permanente. Pag. 53.

**cronico:** che dura da molto tempo, in riferimento ad una malattia o condizione medica che continua per un lungo periodo. Pag. 40.

**daltoniche:** affette da *daltonismo*, l'incapacità di distinguere certi colori uno dall'altro. Pag. 124.

**degno di nota:** che merita di essere notato, importante, notevole. Pag. 162.

**democratico:** sostenitore di una forma di governo esercitata dal popolo, tramite rappresentanti liberamente eletti. Pag. 69.

**denigrava:** dal verbo *denigrare*, ovvero danneggiare il buon nome di qualcuno con critiche e calunnie. Pag. 294.

**depredare:** privare qualcuno di ciò che era suo. Pag. 245.

**dermatite:** infiammazione della cute che si manifesta in rossori, gonfiori, pruriti e altri sintomi. Pag. 47.

**diabete:** disturbo fisico che si manifesta in una quantità eccessiva di zucchero nel sangue. (È causata da produzione o utilizzo inadeguato dell'insulina, una sostanza prodotta da una delle ghiandole del sistema endocrino.) Pag. 152.

**Dianetics:** dal greco *dia* "attraverso" e *nous* "mente" o "spirito"; quello che lo spirito sta facendo al corpo. Vedi *Dianetics: La Forza del Pensiero sul Corpo* e *Scienza della Sopravvivenza*. Pag. 1.

**Dianetics di Gruppo:** quel ramo di Dianetics che comprende la sfera delle attività dei gruppi e delle organizzazioni per instaurare le condizioni e i procedimenti ottimali della capacità di comando e delle relazioni tra i gruppi. Pag. 5.

**Dianetics Filo Diretto:** *vedi* **Filo Diretto**. Pag. 65.

**digeribile:** accettabile o tollerabile per la mente o per i sentimenti. Pag. 9.

**dinamiche:** le dinamiche sono l'impulso verso la sopravvivenza attraverso uno spettro ad otto divisioni. Questi sono impulsi per la sopravvivenza in quanto o attraverso (1) se stessi; (2) il sesso, la famiglia e la generazione futura; (3) i gruppi; (4) l'Umanità; (5) la vita, tutti gli organismi viventi; (6) materia, energia, spazio e tempo - MEST - l'universo fisico; (7) lo spirito; e (8) l'Essere Supremo. Il soggetto delle dinamiche è contenuto in *Scienza della Sopravvivenza*. Pag. 72.

**dinamico:** attivo, energico, efficace, valido, motivato, in opposizione a statico. Dal greco *dynamikós*, potente. Pag. 19.

**discordante:** che non è in armonia, contrastante. Pag. 132.

**disfattista:** persona che caldeggia o che accetta la sconfitta; persona che si arrende facilmente o che non resiste a lungo, nella convinzione che ulteriori sforzi siano inutili. Pag. 47.

**dominazione:** potere, dominio esercitato da una nazione su un'altra o da un sovrano su un popolo. Pag. 289.

**elettrizzati:** eccitati, entusiasmati fortemente. Pag. 169.

**elettroni:** particelle a carica negativa che costituiscono una parte di tutti gli atomi. Pag. 33.

**elogiare:** lodare pubblicamente, senza riserve; encomiare. Pag. 250.

**endocrina:** relativa al sistema di ghiandole che producono ormoni (sostanze chimiche) da determinati organi e tessuti nel corpo. Tali ghiandole e i relativi ormoni regolano la crescita, lo sviluppo e il funzionamento di certi tessuti e coordinano parecchi processi all'interno del corpo. Ad esempio, alcune di queste ghiandole aumentano la pressione del sangue e il battito cardiaco nei momenti di tensione. Pag. 68.

**engram:** registrazioni di momenti di dolore fisico e incoscienza. Queste registrazioni possono, in seguito venir riattivate da parole o ambienti simili e far sì che l'individuo agisca come se fosse in presenza di un pericolo. Forzano l'individuo a modelli di pensiero e di comportamento che non poggiano su una ragionevole stima della situazione. Una descrizione degli engram e della loro attinenza con *Self-Analisi* è contenuta nel Capitolo Decimo, Sezione del Processing. Troverete una completa descrizione degli engram nel libro *Dianetics: La Forza del Pensiero sul Corpo* e *Scienza della Sopravvivenza*. Pag. 9.

**entheta:** parola composta che significa "theta inturbolato", *theta* in uno stato turbolento, agitato o disturbato. *Vedi anche* **theta**. Pag. 71.

**episodio:** singolo avvenimento, accaduto. Pag. 89.

**eruditi:** studiosi, colti. Pag. 9.

**esoterici:** che si trovano al di là della comprensione o della conoscenza della maggior parte delle persone. Pag. 22.

**estasiato:** da *estasiare*, ovvero mandare in estasi; incantare. Pag. 231.

**etica:** razionalità verso il livello di sopravvivenza più elevato per sé e per gli altri. Pag. 70.

**eutanasia:** chiamata anche "morte indolore", l'azione di uccidere in modo indolore o di consentire la morte, tralasciando ad esempio misure mediche estreme a persone o animali che soffrono di una malattia incurabile, particolarmente se dolorosa. Pag. 39.

**fascista:** praticante del *fascismo*, sistema governativo guidato da un dittatore dotato di pieni poteri, che reprime violentemente oppositori e critiche, e governa tutte le industrie, il commercio, ecc. Pag. 69.

**Filo Diretto:** procedimento che mette una persona in miglior comunicazione con la sua mente e con il mondo. È chiamato così perché il preclear viene indirizzato, come tramite un filo del telefono, direttamente ai ricordi del passato. La comunicazione tra il passato e il presente è aperta. La persona sottoposta al processing è nel presente ed è in contatto col presente e le vengono rivolte delle domande che restituiscono determinati ricordi. Pag. 65.

**fisiologia:** le funzioni e le attività degli organismi viventi e delle loro parti, inclusi tutti i processi chimici e fisici. Pag. 56.

**fiumana di parole:** un flusso inarrestabile. Pag. 192.

**fluido:** sostanza liquida o aeriforme (gassosa) che può assumere la forma del recipiente che la contiene. Pag. 263.

**gala:** caratterizzato dalla messa in mostra di spettacoli, feste, divertimenti e baldoria. Pag. 238.

**illusioni ingannevoli:** convinzioni fisse ingannevoli; percezioni ricevute in modo differente dal modo in cui sono in realtà. Pag. 275.

**inaspettatamente:** in un modo e in un momento imprevedibile. Pag. 241.

**indolente:** lento e svogliato nell'operare. Pag. 72.

**inibita:** che è bloccata, frenata o trattenuta. Pag. 152.

**intirizzito:** quasi incapace di muoversi o privo di sensibilità a causa del freddo. Pag. 118.

**inturbolare:** causare turbolenza, agitazione o disturbo. Pag. 69.

**ipotiroidismo:** disturbo fisico derivante da un'insufficiente attività della ghiandola tiroide (ghiandola che secerne sostanze chimiche che regolano la crescita del corpo e il metabolismo). *Ipo* significa "sotto", in opposizione a *iper* che significa "eccessivo" o "esagerato". Pag. 152.

**irreggimentare:** organizzare in un sistema rigido sotto stretta disciplina e controllo. Pag. 26.

**irreggimentazione:** azione e risultato dell'irreggimentare. *Vedi anche* **irreggimentare**. Pag. 21.

**Lago Tanganica:** lago dell'Africa centro-orientale dalla caratteristica forma lunga e stretta, subito riconoscibile sulla carta. Si estende per circa 660 km ed ha una larghezza massima di 72 km. Pag. 191.

**lapalissiana:** ovvia, che si dimostra da sé. Pag. 26.

**liberale:** che rispetta la libertà di pensiero e d'azione altrui; sostenitore di un movimento politico che afferma l'esistenza di diritti individuali ed assegna allo stato il compito di garantirli. Pag. 69.

**linee entheta:** linee di comunicazione entheta, linee malevole o calunniose. Pag. 71.

**lock:** momento di disagio mentale che non contiene né dolore fisico, né una grossa perdita. Rimproveri, umiliazioni subite, tutte queste cose sono dei lock. Ogni caso ne possiede a migliaia. Pag. 96.

**lotto:** ognuna delle parti in cui viene diviso un tutto; in particolare, ognuna delle parti in cui viene diviso per uso edilizio il terreno di un'area fabbricabile. Pag. 117.

**malsano:** nocivo alla salute. Pag. 269.

**mania:** passione, gusto, interesse eccessivo per qualcosa. Pag. 287.

**marea:** in questo contesto, massa fluida che si muove. Usato in senso figurato per indicare la forza della vita. Pag. 39.

**meglio, avuto la:** dall'espressione *avere la meglio*, ovvero vincere, dimostrare la propria superiorità. Pag. 108.

**mis-emozioni:** *mis-* significa erroneo, sbagliato, scorretto, pertanto con *mis*-emozione s'intende qualsiasi emozione irrazionale oppure non appropriata alla situazione del presente. Pag. 151.

**miserevole:** tale da suscitare un senso di profonda pietà e compassione. Pag. 151.

**mistura:** mescolanza di sostanze diverse; miscuglio. Pag. 264.

**modulo 740:** quello da compilare per la dichiarazione dei redditi. Pag. 8.

**monocellula:** organismo formato da un'unica cellula. Pag. 33.

**neurologica:** che si riferisce alla neurologia, ramo della scienza medica che studia la struttura e le funzioni del sistema nervoso. Pag. 68.

*New Yorker:* settimanale americano fondato nel 1925 specializzato in satira, cronache mondane e critica. Pag. 58.

**nota, degno di:** che merita di essere notato, importante, notevole. Pag. 162.

**occhio, chiudere un:** lasciar correre; fingere di non aver visto. Pag. 102.

**occluse:** affette da *occlusione*, cioè uno stato in cui i propri ricordi sono preclusi alla propria consapevolezza; da *occludere*, chiudere, ostruire o fermare (un passaggio, un'apertura, ecc.). Pag. 99.

**pancreas:** ghiandola situata dietro lo stomaco che secerne succhi gastrici nell'intestino tenue. Pag. 152.

**pane, spezzare il:** consumare un pasto, specialmente in compagnia di altri. Pag. 224.

**paritetico:** di parità. Pag. 189.

**percetti:** messaggi sensoriali percepiti e registrati, come ad esempio odori, gusti, sensazioni tattili, suoni, sensazioni visive, ecc. percezioni. Pag. 100.

**percezioni extrasensoriali:** percezioni o comunicazioni che vanno oltre la normale capacità dei sensi, come ad esempio nel caso della telepatia. Pag. 98.

**percorrere completamente:** in Dianetics, *percorrere completamente* significa esaurire l'influenza negativa di qualcosa; cancellare. Pag. 95.

**perseguire:** cercare di raggiungere od ottenere. Pag. 37.

**Persia:** antico impero situato nell'Asia occidentale e sud-occidentale che includeva parte del territorio di quello che è oggi l'Iran. Pag. 14.

**personalità ombra:** l'assunzione su di sé delle caratteristiche fisiche e/o emozionali o dei tratti di qualcun altro. Pag. 279.

**perversione:** modo di ottenere appagamento sessuale che in genere viene ritenuto anormale. Pag. 69.

**petto, prendere di:** affrontare direttamente, in modo energico e determinato. Pag. 26.

**plutonio:** elemento metallico radioattivo usato in reattori nucleari e ordigni nucleari. Pag. 48.

**porta, mettere alla:** cacciare via, licenziare bruscamente. Pag. 161.

**postulare:** presumere che qualcosa sia vero, reale o necessario, specialmente come base su cui fondare un ragionamento. Pag. 15.

**postulato:** qualcosa che viene proposto o di cui si presume che sia vero, come base per un ragionamento. Pag. 189.

**preclear:** individuo non ancora Clear che ha iniziato e sta ricevendo il Processing di Dianetics. Pag. 95.

**prevalere:** 1. avere maggiore valore o importanza, essere superiore, venire prima. Pag. 69.
2. ottenere una posizione di supremazia, risultare vincitore, avere la meglio, imporsi. Pag. 159.

**procedimenti:** un'esatta serie di istruzioni o una sequenza di azioni, che quando vengono usate, aiutano una persona a scoprire di più riguardo a se stessa e alla sua vita e a migliorare la sua condizione. Pag. 8.

**processing:** l'applicazione delle tecniche e delle pratiche di Dianetics. Chiamato anche *auditing*. Pag. 7.

**Processing di Validazione del MEST:** processing con cui ci si concentra su momenti analitici di ogni episodio, in contrapposizione ai momenti dolorosi. Questo processing, inoltre, orienta l'individuo nel presente e nell'universo fisico di materia, energia, spazio e tempo: MEST. Una descrizione completa di questo tipo di processing è contenuta in *Scienza della Sopravvivenza*. Pag. 65.

**protoni:** particelle con carica positiva che costituiscono una parte di tutti gli atomi. Pag. 33.

**pro-sopravvivenza:** da *pro*, a favore di qualcosa, e *sopravvivenza*. Pertanto, *pro-sopravvivenza* descrive qualcosa che favorisce o sostiene la sopravvivenza. Pag. 215.

**psicosomatiche:** *psico* è riferito alla mente e *somatico* è riferito al corpo; il termine *psicosomatico* sta ad indicare che la mente ha fatto ammalare il corpo o che le malattie fisiche sono state create all'interno del corpo dalla mente. La descrizione delle cause e della fonte delle malattie psicosomatiche è trattata in *Dianetics: La Forza del Pensiero sul Corpo*. Pag. 6.

**puzzle:** gioco di pazienza consistente nel rimettere in un determinato ordine gli elementi sparpagliati di un oggetto (per es. le tessere che costituiscono un'immagine). Pag. 244.

**reciso:** brusco e sbrigativo. Pag. 73.

**recriminazione:** l'azione di ritorcere l'accusa contro l'accusatore. Pag. 291.

**reperire:** trovare, ritrovare, rintracciare. Pag. 102.

**restimolate:** riattivate; stimolate (di nuovo). Pag. 104.

**reumatismi:** disturbi delle estremità (arti, mani o piedi) o della schiena, caratterizzati da dolore e rigidità. Pag. 47.

**ridimensionare:** riportare alle giuste dimensioni, entro più giusti limiti. In questo contesto è usato in modo figurato per indicare: ridurre il prestigio o l'importanza di qualcuno; mostrare a qualcuno che non è così bravo o importante come crede di essere. Pag. 291.

**rinfrancato:** rassicurato, che ha ripreso vigore. Pag. 307.

**ripristinare:** rimettere nelle condizioni originali; restaurare. Pag. 167.

**roba:** *(gerg.)* sostanza stupefacente. Pag. 22.

**routine, di:** normale, secondo la prassi. Pag. 102.

**Russell, Charles (Charlie):** (1864-1926) pittore del West americano che si servì delle sue esperienze di cacciatore e di cowboy come materiale per i suoi dipinti del "vecchio West". Pag. 7.

**saggio:** sapiente; persona dotata di profonda saggezza. Pag. 3.

**scala graduata:** scala di condizioni suddivisa da zero all'infinito. La parola *graduata* è intesa a definire i gradi di condizione che diminuiscono o che aumentano. La differenza tra un punto e un altro di questa scala potrebbe essere tanto grande o ampia quanto l'intera estensione della scala stessa, o potrebbe essere tanto minuscola che, per stabilirla, bisognerebbe possedere il più sottile discernimento (capacità di percepire differenze). Pag. 22.

**sciatteria:** l'agire con mancanza di cura e precisione, in modo superficiale. Pag. 72.

**scoramento:** depressione o basso livello di spirito. Pag. 160.

**secche:** zone in cui il mare è poco profondo. Pag. 191.

**secondari:** momenti di grave perdita, come ad esempio la morte di una persona cara. Chiamati *secondari* perché la forza esercitata sull'individuo dipende da un engram precedente. Il soggetto dei secondari e dei relativi procedimenti sono contenuti in *Scienza della Sopravvivenza*. Pag. 95.

**seduta:** incontro che un professionista ha nel suo studio con un cliente per una cura, una visita, un parere. In Dianetics fa riferimento ad un periodo destinato al processing, l'applicazione delle tecniche e procedure di Dianetics. Pag. 95.

**séparé:** nei locali pubblici, camera o salottino isolati dal resto dell'ambiente; parte di un locale isolata mediante paraventi o simili. Pag. 224.

**servi del diavolo:** espressione che deriva dal concetto religioso (nel cristianesimo e in altre credenze) secondo cui coloro che sono contro Dio combattono per il diavolo in nome del male. Da qui, "*servi del diavolo*". Pag. 22.

**signora con la falce:** rappresentazione della morte, ritratta spesso come figura umana o come scheletro che indossa un mantello e usa una falce nei suoi doveri di "mietitore" di corpi e anime. (La *falce* è uno strumento agricolo con una lama tagliente ricurva attaccata ad un bastone, usata per tagliare l'erba, il grano, ecc.) Pag. 28.

**sintomo:** fenomeno con cui si manifesta qualcosa. Pag. 28.

**socialista:** che concerne il socialismo, un sistema economico in cui la produzione e la distribuzione dei beni sono controllate dal governo anziché dagli individui. Pag. 21.

**soggiogare:** mettere, tenere sotto il proprio potere, il proprio dominio, sottomettere. Pag. 190.

**sonico:** la rievocazione di qualcosa che è stato udito, così da poter essere udito di nuovo nella mente, con tono e volume completi. Pag. 133.

**sottoporsi:** affrontare qualcosa, specialmente qualcosa di difficile, gravoso, ecc. Pag. 103.

**sovversivo:** persona che cerca di rovesciare o distruggere un governo istituito o legalmente costituito, un'istituzione, ecc. Pag. 21.

**sparpagliare:** gettare qua e là disordinatamente in tutte le direzioni, spargere, disseminare. Pag. 257.

**spazientire:** far perdere la pazienza a qualcuno, irritare, innervosire. Pag. 235.

**sperperare:** spendere senza criterio. Pag. 267.

**spinte:** impulsi interiori che stimolano l'attività; energia, iniziativa. Pag. 14.

**sporadicamente:** in modo *sporadico*, ovvero che non avviene con regolare frequenza. Pag. 68.

**stato assistenziale:** paese in cui il benessere delle persone in questioni quali la previdenza sociale, la salute e l'istruzione, gli alloggi e le condizioni lavorative sono di responsabilità del governo. Pag. 190.

**stato collettivistico:** stato in cui le persone, in quanto gruppo, possiedono terre, fabbriche e altri mezzi di produzione, e in cambio di ciò, ogni cosa viene controllata e finanziata dallo Stato (ad esempio le spese mediche), come nel comunismo. Pag. 21.

**stella cadente:** corpo celeste che attraversando l'atmosfera terrestre diventa incandescente per l'attrito. Pag. 184.

**stendardo:** insegna formata da un drappo dipinto, issato su un'asta, o ricamato che serviva per riconoscere i vari reparti in battaglia. In senso figurato: ideale nel quale s'identifica un impegno comune. Pag. 1.

**stereofonico:** relativo alla stereofonia, tecnica di registrazione e riproduzione dei suoni che conserva l'effetto della profondità del campo acustico mediante la scomposizione del segnale acustico in almeno due canali distinti. *Stereofonico* significa letteralmente "suono realistico" dato che *stereo* vuol dire "solido" e *fonico* "suono". Pag. 133.

**stereoscopico:** relativo alla stereoscopia, la percezione tridimensionale dello spazio e quindi del rilievo degli oggetti osservati, dovuta alla capacità dei due organi di senso di fondere gli stimoli ricevuti da ciascuno di essi. *Stereoscopico* significa letteralmente "visione realistica" dato che *stereo* vuol dire "solido" e *scopico* "guardare". Pag. 124.

**stormire:** agitarsi producendo un lieve fruscio. Pag. 183.

**struttura:** il modo in cui qualcosa è costruito oppure la sua configurazione fisica, il modo in cui le parti sono organizzate o messe insieme per formare un tutto, in contrapposizione alla funzione; l'operatività di qualcosa o il modo in cui qualcosa agisce per raggiungere il suo scopo. Pag. 28.

**sublimare:** trasformare in qualcosa di elevato, più nobile o più raffinato. Pag. 69.

**suggestione positiva:** nell'ipnosi, comando o suggestione che vengono dati per ipnotizzare il soggetto il quale, quindi, vi ubbidisce inconsapevolmente. Pag. 73.

**taglia:** costituzione fisica di una persona considerata nelle sue dimensioni e proporzioni. Pag. 244.

**Tanganica, Lago:** lago dell'Africa centro-orientale dalla caratteristica forma lunga e stretta, subito riconoscibile sulla carta. Si estende per circa 660 km ed ha una larghezza massima di 72 km. Pag. 191.

**"terapie" punitive:** la pratica psicologica di infliggere dolore, privazioni o altri trattamenti spiacevoli ad un individuo per rendere nullo quello che viene considerato dal professionista un comportamento o modo di agire indesiderabile. Pag. 190.

**termite:** insetto simile alla formica, molto diffuso nei paesi caldi, dal corpo tozzo, spesso gialliccio, con piccole zampe; vive in enormi colonie che si nutrono di sostanze vegetali e possono causare gravi danni alle strutture in legno. Pag. 291.

**theta:** energia di pensiero e vita. *Theta* è ragione, serenità, stabilità, felicità, buon umore, persistenza e altri fattori che solitamente l'Uomo considera desiderabili. La descrizione completa di theta è contenuta in *Scienza della Sopravvivenza*. Pag. 71.

**tiro alla fune:** gioco popolare nel quale due squadre si fronteggiano cercando di tirare una fune, afferrata ai due estremi, ciascuna in senso opposto all'altra. Pag. 177.

**tiroide:** riferimento alla ghiandola tiroidea, che secerne ormoni (sostanze chimiche) che regolano lo sviluppo del corpo e il metabolismo. Pag. 152.

**tono:** livello emozionale di una persona. Pag. 7.

**trance:** chiamata anche *trance ipnotica*, uno stato che viene indotto tramite l'ipnosi, in cui qualcuno viene stordito o intontito o portato in qualche altro modo ad una condizione in cui non è più completamente conscio dell'ambiente circostante. Pag. 73.

**tuffarsi:** dedicarsi interamente e con passione a qualcosa. Pag. 231.

**turbolenze:** cose che si trovano in uno stato di agitazione o disturbo; trambusto e scompiglio. Pag. 40.

**universo:** il tutto che esiste ovunque; l'intero continuum spazio-temporale nel quale esistiamo assieme a tutta l'energia e alla materia, in contrapposizione (e in dimensioni maggiori) all'universo osservabile. Pag. 19.

**Uomo:** la razza o la specie umana, l'Umanità. Pag. 1.

**uomo:** un essere umano, indipendentemente dal sesso o dall'età; una persona. Pag. 8.

**vagabondare:** spostarsi irregolarmente da un luogo a un altro, senza meta né programma; girovagare, gironzolare. Pag. 249.

**valenza:** letteralmente, la parola significa capacità di combinarsi con qualcos'altro o assumerne alcune caratteristiche. In Dianetics, la *valenza* è una personalità reale o una personalità ombra. La valenza propria è la personalità reale dell'individuo. *Vedi anche* **personalità ombra**. Pag. 279.

**validazione:** riferito alla Tecnica di Validazione del processing con cui ci si concentra sui momenti analitici di ogni episodio, in contrapposizione ai momenti dolorosi. Una descrizione completa della Tecnica di Validazione del processing è contenuta in *Scienza della Sopravvivenza*. Pag. 65.

**valutare:** elaborare o stimare il valore di qualcosa. Pag. 56.

**vecchio:** termine scherzoso per designare il proprio padre o il proprio marito. Può anche riferirsi a una persona in una posizione autorevole, come ad esempio il proprio capo o un superiore militare, ecc. Pag. 295.

**Verbo:** riferimento ad una citazione della Bibbia. "All'inizio era il Verbo." In questo senso il "Verbo" si riferisce alla parola di Dio. Pag. 14.

**vessillo:** bandiera o altro oggetto issato su un palo che indica il punto di ritrovo di un esercito, flotta, ecc. Pag. 1.

**vitalità:** energia, attitudine a mantenersi attivo, operante, efficiente. Pag. 27.

**volteggiare:** muoversi cambiando continuamente direzione, eseguendo giravolte, rapidi spostamenti e simili. Pag. 7.

**volubile:** che cambia spesso opinione o atteggiamento. Pag. 72.

**vudù:** insieme di credenze e pratiche originarie dell'Africa che includono la magia e l'esercizio di poteri soprannaturali tramite l'aiuto di spiriti malefici. Pag. 48.

# Indice Analitico

## A

**abbondanza**
  leggi della, 19-22
  sopravvivenza e, 215

**aberrazione**
  controllo e, 291
  emozione e, 151, 152
  fonte della, 97
  illusione ingannevole e, 276
  infelicità e, 60
  nervosismo nei confronti di un suono e, 132
  possibile sradicare la, 47
  Senso del Tempo e, 122
  trionfo nella società, 13

**accordo**, 71
  organismo e, 37

**affinità**
  Rievoca un momento in cui sentisti della vera affinità da parte di qualcuno, 305

**afflizione**, 68, 151, 216, 217
  0,5 sulla Scala del Tono, 53
  dolore fisico, episodi e, 303
  tristezza e piccola quantità di, 151
  *vedi anche* **Quadro della Valutazione Umana**

**agenti del fisco**, 20

**alimentazione**
  processing e, 306

**allenatore di cavalli**, 190

**altezza**
  definizione, 132

**ambiente**
  adattare gli uomini al loro, 190
  condizioni atmosferiche e il principale nemico dell'uomo nell', 297
  controllo, 25
  dominio sull', 69
  movimento e pericolo nell', 182
  ognuno ha il proprio livello di tono, 66
  rievocazione e ambiente in cui si vive, 102
  stato emozionale fisso nei confronti dell', 217

**ambiente circostante**

    padroneggiarlo e cambiarlo, 189

**amico**

    migliore che tu possa mai avere, 13

    può leggerti le liste, 103

    tu stesso come amico, 60

**amore**, 22

    definizione, 151

    sopravvivenza e, 20

**animale**

    ambiente, sopravvivenza e, 26

**animo**

    perdersi d', 9

**ansia**

    nei confronti del genitore, 218

**antagonismo**, 151, 216, 217

    2,0 sulla Scala del Tono, 54

    minaccia alla sopravvivenza e, 216

    *vedi anche* **Quadro della Valutazione Umana**

**anziani**, 21, 26

    aspetto più o meno giovanile, 7

    esperienza e, 59

    prontezza di un giovane rispetto a quella di un anziano, 26

**apatia**, 68, 151, 216, 217

    0,1 sulla Scala del Tono, 53

    abbattimento è una piccola parte di, 151

    nullificare fino alla, 292

    *vedi anche* **Quadro della Valutazione Umana**

**a prova di incidenti**

    praticamente, 68

**arma**

    più potente dell'Uomo, 25

**arte**

    mancanza di apprezzamento per, 151

**artrite**

    definizione, 48

    descrizione dell'alleviamento, 48

    livello di tono e, 68

**Assistenza alla Facoltà di Ricordare**

    Lista 5, 199-203

**associazioni**

    mettere ordine, 282

**assonnato**, 104

**atleta**, 6

    tempo di reazione e, 6

**auditing**

    co-auditing, 95

self-auditing, 65, 91

*vedi anche* **processing**

**auditor**

ascolta e calcola, 95

chiama quello della tua zona, 303

definizione, 91

di Dianetics, 5, 8, 48, 103

**auditor di Dianetics**, 5, 8, 48, 103

preclear indirizzato a, 8

visita professionale con, 303

**auto-determinazione**

bambino e, 285

"memoria debole" e violazione della, 199

perdita della, 27, 192

**"auto-processing"**, 95

**autore**

audisce il lettore, 65

**avventura**, 5, 7, 9

# B

**B$_1$**

processing e, 306

**bambini**

atteggiamento verso, 69

circondati da grandi oggetti, 128

episodi dell'infanzia, 128

interrotti nelle loro azioni fisiche, 285

minacciati dal pericolo, 54

parole e, 97, 192, 199

perdita imposta degli oggetti e, 205

potenziali di sopravvivenza, 217

punizione ed educazione dei, 206

Scala del Tono ed esempi, 54

scendono lungo la Scala del Tono, esempio, 206

schiaffeggiare i, 182

spinti in basso dai genitori e dalla scuola, 40

vogliono una monetina, 58

**battaglia quotidiana della vita**, 34

**boil-off**

definizione, 104

**bomba atomica**, 14

**brodino**, 8

# C

**caldo o freddo**, 145

**campana, suona**, 37

**cancellazione**

del dolore, 46

**cane**

bambino e, 55

**capacità**

di sopravvivenza, 21

diventano molto più grandi, 14

rievocare, 102

salute dipende dalla, 191

solo *all'apparenza* diminuisce, 58

**caratteristiche**

costanti da un lato all'altro sulle caselle del Quadro della Valutazione Umana, 54

**carica**

rimossa dagli episodi dolorosi, 97

**casi**

aprire i, 95

**caso di controllo**

definizione, 152

**cavallette**, 20

**cellule**

dolore e perdita delle, 206

organismo e perdita delle, 46

vita e, 34

*vedi anche* **monocellula**

**cerebrale**

chirurgia, 190

**cervello**

rispetto alla mente, 36

**chirurgia**

cerebrale, 190

**ciclo**

concepimento, nascita, crescita, decadimento e morte, 35

**cimitero**, 190

**cinema**

rievocare scene viste al, 102

**Clear**, 72

**co-auditing**, 95

Dianetics, 59

**codardia**, 70

sistema di dominio, 291

**coefficiente di sicurezza**

definizione, 20

**collera**, 68, 151, 216, 217

1,5 sulla Scala del Tono, 53

perdita della sopravvivenza e, 216

*vedi anche* **Quadro della Valutazione Umana**

**comportamento**

comportamento umano da un punto di vista scientifico, 13

comprensione del, 14

elevare il livello di, 53-61

    momentaneo o stabile, 55

    Scala del Tono e, 68

**computer**

    memoria precisa come, 6

**comunicazione**

    Rievoca un momento in cui qualcuno era in buona comunicazione con te, 305

    Scala del Tono, 71

    sensi e canali della, 145

    suono e, 98

**concetti**

    recuperare almeno la percezione dei, 99

    rievocazioni, solo una vaga idea, 90

**condizione fisica**

    Quadro della Valutazione Umana e, 56

**condizioni atmosferiche**

    l'Uomo e il principale nemico nel suo ambiente, 297

**confusione mentale**

    persona instabile e, 8

**coniuge**

    livello di tono del, 66

**conoscenza**

    che viene imposta, 200

    invalidazione della, 292

    rappresentata dalla piramide, 19

    volontà di vivere e, 27

**Conosci te stesso!, 13**

**consapevolezza**

    declino della, 28, 57

**conservatorismo**

    3,0 sulla Scala del Tono, 54

    cronico, 58

    *vedi anche* **Quadro della Valutazione Umana**

**contadino, 20**

**controllo**

    con la forza, 38

    dell'ambiente, 25

    due metodi aberrati, 291

**conversazione, 71**

**coraggio, 70**

**corpo, 34**

    efficiente nel ripararsi da sé, 47

    infelicità e corpo fisico, 152

**coscienza**

    da che cosa dipende, 47

    declino della, 25, 28

    elevare il livello di, 45-49

    indebolimento della, 46

morte della, 25-29

non è una cosa assoluta, 28

piena, definizione, 40

ritorno alla piena, 46

**costrizione**

obbedienza come bambino e, 192

**criminale**, 70

sopravvivenza del, 22

**critiche**

agli altri "per il loro bene", 40

# D

**definizioni**

altezza del suono, 132

amore, 151

artrite, 48

auditor, 91

boil-off, 104

caso di controllo, 152

coefficiente di sicurezza, 20

coscienza, piena, 40

Dianetics Filo Diretto, 65

dolore, 45

dolore mentale, 46

dominio, 291

educazione sociale, 190

effetto stereofonico, 133

effetto stereoscopico, 124

engram, 96

felicità, 35

Filo Diretto Ripetitivo, 103

filosofia, 19

forma di vita, 34

immaginazione, 276

invalidazione, 292

Lista di Fine Seduta, 102

livello di necessità, 65

mente, 36

mis-emozioni, 151

morte, 28

movimento esterno, 101

movimento personale, 177

nullificazione, 291

odore, 138

olfatto, 138

parole, 97

percezioni, 98

personalità ombra, 279

peso, 100

piacere, 35

Processing Leggero, 91

Processing Profondo, 91

razionalità, 151

ritmo, 133

Scala del Tono, 53

scienza, 19

secondari, 96

sensazione organica, 173

Soccombere, 20

sonico, 133

sordità, 133

suono, 132

tatto, 145

tono, 101, 132

traccia del tempo, 113

udito ipersensibile, 133

valenza ombra, 279

valenze, 279

vista, 124

volume, 132

**delusione**

aberrazione e, 276

**depositi**

dolore nelle registrazioni, 58

immagazzinamento di dolore, 47

**dermatite**, 47

**diabete**, 152

**Dianetics**, 8

co-auditing, 59

entusiasmo, esperienza e, 59

errore comune prima di, 189

pensiero anteriore a, 190

procedimento più elementare in, 65

processing, 8, 91

ripristina salute e vitalità, 47

ripulire engram e secondari, 96

scoperte fondamentali di, 46

specialista di Dianetics di Gruppo, 5

**Dianetics Filo Diretto**

definizione, 65

relativamente sicuro su qualsiasi caso, 65

**diavolo**

servi del, 22

**Dimensioni Relative**, 128-131

percezioni, 128

**dimenticare**, 101, 205

cose spiacevoli e, 101

definizione, 205

filosofie in esistenza, 206

**dinamiche**

innato senso della responsabilità su tutte le, 72

**disagio**

liste per superare il, 301-306

se all'improvviso inizi a sentirti a, 8

ultima sezione, 9

**disco**

    descrizione, 89

    in caso di perdita, 103

    uso del, 9, 89-90, 98-101

**dispiacere**

    percorrere liste, nessun dolore ma, 303

**dissociazioni**

    mettere ordine, 282

**dissolutezza**, 69

**dolore**, 36

    accumulo di, 45-47

    acquisire esperienza senza dolore fisico, 59

    allontanarsi dalla morte e minaccia di, 215

    bank di registrazione e, 58

    carica rimossa dagli episodi dolorosi, 97

    come una perdita, 206

    comparire, 104

    continuare ad imbattersi in episodi di dolore nel processing, 303

    contrario alla sopravvivenza o morte potenziale, 35

    definizione, 45

    dolore fisico quando si percorrono le liste, 302

    dolore mentale, definizione, 46

    esperienza nascosta dal, 57

    evitare ricordi dolorosi, 57

    mente e, 37

    ostacola la sopravvivenza, 36

    Quadro della Valutazione Umana, come inizia il declino, 57

    reso nullo o cancellato, 46

    ricordi e, 47

    sbarazzarsi dell'accumulo di, 29

    sintomi di, 47

    suono mescolato al dolore passato, 132

    vita deve evitare il, 35

**dolore mentale**, 46

    definizione, 46

**dominio**

    definizione, 291

    tramite nullificazione, 291

**doti potenziali**, 5

    quali sono le tue, 5

# E

**educazione**

    punizione dei bambini ed, 206

    sociale, 190

**educazione sociale**
definizione, 190

**effetto stereofonico**
definizione, 133

**effetto stereoscopico**
definizione, 124

**efficienza**, 47, 60
aumentare, 41
memoria ed, 6

**elementi**, 26
forza degli, 26
Lista 12, 297-299

**emozione**, 99
capacità di sperimentare, 152
emozioni principali, 151
fattori pro-sopravvivenza e contro-sopravvivenza, 216
fissa, 217
personale, 151-172
Quadro della Valutazione Umana, 56
tono da 4,0 a 0,1, 68
rievocazioni e sollievo, 96
sistema endocrino e, 151

**Emozione Personale**, 151-172

**energia**, 34, 189
della vita, 13, 33

elemento dell'universo fisico, 33
vitale, 189

**enfasi**
organismo e, 97

**engram**, 95
aprire i casi all'auditing, 95
definizione, 96
resi inefficaci da queste domande, 96
secondari e, 95

**enigmi**, 14

**entheta**
tagliare le linee, 71

**entusiasmo**
4,0 sulla Scala del Tono, 54
dei giovani, 27
Dianetics lascia l'esperienza e, 59

**episodi**
carica rimossa dagli episodi dolorosi, 97
d'azione e verbali a confronto, 193
dell'infanzia, 128
generali, 107-112
provare ad ottenere il più remoto possibile, 105
rievocazione di episodi di piacere e spiacevoli, 103

**Episodi Generali**

    Lista 1, 107-112

**esami**

    *vedi* **test**

**esattore delle tasse**, 20

**esistenza**

    atteggiamento nei confronti della, 56

    Principio Dinamico dell'Esistenza, 19

    selvaggia, 132

**esistenza selvaggia**, 132

**esperienza**

    acquisirla senza dolore fisico, 59

    deintensificazione delle esperienze spiacevoli, 101

    nascosta dal dolore, 57

    non avere più sogni ma esperienze, 59

    ragione ed esperienza a confronto, 26

**Essere Supremo**, 20

**età**

    anziani, 21

    aspetto più o meno giovanile, 7

    *vedi anche* **anziani**

**etica**, 60, 70

    livello etico, 70

    sopravvivenza dei gruppi e, 215

**eutanasia**, 39, 190

# F

**fallimento**, 37

**fascia medica**

    Scala del Tono e, 68

**fascista**, 39

    1,5 e, 69

**fatti**

    noia e timore di affrontare fatti promettenti, 58

**Fattori di Sopravvivenza**

    Lista 7, 215-273

**felicità**, 7, 41, 60, 151

    definizione, 35

    forti entità di sopravvivenza e, 216

    incapacità di sperimentare, 152

    *Self-Analisi* e, 7

**Filo Diretto**, 65

    Filo Diretto Ripetitivo, 103

    liste per, 95

**Filo Diretto Ripetitivo**, 103

    definizione, 103

**filosofia**

    definizione, 19

**fisica atomica**

    energia della vita e, 13

**fisiologia**

    Quadro della Valutazione Umana e, 56

**focalizzare**

    sulle cose buone, 96

**forma di vita**

    definizione, 34

**forza**

    controllo con la, 38

    organismo costretto con la, 190

    parole e, 97, 192

    universo fisico, capace solo di, 34

**freddo o caldo**, 145

**frizione**, 145

**funzione**

    struttura di controllo, 152

**fuori valenza**, 279

**futuro**

    immaginazione e mete per il, 275

    sopravvivenza delle generazioni, 37

# G

**gabbie di ombre**, 192

**genitori**

    ansia nei confronti dei, 217

    spingono verso il basso i bambini, 40

**giovani**

    abbondano in sopravvivenza, 21

    ragione, 26

**grano**

    quintali di, 20

**gravità**, 100

**gruppi**

    etica e, 215

    Scala del Tono valida per i, 66

    sopravvivenza dei, 37

**guerra**

    rendere il mondo troppo razionale per la, 40

**gusto**

    senso dell'olfatto e, 138

# H

**Hitler**, 39, 40

**Hubbard Dianetic Foundation**

    addestramento professionale e, 91

## I

**ideali**, 22

    fedeli ai propri, 22

    sopravvivenza e, 20

**ilarità**, 68

    *vedi anche* **Quadro della Valutazione Umana**

**illusioni**

    linguaggio e, 192

    perdita delle, 27

**immaginazione**

    definizione, 276

    descrizione, 275

    Lista 8, 275-276

**immortalità**, 33-41

    meta ultima della sopravvivenza, 215

    piacere ultimo e, 35

**impotenza**, 69, 146

**incidenti**

    incline agli, 39

    tempo di reazione lungo e, 6

**incline ad avere incidenti**

    livello di tono e, 68

**incoscienza**, 28, 46

    annullamento dell', 47

    precede sempre la morte, 26

    sbadigliare e precedenti periodi di, 104

**incubi**

    $B_1$, alimentazione e, 306

**indifferenza**

    *vedi* **Quadro della Valutazione Umana**

**infelicità**

    aberrazioni e, 60

    corpo e, 152

    se le domande ti causano, 104

**infinito**

    sopravvivenza e, 35

**insensibilità**

    condizione di, 145

**insonnia**

    problemi di, 6

**intenzioni**

    distruttive, 69

    fondamentalmente buone, 5

    nei confronti di te stesso e dei tuoi simili, 5

**interesse**

    forte, 68

leggero, 68
*vedi anche* **Quadro della Valutazione Umana**
**interpretazione letterale**
   livello di tono e, 72
**Interruzioni**
   Lista 10, 285-290
**intontito**, 104
**intrighi**, 71
**invalidazione**
   2,0, parlare minacciando, 71
   definizione, 292
   Lista 11, 291-296
**ipnosi**, 69
   droghe e, 73
**istruzione**
   differenziazione e Clear, 72
   posizione sulla Scala del Tono, 66

# L

**lago Tanganica**, 191
**leggi**
   dell'abbondanza e della sopravvivenza, 19-22
   dell'universo fisico, 34
   fondamentali, della vita, 14
**lepre**, 7

**lesione**
   scaricare la, 48
   sradicamento di lesioni fisiche, 48
**libri**
   rievocazione e, 102
**linguaggio**, 98, 192-194
   episodi, 193
   fonte dell'aberrazione, 97
**Lista 1**
   Episodi Generali, 107-112
**Lista 2**
   Orientamento Temporale, 113-119
**Lista 3**
   Orientamento Sensoriale, 121-188
**Lista 4**
   Tu e l'Universo Fisico, 189-194
**Lista 5**
   Assistenza alla Facoltà di Ricordare, 199-203
**Lista 6**
   Sezione sul Dimenticare, 205-213
**Lista 7**
   Fattori di Sopravvivenza, 215-273

**Lista 8**

   Immaginazione, 275-276

**Lista 9**

   Valenze, 279-284

**Lista 10**

   Interruzioni, 285-290

**Lista 11**

   Invalidazione, 291-296

**Lista 12**

   Elementi, 297-299

**Lista di Fine Seduta**

   definizione, 102

   uso della, 102

**lista "Se Rievocare una Determinata Cosa Ti Ha Fatto Sentire a Disagio"**, 102, 301-306

**liste**

   aprire i casi, 95

   Assistenza alla Facoltà di Ricordare, 199-203

   Dimensioni Relative, 128-131

   dolore nel percorrere liste, 302

   elementi, gli, 297

   Emozione Personale, 151-172

   engram, secondari e, 95

   Episodi Generali, 107-112

   Fattori di Sopravvivenza, 215-273

Fine Seduta, 102, 307

Immaginazione, 275-277

Interruzioni, 285-290

Liste per Sedute Speciali, 301-306

Movimento Esterno, 182-186

Movimento Personale, 177-181

non rispondere "Sì" o "No", 104

occlusione e, 99

Olfatto, 138-144

Orientamento Sensoriale, 121

Orientamento Temporale, 113-119

penultima, 102

penultima lista, 301-306

Posizione del Corpo, 187

ripetere molte volte, 103

Scala del Tono e, 95

se le domande ti rendono infelice, 104

Sensazione Organica, 173-176

Senso del Tempo, 122-123

Se Rievocare una Determinata Cosa Ti Ha Fatto Sentire a Disagio, 102, 301-306

Sezione dell'Invalidazione, 291-296

Sezione sul Dimenticare, 205

stabilizzare le condizioni, 305-306

Suono, 132

Tatto, 145

Tu e l'Universo Fisico, 189

uso ripetitivo delle, 96

valenze, 279

Vista, 124

**Liste di Fine Seduta**, 307

**Liste per Sedute Speciali**, 301-306

**livello di necessità**

definizione, 65

**livello ipnotico**, 73

**lock**

queste domande scaricano i, 96

# M

**malattie**

endocrine, 68

neurologiche, 68

possibili da sradicare, 47

*vedi anche* **malattie psicosomatiche**

**malattie endocrine**, 68

**malattie neurologiche**, 68

**malattie psicosomatiche**, 91

4,0 e nessuna, 68

70 percento delle malattie dell'Uomo, 7

dolore immagazzinato e, 47

*Self-Analisi* e, 6

sordità e, 133

**materia**, 189

composta di, 33

**materia, energia, spazio e tempo**

*vedi* **universo materiale; universo fisico**

**medico**, 22

**memoria**, 5

auto-determinazione e, 199

debole, 199

migliorare la, 200

precisa come quella di un computer, 6

rinforzare la, 101

**"memoria debole"**, 199

**mente**, 36-39

cosa fa, 36

decidere da sé, 26

definizione, 36

dolore e incoscienza immagazzinati nella, 46

rapporto con la sopravvivenza, 36

sopravvive solo per sé, 38

**meta**

di ogni forma di vita, 14

è vincere, 58

felicità e, 35

immaginazione e futuro, 275

mente confusa riguardo alla sua, 38

occorre conoscere le proprie mete, 14

**mis-emotività**

eccessiva, 152

**mis-emozione**

definizione, 151

**modo di parlare**

Scala del Tono e, 71

**momenti di successo**, 97

**monetina**

bambino che vuole una, 54, 58

**monocellula**, 33, 34

**morale**

sopravvivenza e, 20

**morte**

a piccole dosi, 40

ciclo del concepimento, nascita, crescita, decadimento e, 35

corpo e, 34

definizione, 28

della coscienza, 25-29

della ragione, 26

dell'organismo, 26

descrizione, 38

dolore e

mette in guardia contro una fonte di morte, 46

segnale d'allarme di morte potenziale, 35

dove comincia la, 38

incoscienza precede sempre la, 26

mezza incoscienza, mezza morte, 28

minaccia del dolore e allontanarsi dalla, 215

sintomi di, 27

vita trae utilità dalla, 38

**morte indolore**, 39

**movimento**

costretto a rimanere immobile, 97

esterno, 182-186

misurazione del tempo e, 122

percezione del, 182

pericoloso e sicuro a confronto, 182

personale, 177-181

rievocazione rispetto a presente, 182

vista e, 124

**Movimento Esterno**, 101, 182-186

    definizione, 101

**Movimento Personale**, 100, 177-181

    definizione, 177

**musica**

    mancanza di apprezzamento per, 151

# N

**necessità**

    sopravvivenza e minimo indispensabile, 20

**nevrotico**, 39

*New Yorker*, 58

**noia**, 68, 151

    2,5 sulla Scala del Tono, 54

    timore di affrontare qualcosa di promettente, 58

    *vedi anche* **Quadro della Valutazione Umana**

**nullificazione**, 128, 291

    definizione, 291

    minimo comune denominatore della, 292

# O

**occhiali**, 28

**occlusione**

    condotta non proprio ottimale e, 113

    liste che spazzano via la, 99

    perdite e, 206

**odore**

    definizione, 138

    *vedi anche* **Olfatto**

**oggetti**

    bambini perdita degli, 205

    bambino circondato da grandi, 128

**Olfatto**, 101, 138-144

    definizione, 138

**ombre**

    lago Tanganica e, 191

    linguaggio e, 193

**onestà**, 22

**operai**, 14

**organismo**, 33, 35

    aumento della mobilità, 97

    consiste di, 34

    dolore e, 45

    enfasi, 97

    forza e, 190

    mente e, 36

    misurazione del tempo, 122

morte dell', 26

superato e indesiderato, 38

**Orientamento**

Temporale, 113-119

**Orientamento Sensoriale**, 121-188

**Orientamento Temporale**

Lista 2, 113-119

**ostilità nascosta**, 151

*vedi anche* **Quadro della Valutazione Umana**

# P

**pancreas**, 152

**parlare**

incertezza nel, 285

**parole**

bambini e, 199

definizione, 97

forza e potere delle, 97

inganno delle, 192

universo fisico e, 98

**paura**, 68, 151, 216, 217

1,1 circa sulla Scala del Tono, 53

terrore e quantità di, 151

udito ipersensibile e timore, 133

*vedi anche* **Quadro della Valutazione Umana**

**pazzi**

distruggere o salvare i, 40

**pensare**

immaginazione e, 275

lentezza nel, 285

**pensiero**

ambiente e, 199

capacità di, 285

creativo, 69

Dianetics, abbraccia tutti i campi di, 190

dimenticare pensieri spiacevoli, 206

peculiarità dell'energia del, 191

**penultima lista**, 102, 301-306

**percetti**

associati al dolore passato, 132

disco e, 100

esercitati da queste liste, 125

**percezione**

sperimentare di nuovo quel momento con la, 104

**percezione dei colori**, 101, 124

daltonismo, 124

**percezione della profondità**

descrizione, 124-125

**percezioni**

    come si appannano, 57

    definizione, 98

    fuori valenza e, 279

    mondo attuale e innalzare le, 101

    recupero delle, 90, 91

    uso del disco e, 89-90

**perdita**

    dell'auto-determinazione, 27, 192

    di sopravvivenza, 46

    dolore e, 45, 206

    imminente, e paura, 53

    nessun margine per le perdite, 20

    oggetti e, 205

**pericolo**

    ambiente e, 182

    bambini minacciati dal, 54

    movimento sicuro e, 182

**perseveranza**

    livello di tono e, 72

**personalità**

    capire gli enigmi della, 14

    mente e, 36

    non muore, 38

    personalità ombra rispetto a personalità propria, 279

**perversione sessuale**, 69

**pescare**

    metodo degli indigeni, 191

**Peso**

    definizione, 100

**pettegolezzi**

    ascolta soprattutto, 71

    malvagi, 40

**piacere**

    acquisizione del, 215

    definizione, 35

    la vita deve procurarsi, 35

    mente e, 37

**piramide**

    conoscenza e, 19

**posizione cronica (Quadro della Valutazione Umana)**, 65

**Posizione del Corpo**, 100

    percezione della, 187-188

**postulato di "adattamento"**, 189

**potenzialità**

    alti ideali, etica e, 215

    genitori che diminuiscono la sopravvivenza dei bambini, 217

    invalidazione delle, 292

    mente ed effettivo potenziale, 38

    perdita di sopravvivenza, 46

potenziale di sopravvivenza, 97

ripristinare le piene, 49

**preclear**

liste e, 95

sollievo emotivo e, 96

**presente**

innalzare le percezioni e, 101

**pressione**, 145

**previsione**

delle azioni dell'uomo, 15

delle persone e Quadro della Valutazione Umana, 66

facile, riguardante che cosa aspettarsi da qualcuno, 14

**principio**

Principio Dinamico dell'Esistenza, 19

**Principio Dinamico dell'Esistenza**, 19

**problemi**

mente e risoluzione dei, 36

sono fondamentalmente semplici, 14

**procedimenti**

potenti, 8

rimuovere carica dagli episodi dolorosi, 97

**processing**

alimentazione e, 306

$B_1$ e, 306

continuare ad imbattersi in episodi di dolore nel, 303

Dianetics e il procedimento più elementare, 65

di Dianetics, 91

liste per, 95

Processing Leggero, 91

Processing Profondo, 91

Scala del Tono e, 59, 65

self-processing
*vedi* **self-processing**, 95

test da fare prima di iniziare il, 79

**Processing di Dianetics**, 65, 91

**Processing di Validazione del MEST**, 65

**Processing Leggero**

definizione, 91

**Processing Profondo**

definizione, 91

**punizione**

sesso come, 69

# Q

**Quadro della Valutazione Umana**, 65-74

    alla sommità del, 57

    auto-valutazione, 7

    caratteristiche costanti da un lato all'altro, 54

    declino sul, 57

    *Self-Analisi* e, 60

    test per localizzare se stessi sul, 8, 60, 61

    *vedi anche* **Scala del Tono**

**Quadro Hubbard della Valutazione Umana**

    *vedi* **Quadro della Valutazione Umana**

**quintali di grano**, 20

# R

**ragionare**

    in grado di, 34

**ragione**

    arma più potente dell'Uomo, 25

    bersaglio principale dei nemici dell'Uomo, 26

    controllo dell'ambiente e, 25

    giovani e, 26

    morte della, 26

**razionalità**

    confusa con emotività, 151

    definizione, 151

    guerra e, 40

**realtà**, 191

    giovani e anziani a confronto, 28

    Rievoca un momento che ti sembra davvero reale, 305

    Scala del Tono, 71

**recriminazione**

    dominio e, 291

**re di Persia**, 14

**resistenza**, 21

**responsabilità**

    accettare la, 57

    mente e, 37

    pieno riconoscimento delle proprie, 40

**restimolazione**, 128

**reumatismi**, 47

**ricordare**

    assistenza per la facoltà di, 199-203

    dimenticare e, confusione tra, 205

    livello dell'universo fisico, 200

    *vedi anche* **rievocare/rievocazione**

**ricordi**
- dolore e, 47
- dolorosi, 206
- episodi piacevoli che si deintensificano, 103
- evitare quelli dolorosi, 57
- rievocazione dei, 99

**rievocare/rievocazione**, 95
- daltonismo, 124
- desiderio di evitare il ricordo, 304
- difficoltà di, 102
- episodi piacevoli e spiacevoli, 103
- esercitare a, 107
- innalzare il tono e, 91
- qualcosa che si può migliorare e, 5
- Rievoca un momento che ti sembra davvero reale, 305
- Rievoca un momento in cui qualcuno era in buona comunicazione con te, 305
- Rievoca un momento in cui sentisti della vera affinità da parte di qualcuno, 305
- scene viste al cinema o nei libri, 102
- *Self-Analisi* e, 90
- sensi specifici, 98
- Se Rievocare una Determinata Cosa Ti Ha Fatto Sentire a Disagio, 301-306
- sollievo emotivo e, 96
- *vedi anche* **ricordi**

**ripulire**
- engram e secondari, 96

**rischio**, 69

**risentimento**
- espresso, 68
- inespresso, 68

**risentimento inespresso**
- *vedi* **Quadro della Valutazione Umana**

**risultato**
- *Self-Analisi* liste e, 101

**ritmo**
- definizione, 133

**Russell, Charles**, 7

# S

**salute**, 40
- Dianetics ripristina la vitalità e, 47
- dipende da, 191

**sanità mentale**
- Scala del Tono, scala della, 60

**sbadigliare**
    precedenti periodi di incoscienza e, 104

**Scala del Tono**, 53-56
    ambiente influenza la posizione sulla, 66
    come localizzare una persona sulla, 55
    definizione, 53
    emozioni e, 151
    esempio della, 54
    esempio di far scendere qualcuno sulla, 206
    incoscienza e non essere in alto sulla, 104
    lasciare che le persone esaminino loro stesse, 61
    liste e innalzare il preclear sulla, 95
    livelli di comportamento, 53
    livello acuto, 55
    livello cronico, 55, 56
    posizione che varia, 65
    posizione cronica sulla, 65
    posizione dell'istruzione sulla, 66
    processing, 59
    Quadro della Valutazione Umana, 68-74
    realtà e, 71
    scala della sanità mentale, 60
    scendere lungo la, 58
    sopravvivenza e, 216
    test, 79-84
    uso della, 61
    vale per i gruppi, 66

**scala graduata**
    emozioni, 151
    sopravvivenza e, 22

**schiaffeggiare i bambini**, 182

**scienza**
    definizione, 19

*Scienza della Sopravvivenza*, 65, 105

**scopo**
    della vita e fondamentale, 96

**sé**
    giungere a conoscere se stessi, 13-15
    mente che sopravvive solo per sé, 38
    responsabilità per se stessi, 37

**secondari**
    aprire i casi all'auditing, 95
    definizione, 96

**seduta**
    Lista di Fine Seduta, 307

*Self-Analisi*, 5
    aspetto più o meno giovanile, 7

benefici, 60

è in grado di innalzare il tuo tono, 7

insonnia e, 6

malattie psicosomatiche, 6

memoria e, 5

persona instabile e, 8

persona mentalmente stabile e, 8

Quadro e, 60

rievocazione e, 90

risultato delle liste, 101

tempo di reazione e, 6

"self-auditing"

auditing dato dall'autore rispetto a, 91

**self-processing**, 95

fine di un periodo di, 102

preparare i casi per il clearing di Dianetics, 96

*vedi anche* processing

**Sensazione Organica**, 173-176

definizione, 173

**sensi**

canali di rievocazione dei, 98

vaga idea, 90

**senso dell'umorismo**, 72

**Senso del Tempo**

descrizione, 122-123

ritmo, definizione, 133

**Sensoriale**

Orientamento, 121-188

**Se Rievocare una Determinata Cosa Ti Ha Fatto Sentire a Disagio**, 301-306

**servi del diavolo**, 22

**sesso**, 69

aberrazioni nel, 152

comportamento sessuale, 69

dissolutezza, 69

perversione, 69

senso del tatto e, 145

**Sezione del Processing**, 7, 95-105

descrizione del modo di percorrere, 9

**Sezione sul Dimenticare**

Lista 6, 205-213

**sforzo**

organismo e, 45

**sicurezza**

coefficiente di, definizione, 20

**signora con la falce**, 28

**sistema endocrino**

disturbi del, 152

emozione e, 151

**Soccombere**

cessare di Sopravvivere e iniziare a, 25, 34

definizione, 20

**socialismo**

dove nessuno sopravvive, 21

**società**

aberrazione della, 13

averne una sicura, 40

sopravvivenza e, 39

valore reale per, 69

**sognare ad occhi aperti**, 275

**sogni**

avere esperienze ma non più, 59

sembrano irraggiungibili, 58

sopravvivenza e, 21

**somatici cronici**, 91

**sonico**

definizione, 133

**sopravvivenza**, 34-39

accordo per il massimo livello di, 37

capacità di acquisire, 21

cercare livelli più elevati di, 47

della famiglia, 37

dolore e punizione per gli errori nella, 45

evitare ricordi e, 57

favorire rispetto a ostacolare, 215

felicità e forte entità di, 216

garanzia della, 20

generazioni future e, 37

giovani e, 21

immortalità e, 215

impulso primario della vita, 34

infinita, 35

iniziare a soccombere, cessare di sopravvivere, 25, 34

leggi dell'abbondanza e della, 19-22

maggiori probabilità di, 26

mente e, 36

nell'universo fisico, 96

onestà e, 22

perdita della, 46

potenziale, 97

di un'impresa o di una nazione, 66

Principio Dinamico dell'Esistenza, 19

Scala del Tono e, 55, 216

scala graduata, 22

sicurezza di un buon impiego, 21

soccombere rispetto a sopravvivere, 21

società e, 39

solo per sé, 38

**sordità**

definizione, 133

psicosomatici e, 133

sordomuto, 199

**spazio**, 189

elemento dell'universo fisico, 33

tempo confuso con lo, 122

**specialista di Dianetics di Gruppo**, 5

**spinte**

che stanno alla base dell'esistenza, 14

spinta della vita e fondamentale, 215

**spinte fondamentali della vita**, 215

**spirale discendente**

interrompere la, 48

**splendore**, 28

**Stabilizzare**

Lista per Sedute Speciali, 306

**stanchezza**

*Self-Analisi* e, 6

**stato assistenziale**, 190

**stato collettivista**, 26

**struttura**

funzione controlla la, 152

**suicida**, 39, 69

**Suono**, 99-137

comunicazione e, 98

definizione, 132

parti del, 132

percezione della profondità, 133

qualità del, 132

ritmo, definizione, 133

volume, definizione, 132

# T

**Tanganica, lago**, 191

**Tatto**, 101, 145-150

aberrato, 145

definizione, 145

senso del, 145-146

**tempo**, 189

confuso con lo spazio, 122

elemento dell'universo fisico, 33

misurazione del, 122

**tempo di reazione**, 6

test per, 6

**tempo di reazione breve**, 68

**Temporale**
    Orientamento, 113-119

**terapia**
    elettroshock, 190
    punitiva, 190

**"terapia" dell'elettroshock**, 190

**terapie punitive**
    "terapie", 190

**Terra**
    dominio dell'Uomo e, 25

**terrore**
    quantità di paura, 151

**test**
    da fare prima di iniziare il processing, 79
    della banconota, 6
    indica la tua posizione sul quadro, 8
    lasciate che le persone esaminino la cosa loro stesse, 61
    Scala del Tono, 79-84

**theta**
    parla all'apparenza in termini di theta, ma l'intento è maligno, 71

**timore del pubblico**, 285

**tiratori scelti**, 22

**tiroide**, 152

**Tono**, 101
    definizione, 101

**tono**
    ambiente e, 66
    coniuge e, 66
    definizione, 132
    rievocare ed innalzare, 91
    *Self-Analisi* e innalzamento, 7

**traccia del tempo**
    definizione, 113

**trasmissione**
    fungere da punto di, nella comunicazione, 71

**tristezza**
    piccola quantità di afflizione, 151

**Tu e l'Universo Fisico**
    Lista 4, 189

# U

**udito**
    ipersensibile, 133

**udito ipersensibile**, 133
    definizione, 133

**ultima sezione**
    quando usarla, 8, 9
    *vedi anche* **disagio**

**universo**

   composto di, 33

   sopravvivenza e leggi dello, 22

**universo fisico**

   capacità di controllarlo, 58

   capacità di gestirlo, 189

   composto di, 33

   conquista dello, 34

   mente e, 37

   percezioni dello, 98

   sopravvivenza e conquista dello, 35

   troncare la comunicazione con, 145

   tu e, 189

   umore o atteggiamento cronico e, 56

   universo fisico e vita a confronto, 34

   vita, nella sua competizione con, 46

   *vedi anche* **universo materiale**

**universo materiale**, 189

   composto di, 96

   scelta individuale dell'accettazione dello, 200

   *vedi anche* **universo fisico**

**untuosità**, 145

**Uomo**

   fondamentalmente buono, 60

   la sua arma più potente, 25

   prevedere le azioni dello, 15

   successo dell', 189

# V

**valenze**

   definizione, 279

   Lista 9, 279-284

   ombra, 279

**valore**

   per la società, 69

**valutazione**

   auto-valutazione, 7

   del passato di una persona, 101

   di se stessi, 80

   Quadro Hubbard della Valutazione Umana

   *vedi* **Quadro della Valutazione Umana**

**Verbo, il**, 14

**verità**, 19

   modo di trattare la, 70

**Vista**, 28, 101, 124-127

   definizione, 124

   profondità della percezione e stereoscopia, 124

**vita**

    conquista della materia, energia, spazio e tempo, e, 96

    deve evitare il dolore, 35

    deve procurarsi piacere, 35

    elevare il livello di, 53-61

    energia della, 13

    energia vitale, 189

    esplorare la tua vita, 9

    guardarla negli occhi, 27

    impulso primario della, 34

    interdipendente, sforzo cooperativo, 37

    leggi fondamentali della, 14

    lotta della, 216

    materia, energia, spazio, tempo rispetto alla vita, 33-34

    meta della, 14

    migliorare le reazioni nei confronti della, 95

    princìpi fondamentali di, 48

    scopo fondamentale, 96

    sintomi di, 27

    spinta fondamentale della, 215

    splendore della, 28

    trae utilità dalla morte, 38

    unica garanzia di sopravvivenza nella, 20

    vitalità nel vivere, 47

**vitalità**

    ritorno della, 47

**vitamine**, 306

**vivo e morto a confronto**, 34

**volontà di vivere**

    distruzione della, 27

**volume**

    definizione, 132

**Volume dei Suoni**, 99

**vudù**, 48

# Intraprendi il tuo prossimo passo

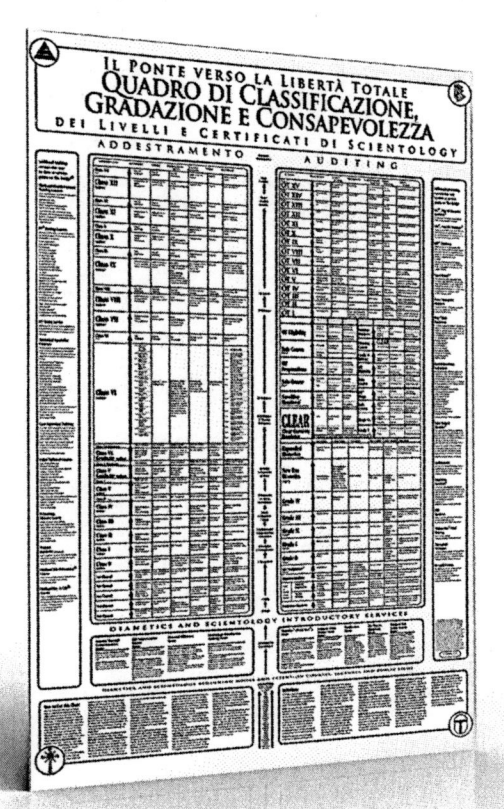

## Sulla strada verso Clear

Continua l'avventura della scoperta di te stesso in una Chiesa di Scientology. Lì, puoi ottenere LIBERTÀ e CAPACITÀ tramite l'auditing e l'addestramento di Scientology.

La libertà viene conseguita completando i GRADI di AUDITING. Auditor esperti ti aiuteranno ad abbattere le barriere tra te e le tue mete.

Le capacità e i miglioramenti vengono conseguiti tramite l'ADDESTRAMENTO. Con l'addestramento in Accademia si ottiene la conoscenza per rimanere liberi e le abilità tecniche per poter audire gli altri.

Ogni livello di addestramento e auditing è delineato in modo molto chiaro sul *Quadro di Classificazione, Gradazione e Consapevolezza*.

Intraprendi il tuo *prossimo* passo presso la Chiesa di Scientology più vicina.

### Richiedi una copia gratuita del
### Quadro di Classificazione, Gradazione e Consapevolezza

www.scientology.org   e-mail: info@scientology.org

**Olfatto**
(percezione olfattiva)

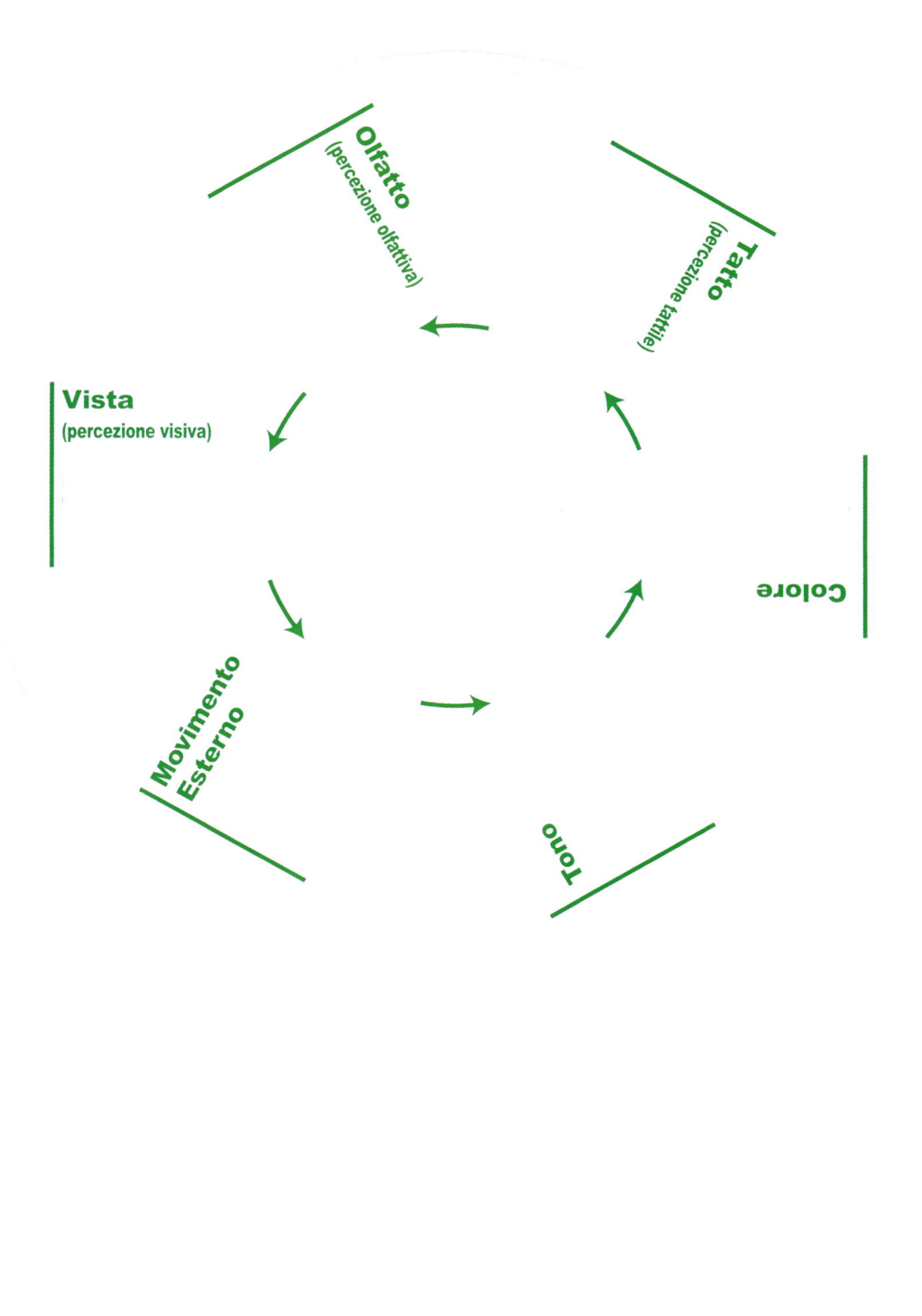

**Tatto**
(percezione tattile)

**Vista**
(percezione visiva)

**Colore**

**Movimento Esterno**

**Tono**

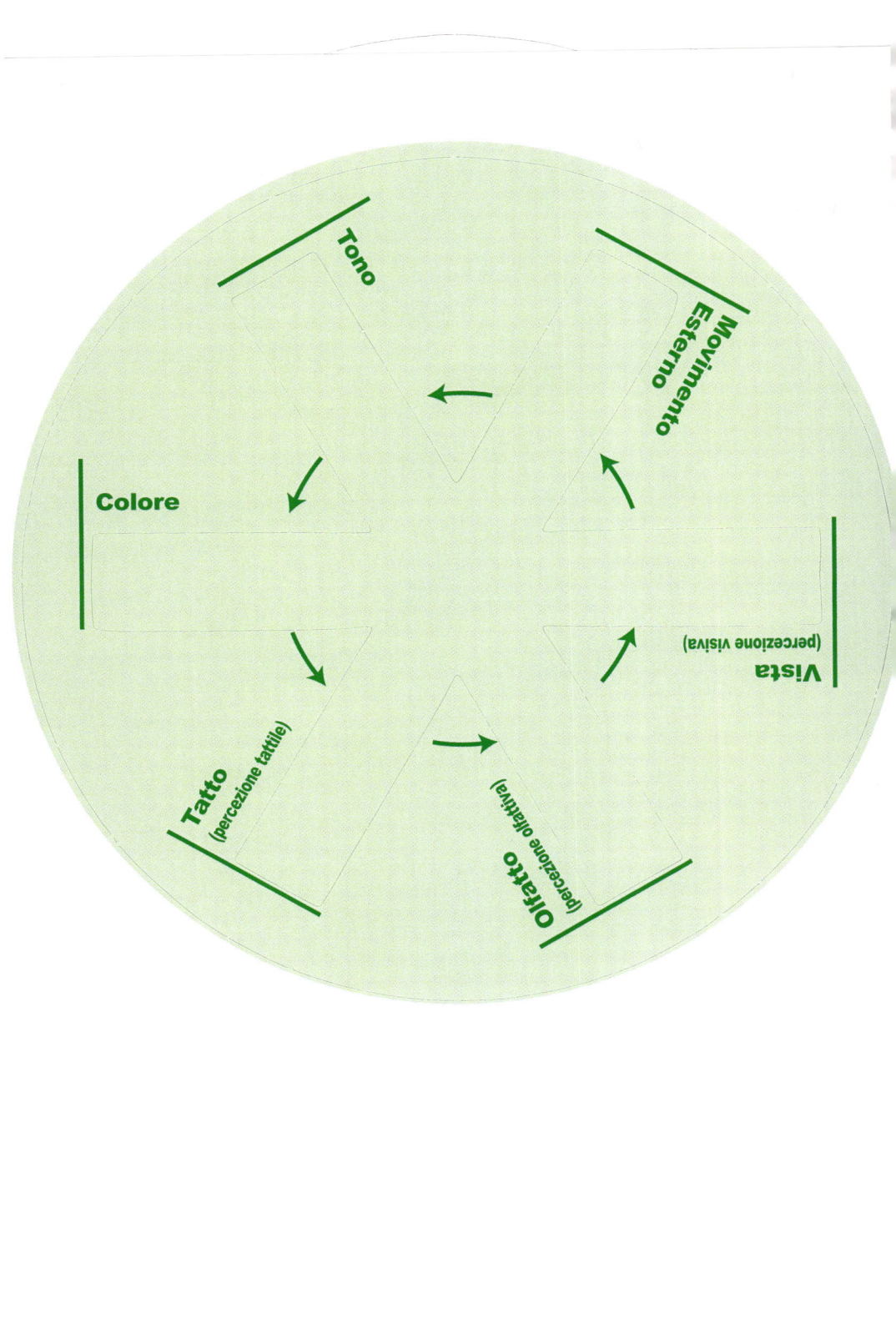

# Tono

# Movimento Esterno

# Colore

# Vista
(percezione visiva)

# Tatto
(percezione tattile)

# Olfatto
(percezione olfattiva)